JN315802

講演記録
一九九九年十月二十三日
信州大学国語教育学会

国語科教育の創造を求めて

――国語教育の聖地、長野に学ぶ――

野地潤家著

溪水社

目次

国語科教育の創造を求めて

――国語教育の聖地、長野に学ぶ――

〔藤森裕治助教授〕

皆さん、こんにちは。身も心も引き締まる秋の一日、ようこそお集まりくださいました。信州大学国語教育学会主催国語教育講演会を開催いたします。私、司会を務めます本学教育学部の藤森裕治と申します。どうぞよろしくお願いいたします。本日、ご講演いただきますのは、もう予め皆様にはご存じのことと思いますが、鳴門教育大学の前学長、広島大学名誉教授でいらっしゃいます野地潤家先生にご講演いただきます。演題は、左手に掲げてございますが、「国語科教育の創造を求めて——国語教育の聖地、長野に学ぶ——」、信州教育について、野地先生の深いお言葉を頂戴できれば幸いです。

それでは、御講演に先立ちまして、本学教授の益地憲一より御紹介申し上げます。

〔益地憲一教授〕

野地潤家先生を御紹介申し上げます。案内状を差し上げておりますので、詳細な御経歴・御研究の業績は御存じと思いますけれども、鳴門教育大学の学長を務められ、それ以前は広島大学で教鞭をとっておられました。全国の国語教育に関わります先生方の多くが御薫陶を受けた先生でございます。御著書に関しましては、案内状に主たる著書三十二冊を載せておきました。その他、非常にたくさんの御著書・御論文がございますけれども、本日はその内容については省略をさせていただきたいと思います。

野地潤家先生が長野で御講演なさいますのは今日が初めてでございます。野地先生の御研究の中で出会われました芦田恵之助先生、西尾実先生のお話を今日もお話くださると思いますが、くしくも、芦田恵之助先生が昭和二十五年に城山小学校において指導をされましたのは、確か七十八歳の時でございました。野地先生も、来月お誕生日でございますが、今ちょうど七十八歳だというふうに存じております。そういうふうに考えますと、先生の御研究の中で、出発そして大切な部分を占めた芦田先生と同じ年齢の時に、長野の地で御講演いただくということは非常に有意義で得難い機会ではないか、そういうふうに思っております。私は、個人的には鳴門教育大学の大学院でご指導を受けました。そのお話の中で、いろんなお話が印象に残っておりますけれども、今日は、学生・院生の方も多いので一つだけご紹介申し上げますと、「どのような流れも一雫から始まる」というお話をお聞きしたことがございます。皆さん、野地潤家先生という大河となっておられる先生が、今日は、御自分の研究・教育の出発点、いわゆる源泉についてお話くださることと思います。そうした大河の流れの源はいかにあったかということをお聞きすることで、御自分の「これから教育者として巣立っていこう」という営みの、あるいは現職の方は「新しい流れを付け加えよう」という営みの、御参考にしていただければ有り難いと、そういうふうに思っております。

十分な御紹介ではありませんけれども、これで野地潤家先生の御紹介にかえさせていただきます。

野地でございます。この度、こういう機会を与えていただきましたことを、心からありがたく感謝申し上げております。丁度用意致しました資料は分量が多く、研究室の大学院の方々の御協力で百十三ページになるものを用意していただきました。仕事を増やしてしまいましたのですが、お話し申し上げる資料として、このように整えていただきましたことを心から感謝申し上げております。その資料の初めの所に「Ⅰ西尾先生との出会い」としております。学生時代に、近代或いは現代に及ぶ国語教育の父とも言うべき西尾実先生に、書物を通してでございますが、出会いまして、今日に至っております。その間のことを、西尾実先生への感謝の気持ちも込めて御報告を申し上げたいと考えてます。

二

それから二つめに、「Ⅱ西尾実先生の望まれ、めざされたもの」としております。西尾先生は、『徒然草』の作品研究、或いは、歴史的な位置付けの研究等々につきまして、『徒然草』の研究の歴史の中では、画期的な、前人未到の実績をお上げになりました。私共、随分啓発を受けました。二百四十三段からなる『徒然草』の各段について詳細な作品研究をお進めになったばかりでなく、それは、作品として兼好法師がどういうことを目指して、どのように文学作品として形成されているのかということを、歴史的に、透徹したまなこで通してお纏めいただいております。西尾先生からそのようなお教えを受けました私共、後に続く者と致しましては、その西尾実先生の『徒然草』研究と教育というのは、近代の我が国の国語教育の歴史の中では、どういう所に位置付けられるのか、これは、西尾先生ではなくて、西尾先生に教えを受けた私共がしなければならない仕事で、しかも誰もそれをしてこなかった。そのことにつきまして、資料の五にありますような、十六枚目から四十枚目までに原稿用紙で八十枚ほどでございますが、「徒然草教育問題史――戦前の旧制の中学校・女学校等の場合を中心に――」というのを纏めました。西尾先生から教えを受けました、それを、教えを受けた者として、どういうふうに発展させるのか、それをどのように受けとめ、発展させるのか、そういう仕事をしていかなければ、日本の国語教育は実質的にはどのような進展も見ることはできない。足元の問題を見逃して済ませるというわけにはいかない。単なる気づき、或いは、ひらめき、或いは、自分だけが追い越して、というような次元の低い考え方を持っている限り、日本の国語教育の全体的な水準向上というのは、到底望めない。自分本位の考え方で、教育実践を進める、或いは、その運動を進めるということ自体は、充分反省しながら、謙虚に国語教育のありようというものを求めていかなければならないというふうに、年来私は考えて参りましたし、そのように努めてきた者の一人でございます。

それから、読むこと・書くことの教育に加えて、西尾先生が提唱されました、聞く・話す―話すことの教育を我が国の国語教育の新しい領域として切り開いていかなくてはならないということについて、基本的なこと、それから心掛けなければならないこと、目指す方向等々について、周到にいろいろの御指導をいただきました。日本の国語教育に、特に、戦前から戦後にかけての国語教育の夜明けは、そういうふうにして西尾先生によって切り開かれ、指し示された面が少なくありません。少なくないというよりも非常に多いものがございますが、その一つに、話し言葉の教育というのがございます。それも、明治・大正・昭和と、読むこと・書くことの領域に比べて振るわない領域、また、実践的に開拓が遅れている領域と思われていた、話すことの領域の実践、或いは、理論の研究も、歴史的な研究の視野の中で進めていけば、その時期その時期に、明治三〇年代から今日まで、それぞれの地方で、注目させられるような実績を上げられた仕事が多く出ております。それを、大勢の人達は、身の周りの人達、近しい存在の方達が取り組んでいることを軽く見て、自分の身の周りで自分たちが、自分達の同志が行っている実践というのを軽く見てしまう、大変嘆かわしい、残念な傾向がございます。自分に自信が無ければそうなってしまうわけですが、自分の実践と研究に、本当の自信というものを持っていれば、そういうことで左右されるようなことは起こり得ないと思いますけれども、全体を厳しく見渡した、全国を見渡した限りでは、そういうことも絶無とは言えない。そういう、日本の国語教育の全体的な進展を大きく阻んでいる結果を招いているということも見逃すわけにはいかない。

明治三〇年代に、本県、佐久の御出身の与良熊太郎という先生が、現職の方でございますが、堂々とした立派な話し方教育の実践と理論の書物をお出しになっております。これは、国会図書館の前身に当たります、上野にありました図書館の書庫を私共の研究室広島大学教育学部の研究室で、年表を、国語教育の、明治の初めから昭和三二年に至るまでの毎年、年次毎の国語教育関係、国語学関係、国文学関係、それから一般の社会のこと、教育心理学のこと等を総合的に、年次毎にずっと辿っていくことができるような年表を作ろうと、それでなければ我が国の国語教育の歴史的研究は、始まらないと、思い思いに小さい部分のことを目に入れてやっている限りでは、どっしりとした、しっかりとした、誰もがそこに、拠り所を求めていけるような、歴史研究の拠点というものが設けられない。そのことに気が付きまして、しかも誰も取り組んでいないということで、私共の研究室の方で、それを始めて、夏休み毎に上京致しまして、国会図書館、上野の図書館の書庫に入れていただく、学習院の図書館にも、また国立教育研究所の附属図書館の方にも調査させていただく、そういうことをしております時、上野の図書館の書庫に、書棚にはありませんで、書庫にこの与良熊太郎先生の話し方の実践をお纏めになったものが見つかりました。昭和三六年の春の学会が青森県の弘前大学教育学部で開かれました時に、与良熊太郎のこの話し方の御本については報告をさせていただいたのでございますが、それは、信州の明治三〇年代に、早くも非常に優れた、実質を備えた研究をお進めになっていたわけでございます。それが、資料六でございます。

もう一つ、次のページの資料七の方は、私の長男の言葉を採集し、記述しましたものをお送り申し上げました時に、西尾実先生から寄せていただきました文章でございます。資料八の方は、ひとりの子供の幼児期の満六年間の言葉というのは、分量とすれば、およそどれくらいになるのか、一つの例に過ぎないのでございますけれども、それを纏めました。外国の子供の言語発達の研究を、心理学領域の先生方とか、研究者が紹介をされるわけですけれども、それは、データとしては普遍性を持っていると致しましても、日本の子供達の言葉の成長過程、或いは、具体的な場面場面の対話行動というものがどう営まれているか、ということの実証的な研究が何もないというところから、日本の国語教育を本物の国語教育として言葉の教育として生い立たせようと致しましても、どこにもその拠り所が求められないわけです。そういうことを、西尾実先生は既に初代の国立国語研究所長もお務めになっておりましたし、御指摘をいただいておりました。

また、『言葉とその文化』という、先生の、岩波からお出しになりました書物によりますと、例えば、こういう場面がございます。「私の」西尾実先生の、「長男が」光一先生と申しますが、「五歳か六歳の頃と思う。晩春のある夕暮、庭の隅に咲きはじめた椿の木の下に立って、『椿よ椿。蕾がみんな花になれ。』、『椿よ椿、蕾がみんな花になれ。』とうたいながら、手を拍って踊っていた姿は今も眼に残っている。もう二十何年も昔のことである。去年、昭和二〇（一九四五）年、終戦後三箇月の十一月の半ば、戦時中末の女の子を疎開させて厄介になっていた信州の親戚へ挨拶に行った。その村の国民学校へも挨拶に寄った。四歳になる孫と二人で、学校までの山路を一時間近く歩いた。すると、道傍の草むらを見て、『わらびが枯れた。』という。なるほど、冬枯れそめた晩秋の野が、夕日を浴びてうつくしく光っている。／わらびも枯れた。／すすきも枯れた。／とんぼが一つ、／夕日にひかる。／

とでも言いたい光景だ。」その詩はお祖父様の西尾先生がそういうふうにお書きになっているわけですが、「またしばらく白い砂の道をたどっていくと、／喋々がおる。／喋々がおる。／喋々が舞って歩いとる。／という。こうしてわたくしは、四歳の孫と語りつつ、ゆっくりと歩いて、山の上にある学校へたどりついた。幾年にもない心ゆたかな夕べであった。この四歳の孫のことは、まだ幼なくて何ともいえないけれども、長男はすでに三〇歳を越えて詩人にもならず、その後、詩らしいものをつくったことさえないらしいが、こんなところにも、親ばかになってみると、詩の種とでもいいたいものがこぼれている。私の父（西尾実先生のお父様）は、八十六歳で数年前に世を去った。生れてから世を去るまで、一農民として郷土に住み、祖先伝来の土を耕して一生を過ごした。その父が、ある時、つくづく感じたらしい調子で、『おれは人間相手のことはいやだ。土の相手がいい。』といっていた。云々」というふうに書かれておりますが、そういうお孫さんと歩きながらお孫さんの言葉を的確に採集されまして、採り上げられまして、それを記録なさり、またそういうところから生きた言葉の教育を始めていきたいというお気持ちがありありと、私共には伝わってまいりました。

ちょうど昭和二十三年（一九四八）三月九日生まれの私の長男がぼつぼつ言葉の習得を始めまして、ものをいうようになりまして、西尾先生が仰った、或いは、私共後に続く者に求めていらっしゃる日本の子供の言葉の習得のプロセス、実際、ありのままというものを捉えるとすれば今しかない、そういうふうに考えまして、無論私は公務がございましたけれども、それは国語科教育法を新制大学の教育学部で初めて担当する、戦前には大学の方には国語科教育法はございません。全部附属の主任クラスの先生が本校へ見えて、或いは学部へ見えて、国語科教育法を教育実習へ行く前に必修単位として授業が行われていたという状況だったのですが、戦後、占領軍からの指示ですけれども、教員養成学部には必ず教科教育の専門の、専任の教官を置くようにということがありまして、国語学でもない国文学でもない国語教育というのは、私は母校では最年少教官でしたから、お前やれというふうに言われて私は国語教育を担当することになったわけでございます。その方の本務がありましたけれども、自分の子供の、我が子の言葉の記録を対話で、洗濯をしている母親のところへ行って「お母ちゃん」といって話しかけている。母親がそれに答えている。そういう対話場面というものを克明に、片仮名で追っかけて書き記して、カードに一枚一枚書いていってそれを時間順に並べてずっと進めていくという、そういうやり方を思い立ちましたのは、西尾先生のそういう御示唆、或いは日本の国語教育を本物の国語教育にするために、外国の物真似、亜流、エピゴーネン（注模倣）ではない、我が国の国語科教育を本格的なものにするために、始めから終わりまで西尾先生はお述べになり、私共後に続く者を励まし続けて、或いは導き続けて下さったお方でございます。ここに持って参りましたのが、無論、母親の協力を得て、私だけでは勤務時間中などは採集ができませんから、それをして貰ったのでございますが、この一冊は一千ページを越えております。これが満二歳から満三歳になるまでの一年間に私の長男が発した言葉を記録して、小さい活字にして上下二段に組んでおりますが、そういう分量になります。その具体的な例は資料の方の五十六ページ、資料八の五十六ページのところに乳児期の言語生活の実態で、一ヶ月毎にどれだけ採集して記述したかということが述べられております。それから次が五十七ページの満一歳期の言語生活の実態、それからこの書物に当たるこれでございますが、この、これがちょうど満二歳でございますので、六十一ページの方でございます。二年一ヶ月、昭和二十五年の三月九日から二十五年の四月八日までの一ヶ月に五百七十六例、次の一ヶ月で千七十七例、次の二年三ヶ月では千六百九十三例、あと七百、六百五十四、八百三十五というふうにずっとカードをとりまして、それを記述するようにしていったのでございます。これらのうち、満二歳から満三歳までの書物が纏りましたときに、西尾先生にお贈り申し上げましたところ、資料にございますようにこの書物のゲラ刷りをお送り致しまして、序文としていただきましたものが五十四枚目五十五枚目にあるものでございます。五十四、資料七でございますが、この幼児期の言語生活の実態が五十四ページの終わりから五行目にこの野地の実態調査を、いわば生態的国語学の先駆であると思っていると述べて下さいまして、最終行の中程でございますが、道元禅師が教訓の中で言っている三心すなわち、喜心、老心、大心を引き出されていると、喜んで聞き、喜心、親心で聞き、老心、大心、相手の心になって聞くという三心である。私共存じ上げないことを西尾先生からこのように道元禅師の教訓の述べられている言葉として三心というのを教えて下さいまして、三心を目覚めさせる実態記録になっていると受け止めていただいたのでございます。この書物は限定出版でございますので、もう殆どの方の目に触れることがなくなりました。アメリカのイリノイ大学のデータベースには全部入っておりまして、この全四冊の記録をもとにアメリカのスタンフォード大学で博士論文がひとつ、それから西ドイツのハンブルグ大学の方へ提出されたドイツからの留学生の方が纏められました。「これはなぜ?」とか「何?」とかという疑問表現を、これは長男の言葉に限りませんで、他の子供さんの言葉も、疑問表現も対象として取り上げておられるわけでございますが、私がこの現物を今日持って参りましたのは、日本の子供たちが日常生活に用いている言葉というものが、具体的にどういう、どれだけの分量になり得ているのかということの一端をお分かりいただければ、小学校に上がるまでの六年間、小学校の六年間、それから中学校・高等学校の六年間、大学学部四年と修士課程大学院二年の合わせた六年間、そういう六年、六年、六年で、ずっと、そして一人前の社会人となって読み聞く力、読み書く力、リテラシーと、聞く話すのオコラシーとそれが本当に日本人らしくきちっとした国語力になっているのか。そうなっているように、国語教育に携わる人達は、きちっと責任を持って具体的に担当していかなければならない。あるレベルでの工夫というような、そういうものじゃない、もっと根本的にそういうことを目指さなければならないということを、西尾実先生は早くから私共に教えて下さっているわけでございます。そういうことで、実際に西尾先生がいらっしゃらなければ、私のこの書物は生まれていない、西尾先生がいつでも先頭に立って我が国の言葉の教育のありようというものを切り開いて進んで下さった、それから暖かく包んで下さった、そういうことが限りない励ましになっているわけでございます。そういうことを思いますと、やはり私心というものをつゆも持たれることなく、何時でも我が国の言葉の生活と文化の教育のありようというものを、本格的に、また学問的に、それから、臨床的に目指して、そのあり方というものを絶えず示して下さいました。西尾先生から受けた学恩は測り知れないものがございまして、どのように感謝申し上げても感謝し切れない、そういうものがあるわけでございます。

ここに持って参っておりますのは、長野県師範学校の附属国民学校、昭和十九年の、もう太平洋戦争が苛烈を極めまして、ぎりぎりの所まで来ておりました、終戦の前年、昭和十九年、一九四四年でございますが、その三月二十五日に信濃毎日新聞社出版部から刊行されました、『児童の語彙とボキャブラリーと国語指導』というこういうご本がございます。これは児童の、小学校児童（子供達）の使用語彙、実際に使っている語句、或いは、語彙、言葉数というものを克明に調査して纏められましたもので、日本で唯一のものでございます。西尾先生の幼児の言葉の生態をそのまま取るようにという、そのことは、勿論大きな示唆でございましたけれども、長野師範の附属国民学校の先生方があの戦争の激しい中でこういう本格的な調査をずっとして、それをきちっと纏めて刊行して下さっている、それは、到底涙無しにはそのことを思うことが出来ないほどの感動的なことでございます。幼児期の言語生活に取り組むその底には、胸の底には、長野師範の附属国民学校の先生方がそういう取り組みをなさっているという、日本で初めて小学校児童のそういう使用語彙の調査をお纏めになって、それまでには成城高校、千葉県の鳴浜小学校、岡山県の岡山師範附属小学校等での積み重ねがございますので、突如としてこの長野師範のこのお仕事が生まれたわけではありませんけれども、そういう積み重ねの上で、使用語彙を、理解語彙ではなくて、使用語彙を、こういうふうにお纏めになったということが、私の長男の言葉の採集調査に取り組んでいく一番大きい原動力の一つになっているわけでございます。「国語教育の聖地、長野に学ぶ」という副題は、万感の思いを込めて付けておりまして、そういうことが無ければ、私共、五十年間、国語教育に携わると言いましても、もっと手前のところで這い回り、なかなか実質的なものをきちっと伸ばしていくことの出来ないような所で低迷していたかもしれないという、怖いような気持ちもするのでございます。

三

三つ目の、「Ⅲ芦田恵之助・大村はま両先生との出会い」としておりますのは、資料九に、先程、益地先生も御紹介の中で取り上げていただきましたが、芦田恵之助先生が城山小学校で、昭和二十五年十一月に三日間来られまして、授業を中心にした研修をなさいました。その時の、芦田先生の、控え室での話まで全部、青山廣志という方が、毎日新聞社の専門速記者として活躍をなさり、芦田先生を尊敬されまして、芦田先生の授業の記録を克明にお取りになった。芦田先生にとって、青山廣志という方との出会いは、本当に恵まれた出会いであったというように思いますが、その授業が、昭和二十五年十一月に城山小学校で行われましてから、十三年ほど経ちまして、この『芦田恵之助先生七八歳の教壇記録』という書物が生まれたのでございます。その、城山小学校での御授業等のことを考察の、綴り方の方に、読み方の授業もなさったのでございますが、それを取り上げて考察をしておりますので、そのことをそこに資料として収めております。大村はま先生は、芦田先生に師事なさった、芦田先生の門下生でもいらっしゃる、ということで諏訪高女に昭和三年から十三年、十年間お勤めになりまして、戦後の大村はま先生の単元学習指導、東京都の新制中学校の生徒達を対象になさいました、その母体というのは、諏訪高女、現諏訪二葉高等学校の前身でございました。そこでの実践に凡て胚胎している、と言いますか、芽生えております。そのことで、大村はま先生のことにつきましては、筑摩書房から出ました、先生の全集の全十五巻の基本的な組立は、御依頼がありまして、私共、広島の研究室で致しました。また、西尾実先生の、教育出版からお出しになりました

『西尾実国語教育全集』全十巻、後、別巻が加わりましたが、その全集の方も、これは、後程御報告致しますが、私が基本原案は、四〇〇字詰原稿用紙四十四枚に纏めまして、編集委員会にかけて、刊行されましたような全集として、陽の目を見ることになりました。

大村はま先生のことにつきましては、単独著書として報告を致しておりますので、この度はお名前を挙げさせていただきましたが、具体的なことは保留をさせていただきました。

四

四番目に「Ⅳ島崎藤村、金原省吾両氏に学ぶ」という、西尾実先生に学び、芦田恵之助先生に学び、また大村はま先生に学び、島崎藤村、金原省吾という方々に学んできたということを受けて参りまして、これは資料十の、資料十そのものが、私が小学校時代から大学或いは社会人になるにつけ、なりますまで、なりましてからも、語句・語彙の習得をどのように心掛けてきたかということと、そういう語句・語彙の指導をしていくのにはどういう課題があるのかということを整理して纏めて、ちょうどこれも四百字詰め原稿用紙八十枚ほどの分量でございますが、七十三から九十一ページのところに掲げております。その中で、一番感銘の深い、語彙・語句の習得の源に位置付くようなそういう発言が、島崎藤村によってなされております。その言葉に学生時代に私は出会った、広島で出会ったわけでございますが、そのことに触れて、また西尾実先生と長野師範で同級生でいらした、美学者であり国語教育に関しましても幅広い領域で活躍なされました金原省吾先生、学生時代からずっとその御著書に親しんで参りましたが、太平洋戦争でお子様を亡くされまして、三人まで、長男さん、三男さん、四男さんと三人のお子様を戦争で亡くされまして、その言いようのない悲しみを歌に、歌集に、挽歌としてお詠みになっております。涙無しには読めないようなものでございますが、これを纏めたものがございましたので、それを資料十一に載せております。

五

五番目の「Ｖ国語教育個体史の構想と記述」といいますのは、直接西尾先生からこういうふうにということではなかったのでございますが、国語教育に志しましてから進めていくうちに、平明な言い方をしてみますと、学部卒業論文が、卒業して教職のほうに、現場に出る方も、また続いて大学院へ進学をして修士課程で二年間修士論文を纏める方も、ほぼ同じスタートラインで学部卒業論文を纏めます。けれども、大学院へ進学した人は、二年後には学部卒業論文の上に修士論文というものを、学位論文を纏めます。現場に行って実践者として活動を始めた方達は、来る日も来る日も非常に忙しい中で教材研究、授業計画、授業実践に追われておりますので、この二年間に、大学院に進学をした方に匹敵するような仕事を学部卒業論文に続いて纏めるということは、なかなかできにくい。けれども、どんなに忙しくても、自分の行った毎日毎日の授業の記録というものを残していけば、それを積み重ねていけば、修士論文、大学院での二年間の研修、研鑽、研究の結果を纏められ濃縮された、学位の修士論文に匹敵する、或いはそれ以上のものが、国語教育の実践の記録として纏っていくはずである。けれども、皆忙しさを理由にして、それをしようとしない。明治以来、学校教育始まって以来、そのことを成し遂げた人がいない。いないと言っては失礼で、私共の目にふれないところで、そういう積み上げが行われているかもしれません、北海道から沖縄までの実践者の中で。けれども、今まで知る限りでは、その報告に接していない。どういうことか。忙しさを理由にしてその日暮らしになってしまった証拠だ。それで教職に就いている者の本当の責務が全うできるのか。もう送り出したら君達の力で開拓していけ、いくしかないんだよ、そんな冷たい送り出し方は、母校にいて四年間育てて送り出す人を、そんな冷たい言葉であしらうわけにいきません。そのために私自身は、今は自分史という言葉が行われておりますけれども、国語教育個体史、自分の国語教育の授業をどういうふうに実践していったのかということを、実際には翌日の授業の準備が大変ですから、今日済んだ授業、昨日行った授業の記録を纏めるという余裕は、新任当初はもとよりとしまして、中堅になってもベテランになっても、なかなか見出せないのですけれども、しかし、本当に見出せないのか。それに見合う工夫をしているのか。死に物狂いで命懸けでそれをやっているのか。そういうことを聞かれた場合に返す言葉はないだろうと思われます。皆忙しくしてるんです、だから、皆そうしてるから僕も私もしていますよ、なんていうのは、答にも何にもなっていない。本当に教職者として、命懸けで、自分で選んだ一生の道としてそれをしているのだったら、そのことは不可能ではないはずだ。そういうふうに易々とできるような易しいことだったら、皆明治以降教職に就いた人達はメモを残してるはずですけれども、それが今に残されていないというのは、それだけ厳しいという状況に立たされた上でのことだったということだろうというふうに思います。思いますけれども、だから諦めていいんだとか、記録は残らなくていいんだとかいうことには絶対にならない。日本の国語教育の質の浅さ、奥行きのなさというものを言っているに過ぎない。気の利いた工夫をして、これが、こういう授業工夫をしましたということを、僕は、報告に値するけれども、それは本当に日本の国語教育の質を高めて行くだけの役割をするかというと、なかなかそこまでの役割に応えることはできない面がある。そういうことを本気で考えて、探究者として、国語教育の、国語科教育の探究者として進んで行くのであれば、取り組んで行くのであれば、やはり気持ちを新たにして、その日暮らしに絶対ならない、昨日より今日、今日より明日と積み重ねていく見通しというものを、理論的にも、また臨床的、実践的にもつけた上でやっていくようにしなければならないんだ、ということを私は考えました。

まず新任教師として愛媛県の松山城北高等女学校で、昭和二十一年の二学期から二十三年の三月まで、母校広島高等師範学校、広島に帰ってくるまでの一年七カ月の間の、五クラス二四八名の生徒達に、暫定版の教科書を使って授業をしました一部始終を、新任の挨拶をしてから離任の挨拶をするまでの一年七カ月の間の、それを全部活字に、初めは謄写版印刷で、故郷の父が植林をして育てておりました山の立木を売りまして印刷費を捻出して、限定版で、実践記録を残しなさいと言葉で言うだけでは卒業していく人達に迫力も何もありませんから、こうなんだと、私自身は新任当初の一年七カ月の間こういう授業をしたんですよということを言いまして、大学院へ進学する人の修士論文に匹敵することというのは、自分の日々の実践というものを疎かにしないで、それを克明に記録をしながら積み上げていくことによってかなう匹敵するもの、修士論文に匹敵するそういう研究業績を、実践者として実践の現場に密着した形でできるはずだから、それをやりましょう、やりなさい、というふうに勧めてきたのでございます。一千人ほどの、三六年間に一千名の国語教育に従う人達を広島から送り出しました。そのうち今のところは一人だけ実際に、高等学校へ就職した人が昭和二十九年からの満三十年くらいの実践記録を残しておりまして、それを毎年年次ごとに今克明に記述をしております。ですから、退職後も、特に退職を致しまして、その人自身は、実は私は授業中に京都大学式のカードの使い方というものを、いつもデータをとって積み重ねていくのにはカード法を、ノートとかルーズリーフだけでは不十分だから、カード法を導入したらどうですか、ということを言いましたのを、その人はまともに受けとめまして、初めの赴任した三年間はやはりその日暮らしだったのですが、三年間に高校一年に入った人達が三年で卒業をして進学をする、或いは就職をしていくときに、どれだけきちんと成長してくるかということを目の当たりに見て、この三年間自分は教師としてどういう成長をしたかというときに、なんにも記録が残っていなかった。唖然としてしまって、もう新任教師の時よりも実力も何も意欲も全部低下しているかも知れないという、身震いするほどびっくりしたんですが、もう四年目から、昭和二九年からは、心掛けを入れ替えまして、カード法を導入しまして、教科書への書き込みというものを絶対しない、全部カードに教材研究をしていく。『徒然草』何段の教材研究、授業の工夫とかいうものも全部『徒然草』何段ということで、その次、二回目、三回目の『徒然草』の指導の時にも、そのカードを取り出して、あの時はどうしたか、今度は更にこういう工夫をというふうにしながら、積み重ねて発展させていくことができるというふうに試みながら、そのカードが現職高等学校で三十数年勤めました間に、二万枚から三万枚ぐらいになりました。それで、そういうカード方式を導入致しますと、勤務時間中に、次の日の授業の準備がちゃんと出来てきますので、家へ帰ってからは『岩波古典文学大系』全百巻を読破するとか、外国語として勉強したい、勉強していきたかったフランス語の勉強をするとか、哲学の本を読むとかというふうに、自宅へ帰ったときは、教師としての教養をうんと豊かにするために時間が使える。もう勤務時間を終えて帰宅するまでに、勤務時間中に全部翌日の授業の準備というものをしていく。それも手抜きの準備でなくて、ちゃんと堂々と胸を張って教室へ出向いて行けるというような準備をするということで、家庭で母親としてまた主婦として、それから勿論先生として、どんなに時間があっても足りないというような思いをしている方が、もしそういうカード方式を導入しながら積み上げができて、勤務時間内にちゃんと明くる日の準備ができて、また新たな気持ちで意欲を持って出勤してくることができるという、そういうふうに教職生活というものをきちっと効率化していくことができれば、という思いはありますけれども、それはカード法の工夫ということからその人が切り開いていきました。

たまたま私がカードメソッドを授業中に紹介したのを本気で受けとめて、しかも三年間はその日暮らしで、生徒達は三年間に見事に成長していきましたのに、その指導にあたった、国語科の指導にあたった自分は全く何もそういうことができていないということに気付いた時の、怖さ、あるいはその愚かさの発見ということを、結局は拠り所として、カードメソッドの導入、それから学習指導記録というものを必ず残して、どのクラスにはどの時間どういう指導をどうしたということを、その学級の生徒にも手伝ってもらって協力してもらって、ずっと積み上げていくようになりますから、三十数年間の高等学校における国語科のそういう積み上げが全部記録として考察の対象になり得るように、資料としてもまた記録としても残っていくようになったわけでございます。千人の中で、今のところ私の係わった中では一人。万事その人は工夫型。組合の支部長というのを引き受けて、断りきれないということもあり、その組合の支部長としての活動に勤務時間中何時間あるいは何分さいたかということまで全部カードに記録をとっていって、支部長としての活動を十分こなしながら、しかも本務の国語の教師として、あるいは学級指導その他の校務分掌もちゃんと無事にこなしていく。単に大過なくということでなくて積極的にそれを意味あらしめるようにこなしていくということがなされたようです。そういう意味の個体史の提唱というのは、西尾先生ご自身からのものではございませんが、西尾先生ご自身が教室の人となって、繰り返し信州で、あるいは飯田で、どういうふうになさったかということを、克明に、懐古風に、或いは聞き手の問いに従って答えてくださっておりまず。そういうことも一つの示唆にあるいはヒントになっていたわけでございますが、それを国語教育個体史としての理論編とそれから実際編とそれから更に国語学習史、大村先生は学習記録をもとになさいましたが、指導者の国語教育実践史と、それから授業、学習を受けた人の国語学習史というものが生まれてくれば、どういうふうにして小学校・中学校・高等学校と読み・聞き・話し・聞く、理解力・表現力という言語能力をどう伸ばしていったのかということがはっきりととらえられるような、そしてそれが、自らの言語生活・言語活動・言語行為の指針になっていくような、そういうものとして生かすことができれば、そのための基礎資料というものはどうしてもいるのだというふうに思いました。

六

鳴門教育大の創設に際しまして迎えられ、広島大学を定年で退職しましてから十四年間勤めましたから、広島大学に三十六年間、鳴門教育大学に十四年間、教授・副学長・学長というふうにして勤めましたので、ちょうと満五十年間現役で国語教育、お終いの方は大学の管理・運営の責任者ですから、国語科教育の研究に専念できるという立場ではございませんでしたけども。ある年三月、附属中学校の卒業式に参りましたところ、卒業していく人達が三年前入学式で入って名前を呼ばれて元気良く返事をして起立をするところからずっとビデオにおさめてありまして、三年間の主な学校行事というものに即して三年間の附属中学校の記録をビデオで放映して、それから卒業式での様々なものに入っていくというふうになっていたのでございますが、そのビデオを解説する、ですから在校生、おそらくは二年生だったと思いますが、大学側からの来賓としてそこへ参りましてその席におりまして聞いておりますと、「その三年間は、一日一日が、附属中学校での一日一日が宝物のようでした。」という、そのセンテンスが私の耳に入ってきました。その「一日一日が宝物のようでした。」という、そういうのは本当にハッとさせられまして、ああそうだ、一日一日が宝物という、その三年間学びました一日一日を、一日一ページ、比喩的な面もありますが、一ページにして、その日の学習と生活とあるいは特別活動とそういうことを一日一ページ、分量はそれで自由といたしまして一ページとしますと、中学校一年間は三百六十ページくらいのA五版のそういう書物に匹敵するような中身を持っているんだ、三年間だと一千ページを越えるような分量を持っているんだと気づきました。

「日記をつけましょう」という言い方だけでは、実際には生徒達一人ひとりに訴える力はないと思いますけれども、一日を一ページというふうに置き換えて、その時はメモでもいい、それから印象的な出来事だけ詳しく書いてもいい。要するに、一日の生活・学習あるいは学校での全ての出来事を一ページというふうに置き換えてみることで、一つの具体的な書くことの目標を持たせまして、そしてそれを進めていけば、三年間で最低一千ページにあたるような、そういう積み重ねがあるんだと気づき、言葉の生活の面あるいは様々な教科の学習の収録の面からいたしまして、そういうことがあるんだと思って、来賓の挨拶として壇上でお祝いの言葉を述べますときに、そう話しました。その反応というのは、保護者、その卒業式に参列しておりましたお母様方の方が反応が大きかったのかと、後からいろいろ聞きますと、そう思いますけれども。これは、今でも私はそういうふうに「日記を続ける」「読書マラソン」、大村先生がなされました、一万ページまで読み終えた時、読書マラソンは完走できたというふうにして、大村先生はその完走した人には文庫本をご褒美にプレゼントするというふうになさっていたようです。指導上の様々な工夫、とにかく積み重ねをしないと、言語能力・国語学力・意欲等を持続させて、花を開かせ実を結ばせるということはなかなかできませんので、そういう様々な工夫というものをしながら進めていく。しかし、それをするのには指導者自身が何らかの経験をあるいは心に落ちていく実践等をあげていなければ、そのお話だけでは聞いてもらえない。私が、卒業していく人達に、実践記録を個体史として積み上げていくようにということを言います時に、私自身の個体史を、新任教師の一年七カ月のことを謄写版印刷でガリ版印刷でまとめました三冊をそういうふうにした。資料のお終いのところに目次だけを入れておりますのはそれでございます。今日、御報告申し上げたいと思っておりますのは、あらまし資料に即して申し上げますと、以上のようでございます。

七

（ここで、途中で切れてしまったマイクの電源を入れ直すために一分間程中断）

理工学分野で先端的な研究をなさっておりますか、以前に高知大学の学長をなさっておりました立川涼という先生でございますが、たまたま会議でご一緒しました時に「最先端の研究というのは、お終いは、機械に頼らないで手作業です」と、「手作業になります」ということを言われましたのと、それから「やはり機械に嫌われる研究者と好かれる研究者がおります」という、初めて聞くようなことが出ましてですね、私はマイクに嫌われたのでは（笑）と、今そのことを思い出しておりました。生きていくのには、できるだけひがまないように、羨ましがらないようにというふうに自分に言い聞かせておりますから、今のはジョークとして申し上げただけですからご心配ないようにしていただきたいのですけれど。その立川先生がですね、やはりいつでも研究を進めていかれますと、理工系の、特にああいう独特の領域ですから、いつでも若手の研究者と一緒に出向いて、フィールドワークとか実験をなさるということですから、いつでも五、六千万円の借金をしておりましたと言われました。私も書物を求めるのにいろいろ苦労はしましたけれども、まるでスケールが違うわけですね。そういうことで、人文系の研究者のやることと理工系の自然科学の最先端で研究している方でも、悩みには非常に共通するところがありまして、機械のスイッチ一つ押すのでもですね、嫌われる研究者と好かれる研究者がおりますという、それは具体的にエッセイに書いてでもいただくとよく分かるのにという思いをいたしました。

やはり、そのことは国語教育の分野でも、無心に必死になって打ち込んでいれば、気が付いてみたら教科書の教材を、教室に行く前に全部、初めから終わりまで言えるようになっていて、グループの指導をしていく時に教科書の何行目とかいうことを言わなくても全部助言ができる。それが大村はま先生でした。「私ほど教材を教科書を繰り返し繰り返し読んだ人はいないと思います」と、対談のお相手を仰せつかった時にそれを仰いました。つまり、教科書の全部の教材を、繰り返し、繰り返し読んで、教科書教材の語句は、ボキャブラリーは、あのクラスのこの子には無理だ、というところまでを全部頭に思い描いて、教材研究というふうになさっていたわけです。百年に一人の先生というのは、そういうことをなさっているわけです。ですから、「もし普通の家庭に入れば、私は私の実践はできなかったと思います。」と、何度となく私は先生からお聞きしました。「自分だけの生活でしたから、家に戻りましても全部授業の準備に当てることができたから、それができたんですけれど、普通の家庭を営んでいれば、とてもそこまでは。」ということを、私はお尋ねしたわけでも、確かめたわけでもないのですけども、しかし、そういうふうにして、「私ほど、教材を繰り返し繰り返し読んだ者はいないと思います。」と、自信を持って言われましたし、それから、自分の授業に対して私ほど厳しい評価者はいないと思います。全部テープに収められまして、それを繰り返し具体化し、再生されまして、聞かれまして、授業の不充分なところを全部チェックされて、授業に臨まれる。年と共に、読み上げる時に、熟語・漢語を読み誤るということがあってはいけないと、朝日新聞の「社説」で、読み誤りがないように訓練をされまして、それで教室へ臨むようにしております。教科書を通して臨んで、始めに生徒達に、中学生達に、話しかける言葉というのは、図書準備室、先生は、図書準備室を教官室ではなくて、ご自分の控え室にして、石川台中学校（東京都大田区）でなさっておりましたから、その時点では、何回か途中で躓かないように、さっと話しかけられるようにリハーサルをして出て行くようにしています。広島時代にそういうお話をお聞きしました時、私は、恥ずかしくてその先生の御講演を聞いた時に、顔を上げることができませんでした。大村先生が努めていらっしゃる、命懸けでやっていらっしゃることに比べるべくもないのですけれども、自分達はそういうことを言い聞かせることなしに、そうして授業をした積りになって、全部成果が上がらないのは、生徒の所為に、もしかするとしてしまう。もっと頑張ってもらわなければ、もっとやってくれなきゃ、というふうに生徒にばかり要求がいって、指導者自身の足りなさというところへ目が及ばないということもあり得ると思いました。

これは、後で御紹介申し上げる予定でおりましたけれども、芦田恵之助先生は、城山小学校（長野市）へお見えになりまして、お話になりましたけれど、事前に六年生の綴り方、作文を送ってもらわれまして、目を通しながら、その頃丁度兵庫県の氷上郡の方におられましたので、そちらへ送ってもらって、長野県から送ってもらって、長野へ来られたのです。「自分ほど子供の作文、綴り方を読んだ者はいないと思います。日本一読んだと思います。」と、言い切っております。大村先生が、「自分ほど教科書を読んだ者はいないと思います。」と仰ったのと、その先生である芦田先生が「自分ほど子供の綴り方を繰り返し打ち込んで読んだ者はない」、それは「日本一読んだと思います」と、胸を張って仰るということ、いや、自分は芦田先生に負けないほど読んでいるというふうに言われる先生がいて下されば、それに越したことはない、大きな喜びですけれども、そういう百年に一人とか、或いは、数十年に一人とかいう方たちが、努力しても、努力しても追いつくことができない努力というものを重ねて、後に続く者に教訓がましく決して仰らないので、その教訓がましく仰っていないところから、私共は、早くそこでなされていることの偉大さ、それは、不可欠なことということが分かれば、しかもそれを、身に体して、実践に移していく、実行に移していくような心掛けが、必要であるというように思うのでございます。

八

それでは、資料の一枚目のナンバー一、一ページのところをお開きいただきたいのです。「西尾実先生との出会い」というところであります。

「私が西尾実博士の国語教育論に接したのは、昭和十六年（一九四一）四月、広島高等師範学校文科第一部（国語漢文専攻）三年生になった時期である。当時西尾実氏は、東京女子大学教授であった。その御著書の一つ『国語教室の問題』を広島市内の古書肆武蔵野書房から求めて帰り、四月十四日に淳風寮で読み終えた。さらに、四月二十七日には、『国語教育の新領域』を読み終えている。もっとも、国語教育を本格的に勉強しようと、志を立てたばかりの私に、西尾実という方のほんとうの偉大さは分かるはずもなかったのであるが…。

しかし、西尾実氏に『国語国文の教育』という名著があるのを知った私は、直接東京の古今書院に発注し、夏休みに郷里（愛媛県大洲市）の生家の方に送ってもらった。私は、昭和十六年（一九四一）八月、十三日に『国語教育の新領域』を再読し、翌十四日には、『国語教育の問題』を再読した。」分量が、非常に厚くないということもありまして、何回も繰り返し、二度目を読んだわけであります。

「ついで八月十六日には、新たに入手することのできた『国語国文の教育』を読み終えている。この書物の最終ページに、私は、『昭和十六年八月十六日ゆふぐれ故山にてこの書を半分以上も寝て読んだことを悔いる』と記している。『半分以上も寝て読んだ』というのは、炎暑の頃ではあり、久しぶりに広島から帰省して、我が家で座敷の畳の上に寝ながら新しく届いた『国語国文の教育』を両手で支えるようにして読み進んでいたのである。ところが、『国文学と教養』という章の中の『一般に科学や哲学は研究し勉強するものであるが、文学は楽しみに読むものだと考へられてゐる。そして、一度読めば…寝転んでゐて読んでも分かるものだと考へられてゐる。けれども真に価値のある作品は真の理解成立のためにまじめな研究を要すること、決して科学哲学に劣るものではない。』という一節に出会って、私は「しまった!」と思いながら、それから後の部分を、ちゃんと起き上がって」、起きようかどうしようか迷ったんですが、ためらったんですが、「姿勢を正して読んでいったのである。『国語国文の教育』は当時、垣内松三著『国語の力』と並んで、国語教育界に広く読まれていた。『国語国文の教育』は、昭和十二年(一九三七)四月十五日には、十二版を重ねていた。『国語の力』、『国語国文の教育』は、共に国語科担当者には必読の書であった。学生時代に、西尾実博士の御著書『国語国文の教育』、『国語教育の新領域』、『国語教室の問題』に出会うことができたのは、本格的な国語教育に目を開かれることが多く、何より幸せなことであったと感謝の念をおぼえる。

戦後は、広島大学教育学部にあって、学部生、大学院生を会員とする『国語教育研究会』を発足させ、西尾実博士の御著書をテキストとして、輪読・討議を継続し、積み重ねていった。テキストとして精読を重ねたのは、『言葉とその文化』『国語教育学の構想』『書くことの教育』『国語教育序説』『言語生活の探究』『言葉の教育と文学の教育』などであった。

思えば、昭和二十六年(一九五一)から昭和四十三年(一九六八)頃まで満十七年も、西尾実博士の御著書を次々に精細に読み深めようと努めたのである。西尾国語教育論の生成と深化の跡をたどって、そこからひたむきに多くのものを摂取した。学部を卒業して、全国各地の小学校・中学校・高等学校に赴任し、国語教育の実践に携わった人たちから、在学中、国語教育研究会で学んだことが自己の実践の拠点になっているという報告が多く寄せられた。西尾実博士の国語教育理論に親しみ、そこから学び得たものがおのずと各自の実践しようとする国語教育にとって道標となっていたのである。」

と、そのように述べているのでありますが、このことを後に、『西尾実国語教育全集』が教育出版から刊行されるようになりました時点で、普通は考えられないことなんですけれども、地方在住の私も編集員に加えていただきました。それは、西尾先生と親しくしていらした古田拡先生が、同郷、愛媛県の出身でございまして、学部学生と一緒にずっと先生の御著書を読んでいるということを御存知でしたから、編集委員の一人に御推薦いただいたのだと、そうでなければ到底一地方在住の者が中央で行われる全集の編集委員に加わることなどはまず考えられないことだったのですが、ただ、先生の御著書は、全部頭に入っておりましたから、全集を全十巻仕立でという時に、その組立の原案作成が私の方へ回って来ました。その年の五月連休を全部それに費やしまして、四〇〇字詰原稿用紙四四枚に『西尾実国語教育全集』の構成の原案を作りました。あと、編集委員の方々からいろんな御意見があって、刊行されましたような、あの編成に落ち着いたのでございます。それから、学研から出ました倉澤先生を初め、皆さんが編集なさいました国語教育の原論的なことを纏めました書物に西尾実先生の学説の成立と展開を書いて欲しいというふうに言われまして、それを書きましたのは、次の資料に収めてあるものでございます。西尾理論の展開過程というのを私なりに考えまして、そのようにずっと纏めまして、西尾理論の発展系流というのが、どういうふうになされていったか、一つには、国語教育試論、それから、国語教育学論、それから言語文化教育論、言語生活教育論、文章教育、文章表現教育論、それから国語教材論、国語科授業論、国語基礎能力論、というふうにしまして、後、西尾理論の形成過程というのを私なりに纏めさせていただきました。

これは、全く私事でございますけれども、この論考―西尾先生の国語教育理論の形成過程、発展過程というのをお読みになりました先生方から、西尾実先生の国語教育全集を購入したいというふうに、この論考を読んで全集購入申し込みがたくさんありました、と言って、教育出版の方から感謝されたのを、私としましては思いがけないことで、西尾先生に少しは、いただいた学恩を、そういう形でお返しすることができたか、というふうに思ったのでございます。私自身は、国語教育学史、国語教育理論史の展開の中で、最も重要な役割をなさいまして、この役割を越える方というのは、そんなに現在、それから現在までもそう大勢いらっしゃるとは思えない。そういう言い方は、大変失礼でございますので、言うべきことではないのですけれども、西尾先生の偉大さを思いますと、そのように、必死で一生懸命でその西尾理論の形成過程と発展系流と、その果たされた役割というものは滅びることがありません。本当のことを、真実を見出して、それを基礎理論として、また具体的な内容として、また方法論として、ご提起になりました。元々は、直接おうかがいしましたところでは、垣内松三先生の理論というのは、なかなか厳しいと言いますか、難解な所があるから、それを現場の先生方にも判っていただけるように、平明にそれを組立てていくのには、或いは、展開するのには、どうしたらよいか、ということがいつも念頭にありました、と仰って下さったことがありました。私は、西尾先生の行き方というものを、穏やかで、懇切丁寧で、しかも大事なところは全部押えてあって、それをしかも具体的にどういう手順で、どう生かして行けばよいかということまで見通して、述べて下さっている。ということに感銘を受けておりましたので、そのことを、ああ、成る程、西尾先生らしい、というふうに思ったのでございます。

私が昭和十六年（一九四一）に国語教育への志を学生時代に立てましたので、西尾実先生、芦田恵之助先生、それから垣内松三先生と、この御三方を継承し、或いは、それを乗り越えることが若い者のやるべきことだと思い込んで必死で取り組んで参りました。そういう点で蒙りました学恩というのは、非常に大きいものがあったわけで跡付けたということでございますので、また別のこれからの研究者が、歴史的に位置付けられる、そういう考察は、また行われることもあると思います。また、現にそういう新しい研究対象として、研究を纏めている方も、現におられるわけでございます。

九

資料十七ページから十八ページにかけてでございますが、芦田恵之助先生が、國學院の方に専科生として、東京高等師範学校の附属小学校にお勤めになっておりましたが、退かれまして、國學院専科生として一年間在学をなさり、その後、姫路の方にお帰りになって、姫路中学校の講師をお勤めになったということですが、その國學院時代に、畠山健先生から『徒然草』の授業をお受けになりました。畠山健先生の『徒然草』の読み聞かせ、と言いますか、朗読が大変すばらしくて、六十パーセントから七十パーセントくらいまで先生の朗読を、本文の朗読をお聞きするだけで判ったような気になりましたという意味のことも書かれておりますけれども、畠山健先生の朗読から受けられましたものが一つの示唆にもなり、契機にもなって、授業中に子供達に、必ず芦田先生ご自身の読み聞かせというのが行われました。どういう時にも、必ず自分の読み聞かせをする。それと同時に、「着語」と呼んでおられますけれども、読み終わった時に、ふっと浮かんでくる感想とか、印象とかというものを言葉として添えると、ただ朗読していくだけではなくって、それを「着語」として入れて行くというふうにされております。その「着語」の発想ということになりますと、十八枚目の、十八ページの「3　幸田露伴の徒然草鑑賞法（着語法）」というのを私は、『徒然草』教育問題史資料をあれこれ探して、当たっております時に、それに行き当たりまして、それで見ますと、幸田露伴という方の偉大さ、と言いますか、文豪としてでございますが、作家としてのみならず、文章、古典文学鑑賞家としても、ずば抜けておられたということが判るような、それを見出すことができるようなあれがございまして、例えば、『徒然草』の有名な、「花は盛りに、月は隈なきをのみ見るものかは」という所、「花は盛りに、月は隈なきをのみ見るものかは、（反語を以て起る。文の奇なるもの也。）」これは幸田露伴氏が本文に添えられた、出だしの部分に添えられた着語の部分でございます。「雨に向かいて月を恋ひ、たれこめて春の行方しらぬも猶あわれに情け深し。（無趣に対して賞す。情けの至れるもの也。）咲きぬべき程の梢、散りしほれたる庭などこそ見所多けれ。（流れに順ひて艫を揺るかす。文気順。）歌の言葉書きにも、花見にまかれりけるに早く散りすぎにければとも、障ることありてまからでなンとも書けるは、花を見て言へるに劣れることかは。（風に逆らひて帆はる。語勢逆。）花の散り、月の傾くを慕ふならひはさることなれど、殊に頑固なる人ぞ、此枝彼枝散りにけり、今は見どころなしなンとはいふめる。（罵り得て実なり。妙。）萬のことも終始こそをかしけれ、男女の情けもひとへに逢い見るをばいふものかは。（文陣また進む。）逢はで止みにし憂さを思ひ、あだなる契をかこち、長き夜を一人あかし、遠き雲井を思ひやり、浅茅が宿に昔を忍ぶこそ色好むとはいはめ。（説き得て精し。佳。）望月の隈なきを千里の外までながめたるよりも、暁近くなりて待出でたるが、いと心深う、青みたるやうにて、深き山の杉の梢に見えたる木の間の影、うちしぐれたる村雲がくれの程又なく哀れなり、椎柴白檮なンとの濡れたるやうなる葉の上に、きらめきたるこそ、身にしみて、心あらん友もがなと都恋ひしう覚ゆれ。（補説丁寧、人をして点頭せしむ。）すべて月花をば、さのみ目にて見るものかは。（又進むこと一舎。）春は家を立ちさらでも、月の夜はねやにうちながらも思へるこそ、いとたのもしうをかしけれ。よき人はひとへに好けるさまにも見えず、興ずるさまも等閑なり。かた田舎の人こそ、色濃く萬はもて興ずれ、花の下にはねぢよりたちより、あからめのせずまもりて、酒のみ連歌して、はては大いなる枝、心なく折りとりぬ、泉には手足さしひたして、雪にはおり立ちて跡付けなンと、万の物よそながら見ることなし。（悪罵、痛罵、毒罵。）」というふうになっておりまして、『徒然草』の本文のセンテンスごとに、簡潔に、シャープに鋭く、幸田露伴という方の着語が入れてありまして、文の進め方、前の文から次の文への進め方、それについて、レントゲンにかけて眺めたように本当に簡潔にそのままの、言葉で添えながされておりまして、こちらの胸がスーとしていくようなことでございます。幸田露伴という方は、作家としての業績に加えて、古典文学を鑑賞していく点にも超一流の鑑識眼と言いますか、そういうものをお持ちの方ではないかと思います。そのことは、文さんとか、孫の青木玉さんとか、その娘、お孫さんまで、これだけの文章力の卓抜さというものは、受け継がれ、特にエッセイにおける卓抜さというのは、特に受け継がれているように存じています。

こういう畠山健先生の『徒然草』朗読、大学の授業の根本でしたから、芦田恵之助の着語を通して、読み聞かせにつながります。幸田露伴の着語というものが、『徒然草』鑑賞の歴史の中で卓抜な位置を占めている。西尾先生の主題、構想、叙述、『徒然草』の二百四十三段のすべてにわたってそういう作品研究を緻密に仕上げていらっしゃること、前人未到のお仕事がなされたわけでございます。そういう中で、西尾先生から、御提示いただいていることを踏まえて、我が国の『徒然草』の教育、指導というものがどう展開してきたか、という跡付の仕事を、私たちがやらなければならないと思って、昭和三〇年代の半ばでございますが、可能な限りのことを、試みたのでございます。その節は、西尾先生に御報告を致しませんでしたが、その書物に納めましたものを、お送り申し上げましたので、こういう教育問題史につきまして、このような考察を私がお礼の気持ちをこめてしたということは、知っていただけたかと思います。

十

資料十の島崎藤村という方の、言葉は扱うのではなく、養うのであるということを言われましたのは、資料八十四ページ、終わりから八行目のところ、「高師三年生の折、それは昭和十六年のことであったが、わたくしは、朝日新聞社から発行された、『国語文化講座』全六巻を予約講読した。」学生の立場では、この講座はきつかったのですが、何かから飛び降りるような気持ちで、予約講読をしました。「一巻ごと、配本のつど、」当時学生寮におりましたが、「読んできたのである。六巻それぞれ、持ち味があり、収穫もすくなからずあったが、私が別して心打たれたのは「国語概論編」第二巻所収の島崎藤村の書き付けた、「国語問題覚書」であった。藤村は、次のように述べた。「文字は作られるものであっても、言葉は成るものである。初心者たりとも一度この点を会得するなら、言葉そのものの秘密に汲んでも汲んでも尽きないやうな源泉のあることを味わい知るに至るであらう。平素私たちは言葉を粗末にし、兎角理論に拘泥し、言葉を使うのみを知って、言葉を養うことをしない。心ある人たちを見るにこの言葉を養ふ。もし乱雑な言葉の世界を整理しようとのみして、言葉を養わなかったら、どうならう。蔓草ははびこり易く、好い言葉ほど荒蕪に帰り易いことを想ひ見ねばなるまい。」「ふと、わたしは平素不用意の間に使用してゐる言葉のいろいろあるのに気づき、これを書いて見たらと思はれるやうな言葉を実際に持ちながら、どうして筆には上つて来ないのかと、自分ながら左様思つて心ひそかに驚くことがある。それにつけても養ひたいものは、言葉に対する平素の良い習慣だ。例へば、それほど必要のない場合にまで、高い調子の、高調子の形容詞などを用ふることは避けたい。成るべく的確にものを言ひあらはしたい。適当で好いものは、反つて日常生活の間に養はれるやうな小さな言葉の中にも多く隠れてゐる。」これらのうち、わたくしが、当時、昭和十七年の一月頃でございますが、一九四二年の一月頃でございますが、深く考えさせられたのは、前掲の文章のうち、「心ある人達を見るにこの言葉を養ふ。」という一文であった。「言葉を養ふ」という、このずっしりとした、まともな考え方に、みずからの浅く浮いた、ことばへの考え方を厳しく戒められました。「言葉を養ふ」とは、どうすることか。そのこと自体、やさしい問題ではありませんが、語句・語彙の習得の問題も、ここから出発しなければならない。編集者が語られることによりますと、島崎藤村という方は原稿依頼を致しましても、随分断わられまして、引き受けてもえなかった。引き受けてもらえないものですから、こういう原稿だったら必ず引き受けていただけるだろうと思うようなものを選んで、厳選してお願いに行きますから、それじゃ書こうと、というようなことを聞いたことがありまして、それだけに、言葉が砕けすぎますけど、書き散らすとか、頼まれてやっつけ仕事のように書きなぐるとか、さっさと書いていくとかがなくて、全部粒ぞろいの文章にあの方のはなっている。その一つの拠り所は、自分の書く文章というものを、それこそ言葉を使うのではなくて、言葉を養うのだという、こういう良心的な基本的な立場に立っている方でございましたから、そのように自分の書くもの、書く機会をちゃんと選んでなさったんだ、ということに思い至ったのでございます。

ちょうど、旧制中学校の二年生の二学期の時に、「響きりんりん音りんりん」という藤村の詩がありまして、ご存じの方も多いと思いますが、「響きりんりん音りんりん／うちふりうちふる鈴高く／馬は蹄をふみしめて／故郷の山を出づるとき／その黒毛なす鬣は／涼しき風に吹き乱れ／その紫の両眼は／青雲遠く望むかな／枝の緑に袖触れつ／あやしき鞍に跨りて／馬上に歌ふ一ふしは／げにや遊子の旅の情／ああをさなくて国を出て／東の磯部西の浜／さても繋がぬ舟のごと／夢長きこと二十年／たまたまことし帰りきて／昔懐へばふるさとや／蔭を岡辺に尋ぬれば／松柏すでに折れ砕け／径を川辺にもとむれば／野草は深く荒れにけり／菊は心を驚かし／蘭は思を傷ましむ／高きに登り草を藉き／惆悵として眺むれば／檜原に迷う雲落ちて／涙流れてかぎりなし／去ね去ねかかる古里は／ふたたび言ふに足らじかし／ああよしさらばけふよりは／日行き風吹き彩雲の／あやにたなびくかなたをも／白波高く八百潮の／湧き立ちさわぐかなたをも／かしこの岡もこの山も／いづれ心の宿とせば／しげれる谷の野葡萄に／秋のみのりはとるがまま／深き林の黄葉に／秋の光は履むがまま／響きりんりん音りんりん／うちふりうちふる鈴高く／馬は首をめぐらして／雲に嘶きいさむとき／かへりみすれば古里の／檜原は目にも見えにけるかな」という詩でございますけれども、中学二年生の時に俳句をやっておりました田村奎という、今は名古屋の方に住んでいるはずですが、先生の指名を受けて、朗々と朗誦してくれたのです。それがいまもこびりついておりまして、広島に学生で行きましてからも、もうこの詩がしょっちゅう頭にありまして、卒業の時期になりまして、卒業生を広島から全国に送り出す時には、お別れ会の最後の時には、この「響きりんりん音りんりん」の詩を朗誦して送るのが、ならわしになっていたのでございます。ただ、この詩を教えていただきましたのは、東京高等師範学校を御卒業になりました、理想の国語教師といっていいような白田時太先生でございます。二年生の副読本、サイドリーダーの初めの所に白紙が添えてあります。これは気に入った言葉、歌詞かなんかを書き付けておきなさいという、教科書出版関係者の思いやりだと思うと、ひとことおっしゃって、「僕自身はこの詩にもう少し早く出会っていたらと思うからね。」とおっしゃって、「千曲川旅情の歌」を書き付けてくださったのですね。

私たちはその教科書の第二読本の冒頭の所にずっと、先生が黒板に流麗な字でお書きになるのを写していきました。予感として、次の時間には「覚えてきた人。」と先生がおっしゃるのではないかと思って、私は「覚えてきなさい」と言われませんのに、千曲川旅情の歌が大変気に入りましたので、覚えて参りましたら、そのことはおっしゃいませんでした。けれども、「もう少し早く出会っておけばよかったと思うから、君たちにはこの詩を」という心遣いです。ここに教材があるから始めようという授業というものは、やっぱり生まれ出た授業でない、こしらえ出た授業に成りがちです。自分としてはもっと、島崎藤村のこの詩には、千曲川旅情にはもっと早く、中学二年生とか、そういう時期に出会っておけばと思ったのに、そうでないから君たちには、という温かい先生の気持ちが今にずっと息づいている、感じられるわけでございますけど、そういうことを思い出すと、島崎藤村という方から受けた恩恵というのは、詩の世界におきましても、その他、言葉への基本的態度をどう保つのかということなどにしましても、随分教えられた思いがあります。

金原省吾先生はまた、『東洋美学』『国語形成学序説』とか、そういうのをずっと夏休みなどに、直接は存じ上げないですけど、書店へ行って、著者名よりも書名で私は求めていたと思います。それが西尾先生と親しい間柄でいらして、大変な学者でいらした、その金原省吾先生がお子さまを三人も戦争で失われて、悲しみに打ちひしがれていらっしゃる、その歌集『山草集』には心うたれるものがあります。私も弟をレイテ島で亡くしてしまった一人ですが。

十一

このようにずっと述べて参りますと、長野でご活躍になり、また、長野をふるさととして亡くなった方々からどれだけ学恩をうけて、一筋の道を歩んでこれたか、そのことはお分かりいただけたかと思います。与良熊太郎先生の御著書を初めて発見しまして、大変驚きもしながらうれしかったのでございますが、その明治、大正、昭和、戦前まででございますが、話し言葉教育の領域が各領域に比べて非常にふるわないと言われていたが、決してそうではないということを、心ある方が全部その時代に、西尾実先生をはじめとしまして、取り組んでおられたなどということは、「話し言葉教育研究」というものでございます。この本を半分以上読んだことを悔いるというように書きましたというのは、ここに書いておりまして、ちゃんと読書態度ができていないと、夏の暑い盛りでしたから、東京から送られてきたこの本を寝転んで読んでおりまして、もう四分の三も来ているんだから、ついでに寝転んで、というかこのまま読み通そうかどうしようかと思ったんですが、やっぱり、西尾先生を直接存じ上げているわけではありませんが、起き上がって読み終わると、ここに書き付けるようにしておりました。「半分以上寝転んで読んだことを悔いる」と。あと、戦後ある時、学会で西尾先生にお会いしまして、この出来事をお話ししますと、「いや、あの頃は文学には楽しみ読みがあると、それは寝転んで読んでいいと、私も気が付いておりませんでしたからねえ。」と、さらりと肩をかわされて、転びそうになってしまった。けれども、そう「気が付いておりませんでしたからね。」というのは、先生は、文学作品とおっしゃっていますが、私は学術書、先生の厳粛なこのご本を、そう読んでいたということですから、肩すかしのようでしたけれども、がっかりはいたしませんでした。

十二

もう与えられました時間が僅かになったのでございますが、こちらで「中等国語科教育法」をお取りになった学生の皆さんが、私の論考を資料として配布されましたものをお読みになりまして、感想を述べてもらいました。そこで、出された私への質問というものがございます。七十五名の方（四年生、三年生、二年生）のを昨夜宿で読ませていただきました。御覧いただけると思いますが、この京大式カードの裏表に、きちっとした文字で、七十五人の方が、全部、基本的な文字の形を崩さないで、信州大学教育学部の皆さんがこういう感想文が書けているというのは、私の長い教職生活の中でも初めてです。どれくらい真面目な方が集まっておられるのかという印象を濃く致しました。その中で、いろいろな質問がありますが、三人に一人は質問が添えてある、二十五名の方の質問に全部は答えきれないと思います。また残りましたものは、別の機会にしたいと思いますが。

(1) 「学習者に発表させたり、文章を書かせたり、解釈をさせたり、鑑賞させたりすることを、国語科教育の中核をなす活動として挙げておられるが、発表させることに対する話を聞くことの学習については、どのようなお考えを持っていらっしゃるか。それから、先生は、大変多くの本をお持ちだが、そのようにたくさんの本をいつどのようにお読みになったのか、授業中、先生のお話しをうかがって驚きました。」というように書かれておりました。

私の集めた本の一部は、鳴門教育大学の図書館に寄贈してあります。三万冊ほどでして、まだ、家の書庫はいっぱいでございまして、それは、大学で国語科教育を担当するという責任からいえば、明治、大正、昭和の国語教育の文献は全部そろえていないと、学部、大学院の担当者としての責任はまっとうできない。ですから、新刊の本の購入だけで、文部省のつける当初の予算の研究費はいっぱいですから、時代を溯る文献は全部自腹で集めなくてはならない。大学で授業する者として、当然の仕事です。

これは、費用がないからというのは言いわけにならない。その在り方から申しますと、現実はさまざまな厳しい制約は付きまといますけれど、そういうわけで、私の場合、このように集め始めたわけです。その集めたものは、小説を読むように始めから終わりまで読むわけではございません。全部研究読みの対象ですから、この事実、このこと、この人物、この出来事について確かめたいというときに該当のページを読むという研究読み、調べ読みの対象になりますので、玄関に入った人が、皆すぐに、「先生、これ全部読んだんですか。」と聞かれて「いいえ」と言ったら、「何のために買っているのですか。」というふうになかなかシャープな質問ですが、全然的外れの質問をする。「お宅は古本屋ですか。」と言う人がいた。連想はいいのですが、ちょっと次元が低いと思った。いろいろそういうことがありました。この方は、次元は低くありませんので、読み方の種類、それをどういう意図で組み立てられたか、この本の核心部分はどこかというのを目次とか索引とか前書きとか後書きとかで見抜いて、そこへ直接取り組むわけですね。核心部分を外さないという研究読みのできる人は、忙しさを理由にして、自分の研究の怠慢を言い逃れすることはないわけです。それは、自分の読み方を鍛えていくといいますか、一瞬のうちにその本の本当の、本物の本なのか、そうでないか、ただ書いているか、大事なことを、書かなければならないことを書いてあるか、選別、識別というものと、そこに読み出されている研究としての真実というものをどういうふうに見抜くかということ、そういうことがあるわけですね。けれども、基礎的な入門期でいいますと、どういう学術書も、全部、入門書、概論書、原論書、を読まないことには、前に進みませんから、そういう時には、時間を惜しんで読んでいくことになると思います。

私は、一九四一年、昭和十六年、高等師範学校三年生のときは、読み終えた本は全部、日記の上欄に著者名、書名を書きましたから、それも私は、文学書でなくて学術書でしたから、百四十三冊でした。大体三日に一冊、始めから終わりまで読み通す、抜書きはしないというやり方をしておりました。戦後二百冊を越えたことがありましたが、それには文学書が入っておりましたから、あっという間に読み抜くことができるものもありましたから、学部三年生の時も、百四十三冊を越えていない。読み方を工夫しながら、読みの実力を鍛えに鍛えていく姿勢がおありになればいい。

私の恩師からは、週刊誌は、三十分で読むというようにしなければ、時間のロスにつながりますと言われました。次から次に出ます週刊誌や広告を見ておりますと、読まなくておこうといっても、なかなか読まされていますが、私の場合、これは「週刊朝日」だけ購読致しまして、後の週刊誌は、文春でも、新潮でも、新聞の広告だけ見れば何がどう取り上げられているか、それを見ますと、次元の低いものかどうかは、すぐにわかりますので、ただそういう方面で、やはり普通の新聞にも、週刊誌にも出てこないものがあって、研究上必要という良心的記事の中にも出てくることがありますので、それまで落とさないように、その都度、書店へかけつけるという暇はありませんから、私の場合、一つの行き方として、「週刊朝日」だけは取る。朝日新聞と「朝日ウィークリー」と一緒に語学センスを麻痺させないためというようなことで、そういう読書生活設計というものを絶えず、清新なものにしながら、これも研究生活に入っている方々には、申し上げるまでもないことでございますが、先程の方からご質問がございましたので、発表を聞くことの学習が非常に大事なことでございますので、大村はま先生は、先生からの話は一遍で聞き取ること、聞き落としたら、必ずその要点をもう一遍説明をお願いするということを中学一年生から躾けておられる。けれども、大村先生にお聞きしますと、一遍で聞き取りなさいと言っても聞き漏らすことがあるから、小学校を終えて、中学校に入った時は、緊張していますから、微妙に言葉を変えて、聞き落とした人のためにもう一度同じことを言いかえるようにしておられます。そこまで聞かせる工夫をして、配慮をして、恥をかかせないようにして、聞く力に自信をつけられるようにしておられる。そういうきめ細い、きめ細かい指導の網の目、温かい網の目が張り巡らされているわけです。通り一遍のことで、授業を会得したと思っている人はいないと思いますが、そうじゃないんだということ。本格的な授業の在り方に目を開き、奥行きの深さにたじろぐことなく、正面から取り組んでいくようにしなければならないものと思います。

(2) それから、これは、私事になりますが、「話方の話法の体験の中に、約三千六百回あまりというように言われていますが、国語の授業を含めないのはなぜでしょう。回数に。児童生徒の反応、感想から直接、話法力を磨くことはできると思うのですが。」これなど、非常に鋭い質問でございまして、『国語教育の創造』という学研からの本を出した時点で三千六百回、人前で話した挨拶と講演だけでなく、そういうものも含めたものでございます。それから年数が経っていますので、今日、この話は七千九百七回目に当たっておりまして、だから四千三百回ほども、ご覧いただだいた三千六百回からは、四千三百回加わっております。その一回、一回話した時間と聞いて下さった人数と話したことについて自分の反省事項があれば反省事項というふうにして、一回、一回回数を重ねる毎に自分の話すことの反省を加えるというふうにしてきたわけです。どうして国語の授業を入れないのかというと、国語の授業は別に記録があるわけです。小学校一年から高校三年まで、全部講演だけでなく、講演の趣旨を授業に生かしたらどうなるか、授業で見せてくれと言われたこともあります。国語教育を専門にしているものが、授業はできませんと言うことなど、そういう責任回避はできませんので、頼まれて研究授業をして参りました。八十二回、夢の中でしたものは五回、合計八十七回。夢の中でしたのは全部失敗です。後ろの先生が、にこにこ、ニヤニヤ笑って、「それみたことか、授業等するからそういう目に遭うでしょう。」何を言われても、どうしても思うようにいかない、とうとう自分の授業もこんなことになってしまったかと思ったら、ぱっと目がさめて、よく考えたら、あっ、今のは夢港だった、だけど、あんな深刻な経験をしたんだから記録に残しておこうというので、夢の中の記録も入れて合計八十七回。

それで熊本の三角の三角小学校の六年生に授業しました時、受け持ちの先生は学校中で一番字の上手な先生だということはわかっていた。私はまた字が、今日板書しませんのは、もうあまりに恥ずかしいから、口でそういうことは言っても、本当はそんなことはできないのかといって、余裕を持って見返す方もいらっしゃるかも知れないと思ったりもいたしますが、授業の後、カードを配って、感想を書いて貰いましたら、六年生ですから、「先生は大学の先生にしては字が下手だと思いました。」というふうに率直に書いてくれました。「先生は、早書きならうまいと思いました。だけど字が下手。」というように。それから、見ておりましたら、一つだけあっと思う感想に出会いました。「先生の字は下手なようですが、本当は上手なのでしょうね」という。あぁ、これだ。こういうほめ方がある。こういう受け止め方ができるというのは、結局は人間的に六年生のその子の方が上なんですね。それで、「僕はああいう字が好きです」とあって、これが長い間私の胸の中で、お世辞を言う子ではないはずだ。どうして、ああいう字が好きですというふうに言ったのかなと思いまして、ずっと後になってふっと気がつきましたのは、学校中で一番字の上手な方が受持ちですから、いつでもきちっとした字を書いて、それがプレッシャーになっていた、その子には。私のは上手下手を超越して、書道専攻の人がいつも、「先生のは欲のない字です。」と、誉めているのかどうしているのかわからない。「どうして」と言うと、「よく書こうという欲の全然無い字ですね。」と言われて。けっこうが学生には随分私はやられました。やられたのをひがまないでそれを伸びていく糧として、糧としてと言うと非常に聞こえがいいんですけど、悔し紛れにそう言う。「欲の無い字ですねとは、どういうこと?」と言いましたら、よく書こうという、整えて書こうとか上手に書こうという欲の無い字だと言うんです。書道専攻ともなれば、あんなふうに目が肥えてくるのかなあと思ったり、何かかき回されているような印象は消えることがないと思いました。けれども、その「下手なようですが、本当は上手なのでしょうね。僕はああいう字が好きです」というのは、もう五十代近くになっているかもしれません。昭和三十年代半ばでしたから、この授業をしましたのは。でも、忘れることはありません。その温かい、文字を私の下手な板書をそのように受け止めてくれて、ごく自然に書かれていたという。やっぱり質問の方が書かれておられますように、学ぶことがたくさんあるわけですね。そういうことが財産と言いますか、自分の糧になっていくということでございます。

(3)　私は言い訳をしない。ああ疲れたとか言うことをしない、ということを書いておりましたので、随分それを取り上げて書いて下さっておりました。「常日頃、忙しい・疲れたという言葉を口にしております。ましてや教育実習期間中などは、毎日のように言っていました。また、言い訳もよくします。言い訳の言葉なら幾らでも思いつくような気がします。周りも皆言っている言葉だから、感覚が麻痺しているのかもしれません。でも、野地潤家先生の言葉には言い訳も、疲れた・忙しいもなかったというのです。私よりも先生の忙しさや疲れは何十倍もあると思います。でも、それを口にしないということは、精神的肉体的にもタフなのだと思います。また、日常の小さな事から心掛けていかなければならないという姿勢は、とても勉強になりました。私は、生活と国語のつながりをはっきりさせた国語の学習はよいことであり、子供にとっても意欲的に取り組めると思うので、生活と国語とのつながりについて質問してみたいと思います」きちっと書いてありまして、今のような質問がお終いに書かれているわけでございます。ああ疲れたとかいうような言い訳とか、それをしないでというのは、無理にしているのではなくて、振り返ってみますと、ごく自然にそういうふうになっております。それはやはり、今まで生きてきた職場の人間関係、学生・院生の皆さんとの、同僚の皆さんとの、上司や事務の皆さんとの人間関係というものを、私はいつでも対等と言いますか、あるいは自分は少しでも上から見下ろすという姿勢はそれこそ生まれつきとれないと言いますか、そういうふうでしたので、お互いに気持ちよく話し合える・通じ合えるような所がありました。人間関係に恵まれてきたということで、ああ疲れたと言うとか、言い訳をするとかといったことなしにこれたんだと思います。

(4) それから、羨ましがらない。そういう何かいいことに出会われた時は、心底ああ良かったと、あの人はそういう賞を受けられて良かったとか、そういう結果に恵まれて良かったとかというのを喜ぶ、親身になって。嫌々ながらとか負け惜しみをしながらでなく、そんなしみったれたことでなくて、全部受け入れて、その人の立場でという気持ちになって。うんと気持ちが明るく清やかであって、少しも気持ちが曇らないといいますか、そういうあれがありますので。無理して愚痴を言わない、あれをしないということではありません。

それから、ここに書いてあった「言い訳なら幾らでもできる」っていうのは優れた能力の一つで、大事にしましょう。言い訳が次から次に言えるというのは。言えない人の方が多いと思いますね。しかし、言い訳だったら幾らでもできるっていう人は、やっぱり恵まれた才能だと思って、私が保障しますので、是非そこを自信の拠り所にして言い訳を段々少なくして、言い訳でない本当の主張ができるように上手に切り換えていかれれば、あの人は生まれ変わったというふうに人が気づかないくらいのうちに生まれ変わって、前向きに前向きに行かれると思いますので、前途有望だと思います、この質問をした人は。他の方は前途有望でないという意味ではありませんので。

(5) 五番目の質問でございますが、「先生のお子さんの発した言葉を、先生と奥さんが全て書き取って研究されたというのが信じられません。どうやればそんなことが可能なのか、自分の経験と照らし合わせながらお聞きしてみたいと思います。」仰る通りです。全ては記録できません。可能な限りですね、できる限り。だけど満二歳から三歳までの一年間にこれだけというのは紛れもない事実です。だから、それをわかっていただきたいんですね。私達が携わっている国語、言葉を育てると言葉を伸ばすというのは、幼児期六年間・小学校六年間。四年の時に内言という世界が開かれますから、言葉で考えるということができるようになるんです。それから中学、高校の各三年。伸び盛りで形而上的なそういう抽象的な言葉の世界が急速に開けていきます。それから大学、学部・大学院という成熟の時期、専門的な実力をつけていく場、というふうにみますと、その六年刻みの発達段階というのが本当に大事です。それに発達をする・言葉を習得する人の側について惜しみなき助言ができるかできないかということが、生きた国語教育・言葉の指導ができるかできないかの分かれ目になってしまうという怖さがあるわけですね。だから、芦田先生が「児童の作文は日本一読んでおります」と言われる時の、芦田先生の綴り方の指導の方策というのは滅びることはありませんが、あの先生が解明されましたものは。全部そこから来ているわけですね、子供の作品から。それからもう一つは、いつでも子供の所まで下りていって、子供の書いた文章がお書きになれるわけです、芦田先生は。これは先生だけという気がしております、まだ他にいらっしゃるかもしれませんが。いつでも子供の立場に身を置いて、「ほら、読んでごらん。」というふうに自分のお書きになった文章を、子供の生きたお手本になるような文章が次から次に書かれる。それは天下一・日本一、自分は、子供の作文を読んでいるからという自信から生まれてきたものと、それから芦田先生の生まれつきの才能によるんだというふうにみております。

質問といいますと、必ず難しい質問というのが出てくることを覚悟してなきゃならないんですが、「野地先生への質問なのですが、国語教師としてこれだけは身につけておくべき能力だというものがあったら教えてください」と。「これだけは身につけておくべき能力」という、まあ「これだけは」という所をどう絞り込むかによっていろいろ違ってくると思うのですけれども。やはり、自分の言葉、その指導にあたる方の自分の言葉を卑下したり自信喪失したりしないで、上手下手ということは抜きにして、自分の言葉を自分で大事にして、少しでも少しでも伸ばしていこうとする、そういう心掛けでいること。それから、人の言葉、子供達、生徒達の言葉を見くびらない。これはもう、ベテランの先生というのは、必ず子供の言葉上の失敗を絶対笑わないというふうに言い聞かせている。恥をかかせない、マイナスの気持ちを持たせないようにと心掛けておられるのがほとんどの方です。そのとき、敏感ですから、少しでも先生が冷たい目で眼差しで見られたら、もう、すぐ子供も生徒も分かってしまいます。そうでなくって、誰でもそういう失敗があるから、これからはここを気をつけておけばそういうことはない。自分もしょっちゅうそういう失敗を、君達の頃は、貴方の頃にしてきたんだからというところをこんなふうに言い聞かせたらと。失敗したら、その次に二度と同じ失敗をしないというふうに言い聞かせていけば大丈夫なんだよって言う、学校での失敗というのは取り返しは幾らでもつくからと。でも、大人になって実社会に出てからは、人間関係を壊したり取り戻しができないようなことだってあるけれども。甘えてはいけないけれど、そういうこともあるからというふうにして、子供の、生徒の言葉を大事にしていくということ。

それから、大村先生が仰いますように、準備のある授業には失敗がない。忙しさを理由にして準備なしに教室へ臨む授業というのは、うまくいくこともあるでしょうけれども、卓抜な能力の持ち主の場合は。けれども概ねやっぱり失敗している。教育実習の報告を見ましても、何をどうしていいか分からなくなったと書かれてもおりました。何をどうしていいか分からなくなったということを、その経験は大事に、教育実習を済ませた方は、なさるように。決して恥ずかしいことではありません。あの時の辛さ、あの時の頭が真っ白になったそういうのを。事前の準備として、どういうふうにしていけばいいかと一つはリハーサルをすることです。導入からお終いまで四十五分なり五十分なりの授業をずっと、自分の立てた計画に基づいてリハーサルをしてみる。その中に必ず、今までは指導教官も試みられなかったような指導上の新しい工夫を一つでいいから折り込むというふうに生かせると、必ず後ろへ下がることはなくて、退歩ということはなくて、前へ前へ授業者として進んでいくことのできる、そういう主体的意欲的な姿勢が養われるということになるわけですね。そういう点も含めて、是非自信を持って進めていかれますように。

それから、「メモを取ること、書きつけることは大事だということに気が付きました」ということが述べてありまして、「土曜日の講演会では書くことを中心に話を聞いてきたい」と書いてあります。質問というのではございませんが、これはさっきも申しあげましたように、生徒達の生活記録・日記・学習記録をどう積み重ねるか。学習記録ができれば、個別指導の手掛かりというのが随所に得られるわけですね。この文字が間違っている、この使い方はおかしい、この文法は違う、あやふや、それからこの具体例の取り上げ方は生き生きとして素晴らしい、こういうことはここは見えているのに、こちらが見えていないというのは目配りが足りない、というふうに、助言すべきことは全部、学習記録の各ページから立ちのぼってこちらへ来るわけですね。学習記録を読み慣れていれば、誤字・脱字の方から指導者の目へ飛び込んでくるようになりますから、間違い探しなんて時間はいらないんです。そこまで来て初めて、学習記録に目を通して個別指導をすることのできる教官の姿勢ができた、指導者としての力量が身に付いたということになるでしょうから。そういう点で、いきなりは無理だといたしましても、心掛けていれば、或いは気が付いてみたら、願っていたこと・望んでいたことが実現していたというふうにもなっていくと思うんですね。

こういうことで、予定の時間が参りまして、まだ二十名ばかりの方には答えておりませんけども、何らかの方法で、せっかくお出しいただいたご質問ですので、また、いろいろお話申し上げたことで、それを踏まえながらお考えいただければと思いますが、七十五名の方の、授業中に配布された私の文章を資料としてお読みいただいた。本当に、お一人お一人の方が仮初めの書き方でない、気持ちを込めて京大式カードの表裏に、例外無しに表裏に、ずっと書いていただいていた。このことは私としても忘れることはございません。ここに学ばれた、この学部に学ばれた、その授業をおとりになった方々の真面目さ。

「先生になろうとしても厳しくなっている」という文章も何人かの方が書いておられました。願い続けていれば必ず実現、夢が希望がかなえられることがあると思いますので。私自身は戦争中、仙台の陸軍飛行学校に入りまして、重爆撃の爆弾投下の訓練を受けておりました。文系出身者で、電気系統・油系統・機械系統の扱いを。日本の重爆撃の一番大型の整備の訓練を受けていたんですけども、その中でやはり畑違いの事をする厳しさというのは充分感じましたが、その時、私に言い聞かせたのは〝満身質問魂〟。分からないことは必ず尋ねる、謙虚に尋ねる。それに全部寄り掛かるというのではありませんが。そういう時、どういうふうに道を切り開いていけばいいかの切り開き方が、何通りあるかということを先輩の方、あるいは経験のある方から聞いて工夫をしていくこと。結局は教職に就かれまして、やがては管理職にも、教頭先生・校長先生にもなられるでしょうけれども。私自身、私は教頭職の経験はないんですが、管理職の仕事をしてみますと、学部長とか副学長とか学長とか附属の校長とか、そういう時は管理職の仕事も研究の仕事も完全に一つです、中身は。だから、問題がある、その解決方法はどういうふうにすべきなのか、ありとあらゆることを考えて、それから、適応できる解決策はこの場合どれかということを選ぶ。これだ、或いはこれしかないと思ったら、それを実現する方途というのはどういうふうにしていくのかと、きめ細かにずっと詰めていく。それから後、同意を得ながら、構成員の同意を得ながら慎重に事を進める。独断的な事を一切しない。それから抜き打ち的な、そういう民主的なやり方を打ち破ってしまうような壊してしまうような非常識的なことは絶対にしないように心掛けていけば、研究者として学ばれたことが全部管理職のそういうことに。政治力・腹芸といったようなものじゃなくて。そういうふうに思い込んでいる人は管理職としての修練が足りなさ過ぎる。それで、管理職が済むんだと思ったら甘すぎるという点があるんだと思います。そういう点を含めまして、困った時、どなたに相談にのってもらえるか。学部生の皆さんには先生方・先輩方・あるいは現職の先生・母校で今まで教わった先生方がいらっしゃるわけですが。そういう方に謙虚に教えを受けられて、思案に余るとかっていう時もあるでしょう、それからそれを手掛かりにして自分で考えておられれば、他の人が考えつかないようなことを思いつく考えつくっていうこともございますので。一つ一つの授業をその日暮らしにしないで積み重ねができるようにしていって、一つ一つのそれに必ず新しい工夫をするようにと。

じゃ、今日の皆様への講演についてはどういう新しい工夫をしたのかという、工夫まで至りませんでしたが、この百十三ページの資料と七十五名中の二十五名の方の質問とをどういうふうに組み合わせるかということは、夕べから何回か、組合せとか、初めに質問に答えるというのを持ってこようかと思いまして、そうしますと、おそらく二時間全部かかってしまいますので、そうすると、この資料の方が宙に浮いた形で、お集まりの方ががっかりなさる面もあるだろう。で、結局は今日申し上げたような順序になってしまい、質問をよせてくださった方々には大変申し訳ない、解答を保留するようなことになったのでございます。でも、初めに申し上げましたように、機会を設けましてと考えております。

私の国語教育の道というのは、全てと言っていい程、長野にゆかりのある方或いは長野県の先生方にご恩を被っておりまして、そこに学ばれる、そこにお勤めになっている方々を前に感謝の気持ちを報告させていただく機会を与えられました。何より私にとっては嬉しいこと、有り難いことでございます。どうか、すでに教職に就いていらっしゃいます先生方はもとよりでございますが、これから教職を目指される方々も、是非初志を志を貫徹して、子供たちの為に、生徒たちの為に、日本の教育の創造の為に、取り組んでいただきますように心からお祈りし、またお願い申し上げまして、少し時間を超過いたしましたが、私の話を終えさせていただきます。

質疑応答

〈藤森裕治助教授〉

今こうして先生のお話をうかがうことができまして、この上なく幸せに思っています。野地先生、改めまして本当にありがとうございました。二時間があっという間に過ぎてしまって本当に名残惜しく感じますけれども、折角の機会でございます。野地先生に感想でも、或いは是非これだけは、先ほど何人かの質問については、先生お時間の都合もあって保留なさると仰いましたけれども、これだけは是非どうしてもうかがってみたい、このようなことが有りましたらですね、時間の許す限りで数名で恐縮でございますが、うかがいたいと思います。会場の中で感想でも質問でも結構です。もしありましたら、お手を挙げていただけますでしょうか。…はい、じゃあお願い致します。

(1) 西澤真佐雄（長野市立城山小学校）

長野市の城山小学校の西澤です。今日はどうもありがとうございました。

先生に、最近強調されています音声言語指導の問題についてお聞きしたいと思います。私、現場におりまして、指導の上で大変苦労しているところでありまして、ぜひこの点についてお話いただければありがたいと思います。音声言語の重要性については、先ほど先生のお話にありましたように、西尾先生によって御指摘されているわけでありますけれども、今日、話す・聞くという音声言語教育が大変重視されておりまして、音読や朗読、或いは群読、ディベートなどの研究発表がなされているわけですけれども、しかしながら、音声言語の能力の基礎基本とは一体何かということは、それから、それが本当に身についているかどうかという見極めについて、或いは、子供たちの言語生活に基づく言語能力をどのようにつけていくのかという点について、日頃私も難しいなと感じておるところでありますが、特によく大村先生がおっしゃられる、「実の場」に立つ音声言語教育の場をどのように利用したらいいのかという点では、西尾先生のおっしゃられる対話の指導ですけれども、一方的に話す・聞くということはあるわけですけれども、本当に対話の指導ということがなかなかできないという、そういう問題点を感じています。そこで本当に生きる力、子供たちに真に生きる力、或いは学ぶ力となる音声言語指導のあり方、或いは音声言語特有、固有のですね、指導、指導者としてのあり方について、先生のお考えをお聞かせいただければありがたいと思います。お願い致します。

〈野地潤家先生〉

朝学校へ、今からおうちから学校へ登校しようという時に、例えば「行って参りまぁす」というふうに、やや改まった調子で朝の出がけの挨拶を習慣づけておられる家庭と、「行ってくるよお母ちゃん」というくだけた親しい肉親同士での間柄での、そういう「行ってらっしゃい」、「元気でね」、「ちゃんと頑張るのよ」とか、そういうことか、そういう場面とその置かれた状況と、それからその言葉を交わす当事者の人間関係というものによって微妙に変わるところがありますから、なかなかおっしゃいますように、どこをめどにというのはできないと思うんですけれども、言葉をかけられたら、或いは会釈を、言葉を挨拶を交わすということはなくても、通りすがりに会釈をすると、そして言葉は出ないのですけれども会釈をして、「こんにちは」、「お早うございます」、或いは「さようなら」という、それをこう目と目で会釈をしながら進めていくという、まあ日本人は会釈が多いというのを私は豊かでないと、かねがね、どちらかと思いますと、知らん顔してこう通される、会釈を会釈で答えるということの訓練ということでございますので、声高に、音声言語指導というものはご指摘のように言われているのですけれども、一つ一つどういうふうに、温かみのある過程における、要するに肉声でございますので、言葉は心であるので心がこもっているというその温かさが、挨拶の温かさ、或いは説明の丁寧な思いやり、そういうことが根を育ててくるようなふうになっていけばいいのですけれども、なかなかそうはいかない。そういう場合、だからだめだという大上段にふりかぶって、音声言語の高揚といいますか、そういうものに見切りをつけるとか、或いは非常に厳しい評価を下してしまうとかいうことではなくて、わりと問題をたくさん抱えているけれど、どういうふうにしていけばいいのだろうというふうに、こう皆で捜し当てていくようなことが。文部省学習指導要領というのはパッと下ろしてくるというところがありますけれど、それは下ろす方はそうかもしれません。受けとめる方は、ご指摘のように、そう簡単にはいかないというところがあるわけですね。

私、これはずっと方向が違いますけれども、四国の郷里で無灯火の自転車に乗って帰りまして、電車を降りてそれから山の方へ千三百メートルくらいのぼった山の裏の間に生家があるんですが、ちょうど町から帰りますのに暗くなりまして、それでそこで張り番をしているお巡りさんに見つかったわけですね、無灯火で自転車で帰ってきたときに、何をしてたかというふうに。「電池は灯はつけてたか。」、その用意がありませんでしたから、もう正直にそのまま乗って帰りましたというふうに言いました。そうするとお巡りさんのほうは、「あ、ついその辺から乗ったんだろう。」という、ずっと向こうから乗って帰ったのですが、「その辺から乗ったんだろう、もういいよ。」というふうに言っておとがめなしに、初めてのことだったし、私の答え方を聞いて、お巡りさんが配慮をして下さったんだと思うんですけれども、もう何十年と経っておりますが、そのお巡りさんの温かい対し方というのは忘れたことがございません。本物のお巡りさんというのは、人間的なお巡りさんていうのは、教育者としてもちゃんと通用するお巡りさんではないかなと思ったんですが、常習犯ではないということ、それからたまたまそういうことになっているんだから、それでここで処罰するとかいう、もしここで名前を聞かれて処罰されれば、私の父というのは真っ正直に生きてきた人ですから、どれくらい嘆いたかわからない。父親に自分はそういうことで恥をかかせるのかということを、何度も何度も悔やみをしていったのかと思うんですけれども、「ついその辺から乗ったんだろう、いいよ。」というふうに、私がその言いわけをしなかったということと、それからしかし、すぐ父親の厳しい顔が浮かびました。ああどうしようというように子供心に思ってたんですけれども。そういうことで言えば、音声言語というのは、もう、その、言葉で生きる、そのそれぞれの切実な場面でのやりとりということですから、これは練習、これは…とかいうふうなことでは済まない。とすると、一回一回の言語行為というものを本当に気持ちを込めてそれぞれができるのかどうかということになりますね。そうすると、対話の指導というのは、水いらずだということが鉄則になっております。大村先生がおっしゃいますのも、西尾先生がおっしゃいますのも、要するに誰かがいるところでは、もう対話にならないで、その子供と先生だけ何でも言えて、相対して言えるという、そういうことで安心して何でも言えるという、そういうことで初めて、大村先生は、保護者会の時に、お母さん、母親がみえた時に、お宅のお嬢さんは、お宅の息子さんはという、そういうことを、この場合失点化しまして、注意を受けましたとか、こういうことは家庭で気をつけていただければということは一切おっしゃらない。だから保護者会から帰ったお母さんから叱られるということは、一切大村学級ではなかったわけですね。子供たちはほっとするやら、なんか先生がちゃんと厳しくは見てらっしゃるんだけれども、母親に言いつけるというそういう卑怯な、人間として卑怯なことを、指導するんだったら自分に言ってもらえばいいことで、母親にわざわざ保護者会の席で、そういうことを家庭のしつけが足りないというようなことを、家庭のしつけに、灰に濁してということを一切なさらなかった。私は一瞬意外に思ったんですけれども、考えてみれば、それほど生徒を、生徒の気持ちを大事にし、損なうことがないように心配りをしていらっしゃる。そのために生徒が間違って悪いことをしたということは絶対ありえない。これから気をつけよう、先生が母親に少なくとも自分のいいところは言って下さっても、マイナス面は絶対おっしゃってない。母はおこりようがないわけで、お母さんは帰りましてもですね、こういうことを誉めてらしたわよってことがあったら、何倍もの勇気が出てくると思います。そういう点で、ご指摘のように、非常に厳しくて一律にこれを拠り所としてこれを適用というほど簡単でない、また、易しくないという面がございますけれども、しかし、力を入れれば入れるほど、将来にわたる教育の、教育ではなくて、言語生活、言語行為の基礎を形作ってることになりますから、その点で、例えば、これは広島の職業高等学校の高三の教室であったことだと聞きましたんですけれども、「あぁ、今の、今の読み方は上手だった。」、そういうふうに誉められて、およそ先生から誉められ認められたことのなかった生徒がそういうふうに誉められて、たまたま帰る方向が同じだったら、「先生一緒に、今日先生と一緒に帰っていいですか。」というふうに、生徒、高三の女生徒が言ってきまして、それで、「いやちょっと他に用事があって、自分は人の車で家まで送ってもらうことになっているから。」、ほんとにがっかりしたような表情でしたっていうのを、つい最近聞いたことがあるんですけれども、敏感に言葉の温かさ、冷たさ、突き放し方、或いは本当に、こう、抱えているようなそういう態度によって、皆先生を、もうその先生の返し方一つで、この先生は自分達の味方なのかそうでないのかっていうことがわかる。

広島のほうでは、ずっと昔にあったことなんですが、問題を解きまして、その問題を先生が実は準備がなかったので答えられなかったんですね。生徒から「それはおかしいんじゃないですか、こうでこうでしょ。」というふうに、「あ、そうだ、うっかりしてたから。」詫びていかれればなんでもなかったものを、「いやそうじゃないよ、次へいくぞ。」というふうに言って、それを新聞記者が臨時にそのクラスに留学をしておりまして、レポートを纏める段階で目の当たりにそれが見えたのですけれども、それは学ぶ者として、先生だって間違うことはあるわけですから、間違いを生徒から指摘された時にそれを詫びて、指摘してくれたことを感謝するという謙虚さがあれば、生徒の信頼を失うことはなかったのですけれども、「や、違う、これだよ、これでいいんだよ、じゃ次へいくぞ。」というふうに、見ていても、こう気分が悪くなる、そういう言い方で教師の倫理、生徒へのそういう生きる姿を生徒に見せていくということはできるのだろうかと。一番辛いのはその先生のはずなのですが、それが辛いと映らないようなところまで麻痺してしまっておれば、それは教職という、そういう資格が本当にもうその人は失っておられるんだ、新聞記者の報道がもし本当であればという前提でありますけれど。

問題がちょっとそれましたが、一つ一つ事例を、その時の言語行為、音声言語行為というものを大事にしながら進めていく、それで少し気をつければ、少し自分を抑えるとか、或いは自分の考え方をこう、その、マナーのレベルでなくってもっと大事なこととして、自分の気持ちに正直に相手のことも考えてものを言うようにすれば、一日一日の精神生活がどんなにつややかなものになるとか、或いはきつい辛いことがあった時に、誰かに相談に乗ってもらおうという、質問をして或いは助言を求めるという勇気を持っていれば、もっと、一人で悩んで不登校になったりはしないですむということを、一番困った時にはどこへというのは、自分と生徒の約束でちゃんとしておいて、学級担任の先生のところへ、言葉であれば国語の先生のところへずっと、駆け込み寺ではございませんけれども、そういう約束ができていて、その通りにすればその通りに受け入れていただける、生きた助言が返ってくるというふうになっていれば、そういう方面の、ま、音声言語、今お話でということでございますが、それが指導になっているのではないかというふうに思っています。

〈藤森裕治助教授〉

時間のほうもございますので、もし感想だけでも、あとお一人ほどありましたら。…どうぞ。

(2)　松下寿〈長野市立西部中学校〉

長野市立西部中学校の松下と申します。今日はご講演ありがとうございました。私自身、死に物狂いで命懸けで授業をしてきたかと申しますと、とてもそんなことはございませんで、そのこと自身を真摯に見つめ直してこれからの国語教室を切り開いていきたいなというふうに考えております。

国語教室の根幹を開いてこられた西尾実先生が、コミュニケーションを通じ合いということで訳されていたというふうに記憶しておりますけれども、新しい学習指導要領のキーワードであると思いますが、伝え合う力と、これが先ほど音声言語について出ましたので、文字言語については今後どのように展開していったらいいのか、留意するような点がございましたら、教えていただければ有り難いのですが。よろしくお願い致します。

〈野地潤家先生〉

これから国語科教育が目指しています、指導要領に示されました核心にふれる問題を取り上げてご質問いただいたわけでございます。感想レベルということよりも、もっと実質的に大事な問題点をお尋ねしていただいたというふうに思っております。通じ合うということとそれから伝え合うということと、基本的には重なるところがございまして、異質のものではないのですけれども、やはり新しい国語教育の展開点でやや新しい言葉を用いまして新しい方向付けをという、キーワード方式がどうしても避けられない。キーワード方式は、私は万能ではないと思っておりますけれども、やはり担当者にしてみますと、文部省等の担当者にしてみますと、やはり新しい学力観とか新しい方向付けとかということをしないと、自分達は無能力で何をしているのかというふうに逆に責められるということもあるだろうと思いますね。国語教育のような一番基礎的なことを習得して行かなければならない教科、基礎教科というものは、そんなにぐるぐる変わってしまうものではないという、そういう不動の信念というものが、私達は、国語教育に良心的にずっと携わってきた方々には、それが充分わかるというふうに思います。ただ、伝え合うということ、書くことの面で伝え合うということを、自分の、自分の意図していることが思い通りに書き表せないという、伝えたいと思っていることがなかなかそのように伝わらない、書き表せないということ、これはもうしょっちゅうだと思うのですけれども、これを少しでもわからせるというのにはどういうことが必要なのか。発達段階にもよりますけれども、やはり、曖昧な、曖昧な両様に受け取れる言葉というのは、そう受け取られては困るということについては、そういう方向でそういう意味で使っておりませんということを、読み手がわかるように受けとめてくれるような配慮を書き手の側から、伝える側からそれが必要になってくることがあると思いますし、また、実際にこういうこと、こういうこと、こういうこと、というのをわかってもらうためには、実際には、箇条書き方式、命題方式としまして、それをずっと出して、そのあと更にこのように受け取られるかもしれないけれども、筆者の意図していることはそうではありませんということを念押しをしておれば、伝え合うことが変わらない、伝えたいことが伝わらないということは救えるという意味で、伝え合うためにどれだけの工夫をしておけばいいのかということと、それからそういう工夫をすること自体は、文章の組み立て・表現法というものを、明晰な、明確な曖昧なものでない、明確なものにしていくという心掛けによってもたらすことができるということもあろうと思います。そういう意味で実際に伝える文章、伝え表す、伝え合う文章というものを、新聞等で行っておりますような、ノーベル賞授賞者と大江健三郎さんとが相互に交信しておられるような、そういうレベルのものもありますし、そうでなくってお互いに、こう、思っていることを交換しながら、考え方を広げていくための刺激を受ける、更に励ましを受けとというふうにしまして、伝え合うための文章表現力を伸ばしていくという一つのリハーサルといいますか、そういうわかり合っていて、しかもそれを受け取った時には、実際に、その述べ方だけでは充分でないというところは遠慮なく指摘してもらって、そこのところを書くというようなきちんとした明解な論文、文章に仕上げていく。そのためには、読み返してみて自分で曖昧なところを残していないか、言葉遣いの面、センテンスの組み立ての面、それからセンテンスとセンテンスのつなぎ方の面、段落の纏め、段落から段落への展開というふうにして、今までずっと指導して下さいましたことっていうのを、そういう、何のためにどういうふうに表現能力を、伝え合うための文章表現力を鍛えていくのかっていうことに照準を合わせてお考えいただければ、具体的な方途というのは、これが工夫しなきゃ全部始まらないというそういう性格のものではない。今まで蓄積されましたもの、実践されましたものを有効に役立てていただけて、新しい道が開けていくのではないかというふうに思っております。

〈藤森裕治助教授〉
野地先生、丁寧にお答えいただきまして、ありがとうございました。
それでは、ここにささやかながら、先生に感謝の気持ちを込めまして花束をお贈り申し上げたいと思います。

（花束贈呈）

〈野地潤家先生〉
研究学会の中で、講演をして花束をいただきましたのは、生まれて初めてでございます。

〈藤森裕治助教授〉
本当に、時間がまだまだたっぷりあればというふうに存じますけれども、そろそろお時間でございます。以上をもちまして、国語教育講演会、野地潤家先生をお招きしての講演会を終了させていただきます。改めて野地先生に盛大な拍手をお願い致します。

おわりに

私が信州にまいりまして、研究発表をさせていただきましたのは、昭和三二（一九五七）年六月七日、こちら長野で開かれた、全国大学国語教育学会においてでした。発表題目は、「国語科教育法『終験課程』の構成と方法―教育実習の問題点―」でした。この全国大学国語教育学会は、前年、昭和三一（一九五六）年は広島市で開かれました。私はその学会の広島での運営の仕事をしながら、自らは「国語教育学の史的展開」と題して研究報告をいたしました。

この頃（昭和三二〈一九五七〉年）から四二年を経て、平成一一（一九九九）年一〇月二三日に、信州に招かれまして講演をさせていただきました。信州大学国語教育学会の皆様には、格別お世話になりました。藤森祐治先生には、司会・進行を務めていただき、益地憲一先生には、講師紹介をしていただきました。また、〝資料〟につきましては、院生学生の皆様にていねいにまとめていただきました。

このようにお心くばりをたまわり、講演をさせていただきました。―四国、愛媛の地に生まれ育って、国語教育・国語科教育の実践・研究を求めて歩んでまいりました身には、このようなしあわせに恵まれましたことを心から感謝申し上げております。

野地潤家先生　国語教育講演会

資　料　集

平成十一年　十月二十三日（土）　信州大学国語教育学会主催

Ⅰ　西尾実先生との出会い

資料1　道標としての国語教育理論——西尾実先生に学ぶ——

一

私が西尾実博士の国語教育理論に接したのは、昭和一六年（一九四一）四月、広島高等師範学校文科第一部（国語漢文専攻）三年生になった時期である。当時西尾実氏は東京女子大学教授であった。そのご著書の一つ「国語教室の問題」（昭和15年1月25日、古今書院刊）を広島市内の古書肆武蔵野書房から求めて帰り、四月一四日に涼風寮で読み終えた。さらに、四月二七日には、「国語教育の新領域」（昭和14年9月15日、岩波書店刊）を読み終えている。もっとも、国語教育を本格的に勉強しようと、志を立てたばかりの私に、西尾実という方のほんとうの偉大さは、わかるはずもなかったのであるが——。

しかし、西尾実氏に「国語国文の教育」（昭和4年11月21日、古今書院刊）という名著があるのを知った私は、直接東京の古今書院に発注し、夏休みに郷里（愛媛県大洲市）の生家の方に送ってもらった。私は、昭和一六年（一九四一）八月、一三日に「国語教育の新領域」（前出）を再読し、翌一四日には「国語教室の問題」を再読した。ついで八月一六日には、新たに入手することのできた、「国語国文の教育」（昭和15年10月10日、改版三版、古今書院刊）を読み終えている。この書物の最終ページに、私は、「昭和十六年八月十六日　ゆふぐれ　故山にて　この書を半分以上も寝て読んだ事を悔いる」と記している。「半分以上も寝て読んだ」というのは、炎暑のころではあり、久しぶりに広島から帰省して、わが家で座敷の畳の上に寝ながら新しく届いた「国語国文の教育」を両手で支えるようにして読み進んでいたのである。ところが、「国文学と教養」という章の中の「一般に科学や哲学は研究し勉強するものであるが、文学は楽しみに読むものだと考へられてゐる。そして一度読めば――寝転んでゐて読んでも分かるものだと考へられてゐる。けれども真に価値ある作品は、真の理解成立のために真面目な研究を要すること、決して科学哲学に劣るものではない。」（同上書、二二四ページ）という一節に出会って、私は「しまった！」と思いながら、それから後の部分を、ちゃんと起き上がって、姿勢を正して読んで行ったのである。

「国語国文の教育」は、当時、垣内松三著「国語の力」（大正11年5月8日、不老閣書房刊）と並んで、国語教育界に広く読まれていた。「国語国文の教育」は、昭和一二年（一九三七）四月一五日には、十二版を重ねていた。「国語の力」、「国語国文の教育」は、共に国語科担当者には必読の書であった。

学生時代に、西尾実博士のご著書「国語国文の教育」、「国語教育の新領域」、「国語教室の問題」に出会うことができたのは、本格的な国語教育に目を開かれることが多く、なによりしあわせなことであったと感謝の念をおぼえる。（「国語国文の教育」は、「西尾実国語教育全集第一巻」〈昭和49年10月20日、教育出版刊〉に、また「国語教育の新領域」・「国語教室の問題」は、共に「西尾実国語教育全集第二巻」〈昭和49年12月20日、教育出版刊〉、「同全集第三巻」〈昭和50年2月28日、教育出版刊〉に収録されている。）

戦後は、広島大学教育学部にあって、学生部・大学院生を会員とする「国語教育研究会」（毎週一回開催）を発足させ、西尾実博士のご著書をテキストとして、輪読・討議を継続し、積み重ねていった。テキストとして精読を重ねたのは、「言葉とその文化」（昭和22年、岩波書店刊）、「国語教育学の構想」（昭和26年、筑摩書房刊）、「書くことの教育」（昭和27年、習文社刊）、「国語教育学序説」（昭和32年、筑摩書房刊）、「言語生活の探究」（昭和36年、岩波書店刊）、「ことばの教育と文学の教育」（昭和41年、筑摩書房刊）などであった。

思えば、昭和二六年（一九五一）から昭和四三年（一九六八）ころまで満一七年間も、西尾実博士のご著書を次々に精細に読み深めようと努めたのである。西尾国語教育理論の生成と深化の跡をたどって、そこからひたむきに多くのものを摂取した。学部を卒業して、全国各地の小学校・中学校・高等学校に赴任し、国語教育の実践に携わった人たちから、在学中、国語教育研究会で学んだことが自己の実践の拠点になっているという報告が多く寄せられた。西尾実博士の国語教育理論に親しみ、そこから学び得たものがおのずと各自の実践しようとする国語教育にとって道標となっていたのである。（前掲「言葉とその文化」、「国語教育学の構想」は「全集第四巻」に、「書くことの教育」は「全集第三巻」に、「国語教育学序説」は「全集第五巻」に、「言語生活の探究」は「全集第六巻」に、「ことばの教育と文学の教育」は「全集第六巻・第八巻」に、それぞれ収録されている。）

二

西尾実博士（明治22年〈一八八九〉—昭和54年〈一九七九〉）の業績は、「西尾実国語教育全集」全一二巻（昭和49年～昭和53年、教育出版刊）に集大成されている。国語教育に関しては、世界でも初めての個人全集として輝かしい結実を見せているのである。

西尾実博士の国語教育理論の中核をなし、主流を形づくっているのは、Ⅰ国語教育学論、Ⅱ言語文化教育論、Ⅲ言語生活教育論、Ⅳ文章表現教育論の四つの系流である。

Ⅰ　国語教育学論——西尾実博士が戦後一〇余年間にわたって、最も力を注がれたのは、国語教育学の樹立に関する問題であった。国語教育実践の自立を確保し、その内実を拡充し深化させるため、国語教育学樹立の必要を説かれ、その構想を提示された。すなわち、一九五〇年代の国語教育学研究を代表するものとして、昭和二六年（一九五一）に「国語教育学の構想」（筑摩書房刊）（前出）がまとめられた。この「構想」において、西尾実博士は、言語生活の実態と機能、言語生活の領域と形態、言語生活の方法（その基本問題）、言語生活の指導（その一般問題）

などの考察を根底に捉え、各論として、談話生活の問題と指導、読書生活の問題と指導、作文学習とその指導、文芸活動とその指導などに論及された。西尾実博士の国語教育学の構想は、言語生活の実態・機能・領域・形態・方法の考究を進め、さらに各言語生活（談話・読書・作文・文芸）の指導のありかたを解明していくことを中核としていた。言語生活への視点が明らかにされ、その内容をとらえるとともに、それを学習・習得していく方法を提示したものとして、言語生活を中心対象とする国語教育学は、初めて学としての対象と内容と方法を具備したものとなったといってよい。

さらに、西尾実博士は、昭和三二年（一九五七）、「国語教育学序説」（筑摩書房刊）（前出）をまとめられた。西尾実博士は、国語教育の基礎学の樹立を求められ、われわれの国語による生活と文化の問題を掘り下げて、ことばの生活と文化の学習の問題に論及された。ここに長い年月をかけて求めてこられた国語教育原論の結実を見る。

Ⅱ　言語文化教育論――西尾実博士が終始探究をつづけられ、大きい成果を挙げられたのは、言語文化としての古典の研究と教育（「全集第九巻」に収録されている。）、文芸作品の研究と教育（「全集第八巻」に収録、一部は「全集第一巻」にも収録されている。）、読むことの教育の研究（「全集第二巻」・「別巻二」に収録されている。）である。「徒然草」を中心とする中世文学の研究とそこから導かれた古典教育論（「全集第九巻」・「別巻一」に収録されている。）は、研究即教育の境地に立って形成されており、古典文学教育への道がきり開かれた。

作品（文章）の解釈、作品（文章）の鑑賞について、西尾実博士は、独自の方法体系を創始され、かつ実践された。はやく昭和四年（一九二九）にまとめられた「国語国文の教育」（古今書院刊）（前出）は、文学の研究と教育を中心主題とする探索の記録であって、西尾理論は、ここに発展のための確かな礎石の一つを得たといってよい。

Ⅲ　言語生活教育論――これは西尾理論の最もめざましい成果をなしている。言語活動を国語教育の大事な領域として位置づけ、わが国語科教育をことばの教育として構築していくことを主張し、提唱されたのは、特に注目すべきことである。戦後、昭和二二年（一九四七）に刊行された「言葉とその文化」（岩波書店刊）（前出）をはじめとして、言語生活についての探究が意欲的になされた。それらは、やがて昭和三六年（一九六一）に「言語生活の探究」（岩波書店刊）（前出）として集成された。それは国語教育の対象を措定することであり、国語教育の内容を把握し、解明していくことでもあった。昭和四四年（一九六九）には、前出「言語生活の探究」の続編として、「人間とことばと文学と」（昭和44年、岩波書店刊）（「全集第八巻」に収録されている。）がまとめられた。

大石初太郎氏は、西尾実博士の言語生活論について、「言語生活の概念を整理、体系化し、また、これを、今日の国語教育を規定する一つの原理たらしめる態勢を広め、確立されたことは、博士の業績の最も著しいものの一つと評価されよう。」（「全集第六巻」解説、四五〇ページ）と述べておられる。

西尾実博士はまた、言語生活に見いだされる病理や問題点についても診断を精密的確に下し、その対策についても積極的に核心を衝く発言をされた。

Ⅳ　文章表現教育論――西尾実博士が最も力を入れられた領域の一つである。綴り方教育・作文教育・書くことの教育――これらの原理と方法に関して、終始手がたい実証的研究と実践上の試みをつづけられ、その歴史的展開を見きわめつつ、書くことの教育＝文章表現教育の位置づけと進展に深く思いを潜められた。

また、口語文（書きことば）の革新を求め、綴る力の発達の実証的共同研究を推進し、書くことの機能を明らかにして、書くことの教育を重視し、そのありかたを求められた。

西尾実博士は、昭和二七年（一九五二）、「書くことの教育」（習文社刊）（前出）を世に送られた。本書は、一書くことの問題点、二書くことの教育の問題史的展望（一範文模倣期、二自己表現期、三社会的自己発見期）、三言語生活における書くことの位置と意義、四書くことの基本形態、五書く立場の確立と発展、六書くことの形態と方法（一通信形態、二記録形態、三通達形態）、七創作の形態と方法（一創作の位置と意義、二創作の形態、三創作方法の問題）、八書くことの評価と指導、のように組織されていた。こうした組み立て、論究のしかたには、西尾実博士独特のものがうかがわれる。倉澤栄吉教授も指摘されるように、本書「書くことの教育」は、「国語教育学の構想の展開を指示するもの」（「全集第三巻」解説、三九六ページ）といえる。西尾国語教育学は、ここに確実に発展し、一つの結実を示しえたといってよい。

三

西尾実博士の国語教育理論は、前掲の四つ（Ⅰ～Ⅳ）のほか、さらに、Ⅴ国語教育史論、Ⅵ国語教材論、Ⅶ国語科授業論、Ⅷ国語基礎能力論など四つの系流を持っている。なかでも、Ⅶ国語科授業論は、西尾実博士の国語教育学の中心課題の一つをなしていた。授業論の展開としては、国語教師論・国語学習論・国語教室論がその中核をしめている。西尾実博士の、国語科授業への眼光は鋭く、その実質を洞察して、問題の所在を的確に見抜かれた。

西尾実博士の場合、ご郷里である信州（長野県）の国語教育実践者との交渉は、ことに深く、周到に指導にあたられた。自他の国語科教育の実践（授業）から啓発され、示唆を受け、その理論化に努められた。西尾理論の有用性は、国語科授業と常に深くかかわって、たえず指導的な役割を果たしているところに認められる。

「西尾実国語教育全集第七巻」（昭和50年10月20日、教育出版刊）は、「国語教育実践への指標」という巻名のもとに、Ⅰ国語教育の実践的課題、Ⅱ国語学習への実践的指標、Ⅲ国語学習の基本と方法、Ⅳ国語教育の進展のために（講演記録三編を収録）などから構成されている。

この第七巻の解説を担当された大村はま先生は、自ら実践された、単元「外国の人は、日本（日本人）をこのように見ている」（中学三年生を対象に、昭和49年11月に実施された）の授業に、西尾実博士の国語教育理論から日ごろ学んでこられたものがどのように摂取され生かされたかをつぶさに述べられた（「全集第七巻」、四六七～四八六ページ）。

大村はま先生は、「解説」のおしまいを、次のように結んでおられる。

「思えば長いあいだ、あるときは、先生のお教えを読んで感激し、なんとか教室の実際に生かしてみようとし、あるときは、夢中でくふうし、試み、そして同じことを指し示された先生のおことばをご著書のなかに見つけて力づけられてきた。」（同上書、四八六ページ）

大村はま先生の単元「外国の人は、日本（日本人）をこのように見ている」は、最高水準のご授業であったが、そこには西尾実博士のお考え（→お教え）が実地にみごとに生かされており、完璧な姿で結実していた。西尾実博士が示された国語教育実践への指標は、本格的な国語教育への滅びることのない道標となっている。その道標は国語学習へのみずみずしい大道を照らしつづけるであろう。

四

「西尾実国語教育全集第十巻」（昭和51年6月21日、教育出版刊）には、「国語教師としての歩み」という巻名がつけられている。内容は、Ⅰふるさと、Ⅱ教師への道、Ⅲ『教室の人となって』、Ⅳ回想の人々、Ⅴ西尾実年譜、Ⅵ西尾実著作目録など六章から構成されている。西尾実博士の国語教師としての重厚で誠実な歩みが克明に回想され、いきいきと述べられているのである。

西尾実博士は、「思い出の伊那路」という回想の中で、伊那路をなつかしまれ、そのおしまいを、次のように閉じておられる。

昭和三十一年一月二十七日、飯田の講演に帰ったときの思い出を書きとめて、この稿を結ぶ。

ふるさとを望む

知っているか。／伊那の谷の入口から望む、／南の空の夕映えの美しさを。

あの遙かな空の下で、／年老いた父と母が炉をかこんで、／わたしの帰っていく日を待っていたのは、／いくとせ、いくたびであったか。

それは、もう、

遠く過ぎ去った日の思い出にすぎなくなってしまった。／しかし、南の空の、／あの夕映えの美しさは、／今もわたしを立ちとまらせ、／わたしの心をとりこにする。（同上書、四三～四四ページ）

西尾実博士の国語教育理論に、私はわが国の国語教育実践の道標を、ふるさとを見いだす思いがする。それは単なる外来の移入理論などではなく、みずから求めてきり開いてこられた地についた論であった。西尾実博士の国語教育理論には、原論としての基礎体系が見いだされており、手がたく、しかも柔軟に実践のありかたを照らし導く実践体系が示されている。この貴重な遺産から多くのものを学んでいきたい。

（鳴門教育大学教授）

資料2　国語教育理論の形成と発展――西尾実先生の実践・研究・創造――

1　西尾理論の成立過程――その出発点

西尾実先生は、明治三九年（一九〇六）四月、長野県師範学校に入学され、明治四三年（一九一〇）三月、卒業された。時に満二一歳であった。

西尾実先生は、師範学校在学中の国語学習を回想して、次のように述べておられる。

〈国語は有名な松本旧藩士の国学者、浅井洌先生であったが、そして、わたしの先輩坂井衡平君や島木赤彦や太田水穂などしきりに尊敬していたけれども、師範学校に入学したばかりのわたしには一向ありがたくない先生だった。先生の時間といえば訓詁注釈一点張りで、文学に対する興味などカケラほども感じられなかった。擬古文のような文語文の作文を書かされることも、いやでいやでたまらなかった。先生の時間だけは、ほかの考えごとをしていなくては我慢しきれなかった。したがって、先生の温顔にひらめき、相手の心を射抜くようなまなざしを向けられたことも一、二度ではなかったかと思われる。四年の時、立川伊三郎先生が赴任され、古典など朗々と読み上げられ、注釈学習のほかにそういう朗読によってその作品を直観させようとする学習法は、わたしたちに対する救いであった。わたしの国語も、やっと、今まで乙だったそれが甲になり、担任の宝月先生から、どの学科も円に一を引いておいて、上から下までまっすぐに一本の棒で貫いた成績表を渡されたことにも結びついている。したがって、わたしが国語の教師になったり、国文学の一学徒になったりすることは、わたしの師範在学時代からは予想されないことであった。〉（「西尾実国語教育全集」第一〇巻、五七～五八ページ）

ここには、明治後期の国語科教育に対して、学習者としての西尾実がどういう体験をし、どういう態度をとったかが述べられている。当時、訓詁注釈一点張りの教授・学習になじむことができず、強く反発しているところに、後年の西尾実先生の国語教育論の胚胎の源を見いだすことができる。

師範学校を卒業した西尾実先生は、長野県下伊那郡飯田尋常高等小学校に訓導として赴任し、女子部高等科一、二年生を担任することになり、修身・読み方・綴り方・地理・理科などを受け持った。そのころの「読み方」・「綴り方」の授業ぶりについては、次のように回想されている。

〈読方では、教科書だけでは満足できなかったので、『藤村詩集』・『千曲川のスケッチ』や蘆花の『自然と人生』などから、適当なというよりも好きな文章を選んで、謄写して補助教材に用い、時には、鷗外が月刊雑誌にのせた、『エルリング』だの『生田川』だのという小説や劇を読んで聞かせたりした。そうすると、読方の時間だけでは足りないので、修身の時間を利用したりした。すると、主席訓導に呼びつけられて、修身書はどうしているか、とたずねられたので、学期末にそのまとめとして読本のように使用しますと答えたこともあります。〉（同上書、一〇九ページ）〈また、綴方の時間に、こういう教材を読ませたり、松川の河原につれて行ったりして、読後感や写生文を書かせたりしました。そうすると、綴方の時間よりも家庭で書いてもってくる場合の方が多くなりましたので、これも主席訓導に注意されました。〉（同上書、一一〇ページ）

こうした独自の試みについて、西尾実先生は、みずから次のようにまとめておられる。

〈こういう読方や綴方のやりかたは、わたしが受けてきた、読方教育の訓詁注釈主義とも呼ばれる語学的読方教授に対する不満と、模範文をじょうずに模倣することが綴方の主眼であるかのように考えて、模範文を筆写させたり、または作文帳を作って自作文を清書させたりするような、これまでの綴方教育に対する反抗とが、このような自由主義・自発主義・主体的真実主義ともいうべき傾向の綴方教育に先駆することになったもののようです。

このようにして、わたしは、あらゆる教科の中で、国語教育こそ本当の人間教育であるという、わたしの教育活動の真髄を見出すとともに、綴方すなわち作文は、人間の主体的真実の表現教材として、他のあらゆる教科が知識や技術の受容教科であるのと相対する教科として、きわめて重要な教科であることを自得させられました。

これらは、わたしが教室の人となった第一年度（引用者注、明治四三年〈一九一〇〉）に当面した問題であり、また、それとの取り組みから見出されてきた、わたしの国語教育の出発点でありました。〉（同上書、一一一ページ）

みずから述べられたとおり、ここに西尾実先生の国語教育への出発点が見いだされる。意欲にあふれた、清新な出発である。西尾理論は、この出発点において見いだされた、国語教育のありかたを、実践・研究の両面から、常に掘り下げ、たえず体系化しようと努められた、その結実であるといってよい。

やがて、西尾実先生は、明治四五年〈大正元年〉（一九一二）一〇月、東京帝国大学文学科選科（国文学専攻）に入学され、大正四年（一九一五）七月、同課程を修了された。時に、満二六歳、卒業論文として、「国学における復古精神の発達」（二〇〇枚）をまとめられた。

この卒業論文については、みずから、「本居宣長を中心とした研究で、その後のわたしの古典研究の基礎となり、出発点となった考察」（同上書、一三二ページ）とされ、「その後の研究を方向づけ、推進してくれた原動力となったもの」（同上書、一三二～一三三ページ）とされている。

卒業論文から発展せしめられた国文学研究については、次のように述べられている。

〈わたしの文学研究は、この卒業論文を出発点として、宣長が帰納的、客観的に見出しているわれわれの生活原理ともいうべきものを再発掘し、かつ、それの古代的形態・中世的形態・近世的形態および近代的形態を見きわめることが、研究目標でなくてはならないと考え、まず、そのなかの中世的なものを探究することに向かい、まだその過程に曲折しています。〉（同上書、一三五ページ）

〈大正年間から急に頭をもたげてきた中世研究は、いわゆる知識の暗黒時代であるけれども、その暗黒の底には、知識よりも深い情意の文化が、暗黒の底をつらねく白銀のようにひらめいているというような見方から、むしろ、日本文学史の深淵にも比せられ、この深淵を汲むことによって、古代文学も近世文学も近代文学もあるがままに位置づけられるであろうというような見通しがひらけてきました。そういう観点に立ってみますと、この中世文学の研究は、主流・傍流・底流にわたって複雑をきわめています。わたしの研究も遅々としてはかどりません。けれども、どんな小さな考察も、このような方向にそった努力の一里塚であります。わけても、わたしの大学進学が、文学すなわち人間研究を頂点とした国語教育のぎりぎりを究めたいという意欲に導かれたものであっただけに、このような中世的なものの探究は、同時に教育の意義や方法の発掘にもなっています。〉（同上書、一三五ページ）

こうした研究目標の下に、西尾実先生の中世国文学研究は、爾来六〇有余年にわたって継続され、その成果が集積された。西尾理論の源泉が常にその国文学研究に見いだされるのは、改めていうまでもない。西尾国語教育理論が涸渇しないのは、国文学研究をその源泉の一つとしていることにもとづくといってよい。

2　西尾理論の展開過程

西尾実先生の国語科教育実践歴・国文学教授歴は、次のようであった。

①　長野県飯田尋常高等小学校時代（明治四三年四月～明治四五年三月）

②　長野県大下条尋常高等小学校時代（明治四五年四月～大正元年九月）

③　東京帝国大学文科大学文学科選科（国文学専攻）時代（大正元年一〇月〜大正四年七月）
④　東京市日本橋区第二実業補習夜学校時代（夜間）（大正四年九月〜大正六年九月）
⑤　東京　淑徳高等女学校時代（大正五年秋ごろ〜大正七年八月）
⑥　長野県松本女子師範学校時代（大正九年九月〜大正一一年九月）
⑦　長野県『信濃教育』編集主任時代（大正一一年七月〜大正一四年一二月）
⑧　東京　成蹊高等女学校（国語専攻科）時代（大正一四年一二月〜昭和四年三月）
⑨　東京　第二東京市立中学校時代（昭和四年五月〜昭和八年五月）（上記専任教諭期間四年間のほか、前後に六年間、教授嘱託として毎週二日勤務する。）
⑩　東京女子大学時代（昭和八年九月〜昭和二四年一月）
⑪　国立国語研究所所長時代（昭和二四年一月〜昭和三五年一月）
⑫　東京　法政大学時代（昭和一〇年四月〈非常勤〉〜昭和一四年九月、昭和一五年四月〈夜間、非常勤〉〜、昭和二一年三月〈兼任〉〜昭和四五年三月）
⑬　東京　成徳短期大学時代（昭和四〇年四月〜昭和四七年三月）

このように見れば、西尾実先生の国語科教育実践歴・国文学教授歴は、明治四三年（一九一〇）以来、実に六〇有余年にわたっていることがわかる。

いま、西尾理論の成立と発展の全過程を、いくつかの期間に区分するとすれば、次のようになろう。

Ⅰ　準備期（明治四三年〈一九一〇〉四月〜大正　七年〈一九一八〉　八月）
Ⅱ　集積期（大正　七年〈一九一八〉九月〜大正一四年〈一九二五〉一二月）
Ⅲ　成立期（大正一四年〈一九二五〉一二月〜昭和八年〈一九三三〉　五月）

Ⅳ　発展期　（昭和　八年〈一九三三〉九月～昭和二〇年〈一九四五〉　八月）
Ⅴ　模索期　（昭和二一年〈一九四六〉一月～昭和二三年〈一九四八〉一二月）
Ⅵ　成熟期　（昭和二四年〈一九四九〉一月～昭和三六年〈一九六一〉一二月）
Ⅶ　集成期　（昭和三七年〈一九六二〉一月～昭和四七年〈一九七二〉一二月）
Ⅷ　大成期　（昭和四八年〈一九七三〉一月～昭和五三年〈一九七八〉一二月）

第Ⅰ期・第Ⅱ期は、西尾実先生の二〇歳代から三〇歳代の多くを占めており、西尾国語教育理論の準備期・集積期にあたる。この期は、長野・東京の二つに活動拠点が求められ、森下二郎・垣内松三らとの出会いがあった。実践的集積に加えて、研究上の基礎固めと集積がなされたのである。

第Ⅲ期・第Ⅳ期は、西尾実先生の三〇歳代の後半から五〇歳代の後半に及ぶ満二〇年間で、戦前における西尾国語教育理論の成立と発展の時期にあたる。成立期には、旧制中学校における国語科教育の実践に熱心に取り組むとともに、郷里長野県における国語科教育の実践・研究とも深くかかわって、指導的役割を果たした。発展期においては、国語教育学会に拠って、その活動を推進するとともに、みずからの国語教育論の構築に取り組み、国文学の研究と教育にもうち込んだ。この期には、みずからの国語教育研究をまとめて世に問うとともに、「岩波講座国語教育」一二巻の刊行にも加わり、中等学校用国語教科書の編修・刊行のことにも携わって、すぐれた実績が挙げられた。特に発展期においては、理論・実践の両面にわたって、国語教育界に指導的役割を果たされた。

第Ⅴ期・第Ⅵ期は、西尾実先生の五〇歳代後半から七〇歳代前半にあたって、敗戦後、戦後国語教育のありかたに関し、いちはやく模索を始められるとともに、国立国語研究所の初代所長として、その運営・指導にうち込まれ、みずからの国語教育理論の学的体系化に意欲的に取り組まれた。すなわち、国語教育学樹立の必要が説かれ、構想が示されるとともに、その原論的構築が企てられた。この模索期・成熟期の計一五年間は、戦前における成立期・発展期の計二〇年間と並んで、西尾国語教育理論形成史上、最も重要な期間にあたっている。この時期、西尾実先生は、国語教育学の基礎を固め、その見通しを得るため、みずからその仕事を進め、最も重要な役割を果たされた。

第Ⅶ期・第Ⅷ期は、西尾実先生の七〇歳代前半から九〇歳に達せられる、約十数年にわたっている。集成期には、西尾実先生のみずからの生い立ち、教育実践者としての歩みなどがまとめられた。また、国文学研究・国語教育研究の論考の集成がなされるとともに、長い間の信州（長野）との深いかかわりを跡づけ、記念するものとして、「信州教育と共に」（昭和39年8月）「信州教育のために」（昭和42年11月）二冊が信濃教育会出版部から刊行された。大成期には、「西尾実国語教育全集」全一〇巻、別巻二巻、計一二巻がまとめられ、教育出版から刊行された。国語教育についての個人全集は、世界でも初めての試みといってよく、その偉容は西尾国語教育理論の豊かさと確かさとから形づくられている。

3　西尾理論の発展系流

西尾実先生の国語教育理論は、多様な流れを形成して、水量ゆたかに発展し、多くのみのりをもたらしている。いま、その多様な流れを数えてみると、次のようになるであろう。

Ⅰ　**国語教育史論**――わが近代国語教育の歴史的展開が問題史的に的確にとらえられている。明治期・大正期・昭和期（戦前・戦後）の初等国語科教育の問題史的展開が明確に跡づけられた。西尾実先生自身、明治期には主として国語学習の立場から、大正期・昭和期（特に戦前）には主として実践者（指導者）の立場から、直接経験されただけに、その問題史的考究には説得力があった。

中等国語教材史の論究・記述も、「教育学辞典」（昭和13年5月25日、岩波書店刊）に収められた。分量の比較的少ないものながら、精緻で水準の高いものとなっている。

西尾実先生がわが近代国語教育の生い立ちに身を寄せて、みずから開拓者の一人として歩まれたことが、その問題史的把握をいっそう確かなものとしている。

Ⅱ　国語教育学論――西尾実先生が戦後十余年間にわたって、最も力を注がれたのは、国語教育学の樹立に関する問題であった。国語教育実践の自立を確保し、その内実を拡充し深化させるため、国語教育学樹立の必要を説かれ、その構想を提示された。すなわち、一九五〇年代の国語教育学研究を代表するものとして、昭和二六年（一九五一）に「国語教育学の構想」（筑摩書房刊）がまとめられた。この「構想」において、西尾実先生は、言語生活の実態と機能、言語生活の領域と形態、言語生活の方法（その基本問題）、言語生活の指導（その一般問題）などの考察を根底に据え、各論として、談話生活の問題と指導、読書生活の問題と指導、作文学習とその指導、文芸活動とその指導などに論及された。西尾実先生の国語教育学の構想は、言語生活の実態・機能・領域・形態・方法の考究を進め、さらに各言語生活（談話・読書・作文・文芸）の指導のありかたを解明していくことを中核としていた。言語生活への視点が明らかにされ、その内容をとらえるとともに、それを学習・習得していく方法を提示したものとして、言語生活を中心対象とする国語教育学は、初めて学としての対象と内容と方法を具備したものとなったといってよい。

西尾実先生は、昭和三二年（一九五七）、「国語教育学序説」（筑摩書房刊）をまとめられた。ここで西尾実先生は、国語教育の基礎学の樹立を求め、われわれの国語による生活と文化の問題を掘り下げ、ことばの生活と文化の学習の問題に論及された。ここに西尾実先生の求めてこられた国語教育原論が結実したのである。

Ⅲ　言語文化教育論――西尾実先生が終始探究をつづけられ、大きい成果を挙げられたのは、言語文化としての古典の研究と教育、文芸作品の研究と教育、読むことの教育の研究である。「徒然草」を中心とする中世文学の研究とそこから導かれた古典教育論は、研究即教育の境地に立って形成されており、古典文学教育への道がきり開かれた。

作品（文章）の解釈、作品（文章）の鑑賞について、西尾実先生は、独自の方法体系を創始され、かつ実践された。昭和四年（一九二九）にまとめられた「国語国文の教育」（古今書院刊）は、文学の研究と教育を中心主題とする探索の記録であって、西尾理論は、ここに発展のための確かな礎石の一つを得たといってよい。

Ⅳ　言語生活教育論――西尾理論の最もめざましい成果をなしている。言語活動を国語教育の領域として位置づけ、わが国語科教育をことばの教育として構築していくことを主張し、提唱されたのは、特に注目すべきことである。戦後、昭和二二年（一九四七）に刊行された「言葉とその文化」（岩波書店刊）をはじめとして、言語生活の探究が意欲的になされた。それらは、やがて昭和三六年（一九六一）に「言語生活の探究」（岩波書店刊）として集成された。それは国語教育の対象を措定することであり、国語教育の内容を把握し、解明していくことでもあった。昭和四四年（一九六九）には、前出「探究」の続編として、「人間とことばと文学と」（岩波書店刊）がまとめられた。

大石初太郎氏は、西尾実先生の言語生活論について、「言語生活の概念を整理、体系化し、また、これを、今日の国語教育を規定する一つの原理たらしめる態勢を広め、確立されたことは、博士の業績の最も著しいものの一つと評価されよう。」（「西尾実国語教育全集」第六巻解説、四五〇ページ）と述べておられる。

西尾実先生は、言語生活の病理・問題点についても診断を精密的確に下し、その対策についても積極的に発言された。

Ⅴ　文章表現教育論――西尾実先生が最も力を入れられた領域の一つである。綴り方教育・作文教育・書くことの教育――これらの原理と方法に関して、終始手がたい実証的研究と実践上の試みをつづけられ、その史的展開を見きわめつつ、書くことの教育の位置づけと進展に深く思いを潜められた。
口語文（書きことば）の革新を求め、綴る力の発達の実証的共同研究を推進し、書くことの機能を明らかにして、書くことの教育を重視し、そのありかたを求められた。

西尾実先生は、昭和二七年（一九五二）「書くことの教育」（習文社刊）を世に送られた。本書は、㈠書くことの問題点、㈡書くことの教育の問題史的展望（㈠範文模倣期、㈡自己表現期、㈢社会的自己発見期）、㈢言語生活における書くことの位置と意義、㈣書くことの基本形態、㈤書く立場の確立と発展、㈥書くことの形態と方法（㈠通信形態、㈡記録形態、㈢通達形態）、㈦創作の形態と方法（㈠創作の位置と意義、㈡創作の形態、㈢創作方法の問題）、㈧書くことの評価と指導、のように組織されていた。論究のしかた、その組み立てには、西尾実先生独特のものがうかがわれる。倉澤栄吉教授も指摘されるように、本書は、「国語教育学の構想の展開を指示するもの」（「西尾実国語教育全集」第三巻解説三九六ページ）といえる。西尾国語教育学は、ここに確実に発展し、一つの結実を示したといってよい。

Ⅵ　国語教材論――西尾実先生は、戦前から戦後にかけて、みずから中等学校・小学校の国語教科書の編修に当たられ、この面でもすぐれた実績を上げられた。みずからの国語教育理論をふまえつつ、またみずからの豊富な国語教育実践経験を生かしながら、独自の国語教科書を生み出された。国語教科書のありかたについても、多くの鋭い論究・提言がなされた。

国語教科書所収の教材について、独自の教材解釈・教材研究が積み重ねられたのも、西尾実先生ならではのすぐれた業績の一つと数えられる。西尾実先生の国語教材研究は、古典文学・近代文学の作品研究と密接にかかわり、国語教科書編修とも緊密に関連しており、さらに国語科授業論とも深くかかわっている。

Ⅶ　**国語科授業論**――西尾実先生の国語教育学の中心課題の一つをなしている。なかでも国語教師論・国語学習論・国語教室論がその中核をしめる。西尾実先生の国語科授業についての眼光は鋭く、洞察して、問題の所在を的確に見抜かれる。

西尾実先生は、自他の国語科教育の実践（授業）から啓発され、示唆を受け、その理論化に努められた。西尾理論の有用性は、国語科授業とつねに深くかかわって、たえず指導的な役割を果たしているところに認められる。

Ⅷ　**国語基礎能力論**――西尾実先生の根源・根底からの論究対象の一つである。さまざまな国語学力論の行われている中で、西尾実先生は、言語文化（とりわけ世阿弥・道元を中心とする）研究から導かれるものとして、また言語生活の探究から得られるものとして、その接点に国語基礎能力とはなにかを求められた。

図１　西尾理論の系流（その１）

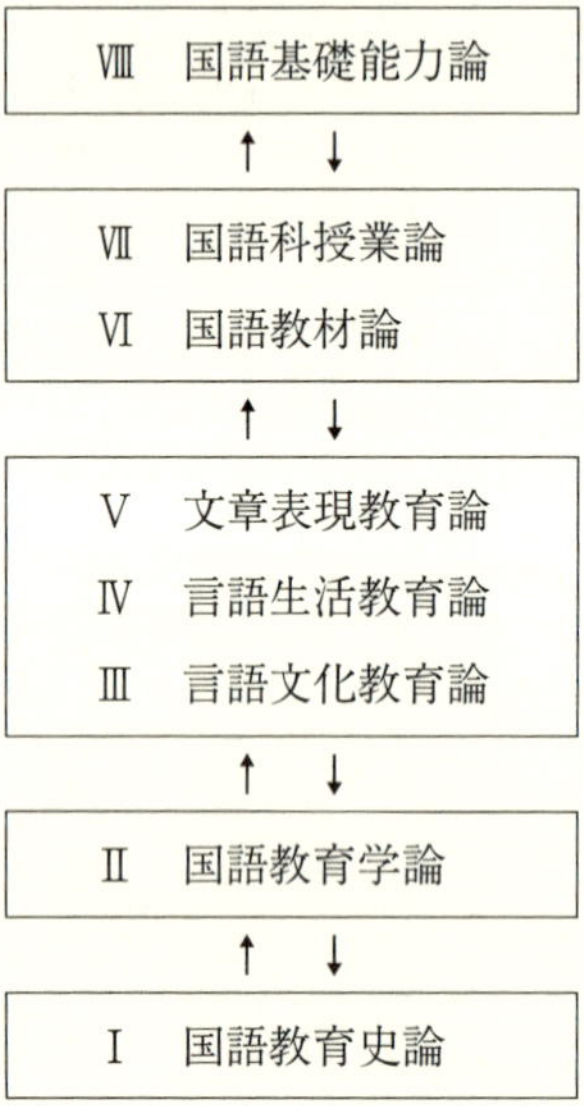

図２　西尾理論の系流（その２）

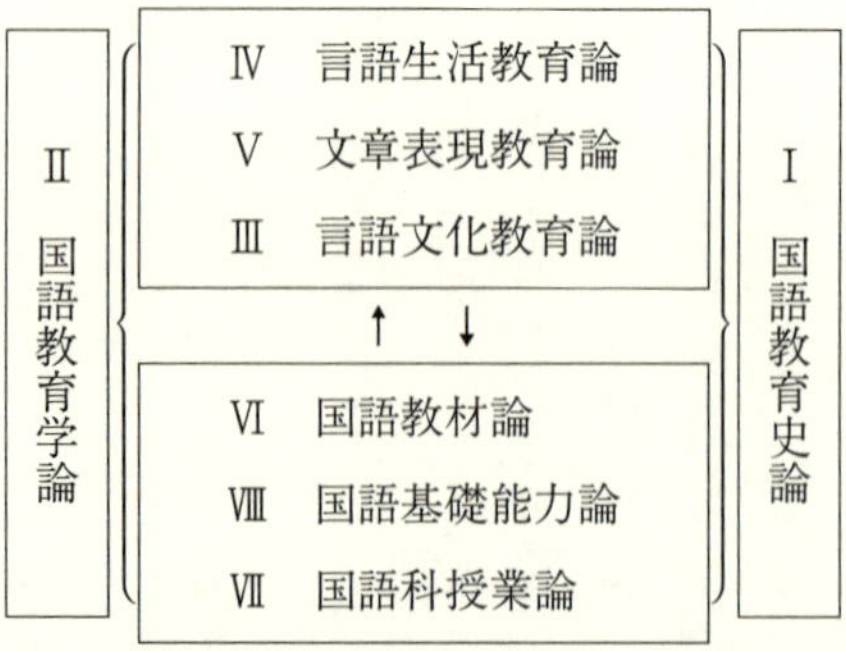

以上、Ⅰ～Ⅷにわたって、西尾理論の発展系流を略叙したが、図1のように関連づけることもできるし、また、図2のようにまとめることも許されよう。いずれにしても、半世紀をこえる六〇余年の歳月をかけて探究され集積されて成った西尾国語教育理論の発展系流は、雄大でありしかも精深であって、改めて深い感銘をおぼえずにはいられない。

4　西尾理論の形成過程

西尾理論が国語教育理論として、国語教育・国語科教育のほぼ全領域にわたる雄大な理論体系であることは、すでに見てきたとおりである。また、それらが多様な発展系流を示していることにも言及した。

西尾実先生は、みずからの国語教育への取り組みの跡をふりかえって、次のように述べておられる。

〈わたしの唱えた、綴り方―読み方―話しことば―書くこと、は、それぞれ孤立したものではない。真実の表現をさせたいという信念から、話しことばの技術高揚を唱え、最近（引用者注、昭和四一年〈一九六六〉二月、四月の時点で言われている）はまた、書くことを重視した意見を発表している。

長い国語教育への歩みを回顧してみると、教師になったときから今日まで、やはり書くこと（自己表現）は、わたしの国語教育の中心をなしてきたことになる。〉（倉澤栄吉他編「近代国語教育のあゆみ2」、昭和45年11月、新光閣刊、四〇ページ）

ここに述べられている、「綴り方―読み方―話しことば―書くこと」は、実践上・研究上、深い関心をもって取り組まれた時間的次序を示すものであるが、それぞれに関して西尾実先生がみずからの論として構築されたのは、文章表現教育論（綴り方、作文、書くこと）であり、言語文化教育論（読み方）であり、言語生活教育論（話しことばを含む）であった。それらは、さらに国語教材論・国語基礎能力論（国語学力論）・国語科教授論とも深くかかわっていた。

西尾理論としての言語文化教育論（古典教育論・文芸教育論・読むことの教育論）・言語生活教育論（ここでは、話すこと・聞くことの教育論）・文章表現教育論（綴り方教育論・作文教育論・書くことの教育論）は、それぞれ長い時間をかけて構築されたものであるが、それらは国語教育史論に立つ問題史的展望に拠って、歴史的位相を確かめられ、さらに国語教育学（論）へと統合されていった。

西尾理論の志向するところは、言語文化教育論、言語生活教育論・文章表現教育論それぞれ、読むこと・話すこと・書くことの教育の自立性を確保し、その実践体系を原理と方法にわたって構築していくことであった。西尾理論としては、実践体系としての言語文化教育論・言語生活教育論・文章表現教育論をふまえて、国語教材論・国語基礎能力論（国語学力論）を包摂しつつ、国語科授業論が機能していく。西尾国語教育理論の特質の一つは、原理面・内容面・方法面において、国語教育・国語科教育の実践体系の確立を目ざしたところに見いだされる。

しかし、実践体系の探究・構築にあたっては、西尾実先生のばあい、臨床的に自他の国語科教育の実践そのものにその足場を求めるとともに、文芸作品そのものについて、読みのはたらきそのものについて、綴るはたらきそのものについて、さらにまた、話し聞くことについて、その本来の性質・機能・特性などがねばり強く求められた。それは実践体系のための基礎（基本）体系の発見と確定を目ざす仕事でもあった。

西尾国語教育学の根本性格は、国語教育・国語科教育における、基礎（基本）体系とそれをふまえた実践体系の構築を目ざした点に見いだされる。

西尾理論における言語文化教育論の核心は、基礎体系として、作品そのものを中心対象として措定しつつ、独自の作品研究の方法を創始し、作品研究の実績を古典文芸（特に中世文芸を中心に）・近代文芸（森鷗外・志賀直哉の作品を中心に）の上に積み重ねつつ、実践体系として、読むことの方法体系を見いだし、鑑賞作用について考察を深めていった点にある。西尾理論における基礎体系⇅実践体系の関連は、実践営為に即して見いだされ、深められていく。

西尾理論における言語生活教育論の特質は、基礎体系として、言語生活を見通し、それを全体的にしかも機能的構造的にとらえつつ、実践体系として学習・指導上の原理と方法とを導き出しているところにある。聞くこと・話すことの学習指導において、対話・問答形態・討議形態が重視され、国語基礎能力論にも拠って、話すことの教育が実践体系として提示されているのには注目させられる。そこでは社会的行為としての聞くこと・話すことが話し手・聞き手の主体的かつ体験的な省察によって掘り下げられていく。

西尾理論における文章表現教育論の精髄は、基礎体系として、わが国における書くことの歴史的展開が跡づけられ、その形態・方法が明らかにされ、実践体系として書くことの各形態ごとに指導方法、指導上留意すべき点が示されているところに見いだされる。書くことの教育を国語科教育の中で最も重視すべきであるという帰結にも至っている。

西尾理論における国語科教授論の特質は、国語教師論・国語学習論・国語教室論それぞれに示唆に富む論が述べられ、実践上の指標たりえている点に見いだされる。国語教師論の中で、指導者（教師）としての「立場」の発展が説かれているのは、国語科授業に真の源泉がどこにあるかを道破されたものである。西尾実先生自身の国語科授業体験が随処に生かされているのも、その授業論を説得力のある、体温の感じられるものにしている。

西尾国語教育理論の形成過程は、国語教育・国語科教育の実践上・研究上の課題の発見（あるいは、問題意識の胚胎）→課題解決のための考案（あるいは、問題への取り組み・育成）→課題をふまえての体系化（あるいは、作業、考察の結実）のようにたどられる。基礎体系・実践体系それぞれに、このような形成過程がふまれ、西尾理論の実質をつくり上げる。

国語教育学としての西尾理論は、国語教育・国語科教育の基礎論・内容論・方法論としての実質を備えた、基礎体系であり、実践体系であるが、授業そのものを構想し展開していく技術体系としての具体的なことになると、なお実践者のくふうに待つべき点も少なくない。それにしても、西尾国語教育理論は、根を大地にしっかり張って高くそびえ立つ巨樹の感が深いのである。

資料3　国語愛の問題――西尾実先生のばあい――

一

西尾実先生は、大正三年（一九一四）八月、雑誌「信濃教育」に「愛語」という論考を発表された。西尾実先生、二六歳（数え年）、ちょうど東京帝国大学文科大学文学科（国文学専攻）在学中のことであった。西尾実先生は、この論考において、良寛の和歌を紹介しながら、その良寛の親しんだという道元禅師の「愛語」のことにふれて、つぎのように述べておられる。

「その良寛の書いたものの中に、正法眼蔵九十五巻中、菩提薩埵四摂法の中にある『愛語』という道元禅師の文を書写したもののあるという事が伝記に記されてある。そしてその真蹟は新潟県三島郡桐島村木村家に蔵されているということである。余は良寛の人物を思いその性行を考えて、この『愛語』を理想し、書写し、諷誦したということを思うと、何物かを深く感得せざるを得ぬ。そして慈悲を種とし愛を根元として、語という所にまで具体化されている『愛語』を、良寛が理想したということは、彼が歌人としてその人格の響きを後に伝えた点に思い合わせて、また感興が甚だ深い。

愛　語

愛語といふは、衆生を見るにまづ慈愛の心をおこし、顧愛の言語をほどこすなり。おほよそ暴悪の言語なきなり。世俗には安否をとふ礼儀あり。仏道には珍重のことばあり。不審の孝行あり。慈念衆生猶如赤子のおもひを貯へて、言語するは愛語なり。徳あるはほむべし。徳なきはあはれむべし。愛語を好むよりは漸く愛語を増長するなり。しかあれば日頃しられず見えざる愛語も現前するなり。現在の身命の存する間好んで愛語すべし。世々生々にも不退転ならん。怨敵を降伏し君子を和睦ならしむることを愛語を本とするなり。むかひて愛語をきくは面を悦ばしめ心を楽しくす。向はずして愛語をきくは肝に銘じ魂に銘ずるなりと知るべし。愛語は愛心より起る。愛心は慈心を種子とせり。愛語よく回天の力ある事を学すべきなり。唯能を賞するのみにあらず。

これ実に永平開山道元の『愛語』であって、沙門良寛の謹書したところのものである。かの樗牛が日蓮上人の文章を評した如く、かたる文は文にあらずして精神である。肝胆の披瀝である。偉人格の心魂の響きが脈々として躍っている。」（『信州教育と共に』、昭和39年8月25日、信濃教育会出版部刊、三四ぺ）

西尾実先生は、さらに、「愛語」についての考察を、つぎのように述べておられる。

「『愛語』一篇は迂遠なる理想論でもなければ、卑俗なる実践倫理でもない。『愛語』は実に偉人格の胸奥に照乎として輝いた大光明であって、それが白熱化し具体化されたものである。すなわち迂遠なる理想論ではなくて直視した大理想である。また方便主義の方法ではなく、大理想の発展し具体化されたものである。『愛語』全篇にこの精神が生動しているのではなく、『愛語』という題名がすでにこの理想の高潮と具体化とを示している。すなわち愛語の『語』は能《わざ》ではなくて愛そのもの、理想そのものである。それは結果からいかないで原因から生まれて来ている。末から作らないで本源から発している。下から進めないで上から生じている。わが教育界に『愛語』のもたらす警醒の第一声はすなわちこれである。（同上書、三六ぺ）

西尾実先生は、教育界に向かって、愛語による教育を実践していくよう、つぎのように説かれた。

「普通教育の主要点は人格の育成にあって、それは愛によってのみ完全に行われる。故に教育者は人たるがためにも、また教師たるがためにも、時々刻々愛語のために念じ、愛語のために祈らなくてはならぬ。そして『衆生を見るにまず慈愛の心を起こし、顧愛の言語をほどこすなり。おほよそ暴悪の言葉なきなり。』というまでに至らねばならぬ。」（同上書、三七ぺ）

「教師よ。願わくは愛によって語れ。愛は人生の光明、人生の意義である。道元が『愛語』一篇を残した如く、良寛がこれを心読した如く、吾らは愛に動き愛を語ってその生涯を意義あらしめねばならない。」（同上書、三七ぺ）

「人生の教訓は常に愛の人格から生まれ、真の教育はただ愛によって遂げられる。教育界が『愛語』に開かれるべき点は決して尠少に止まらない。」（同上書、三七ぺ）

西尾実先生の教育・国語教育への最初の提言が、「愛語」（道元・良寛）に拠ってなされているのは、注目に値することである。

道元の「愛語」については、前掲のを初めとして、昭和二二年（一九四七）四月、「道元の愛語について」（岩波「文学」）を、さらには、昭和三九年（一九六四）一月、「道元の『愛語』」（筑摩『言語生活』）を発表されており、その考察は前後四回に及んでいるとみずから記しておられる。

二

さて、大正八年（一九一九）の冬、西尾実先生は当時松本女子師範学校教諭であったが、その松本女子師範の冬期講習会において、国語愛の問題を扱われた。そのころ、国語愛の問題が心を占めていたと、先生はみずから述懐された。ちょうど西尾実先生古稀記念国語教育研究大会が昭和三四年（一九五九）五月一六日（土）、一七日（日）両日日本女子大学講堂、同付属豊明講堂等で開かれた折のことである。

冬期講習で国語愛の問題をとり上げられたのは、当時世間一般の国語愛に対する考え方への抵抗であったとも語られた。国家主義的な国語愛の考え方については批判的であったとも述べられた。

こうした国語愛への基本的な態度は、それ以降も終始持ちつづけられた。

三

西尾実先生が国語愛について積極的に発言されるようになるのは、昭和期に入ってからである。「国語教育の諸問題」（合冊本、昭和5年11月15日、受験講座刊行会刊）には、「国語観念の純化と国語の愛」の問題がとり上げられており、「国語国文の教育」（昭和4年11月24日、古今書院刊）には、一、方法的体系　二、文学形象の問題　三、国語の愛護　四、国文学と教養　五、国語教育者　という、全五章構成のうち、第三章に国語の愛護の問題がとり上げられていた。執筆の時期は、前者「国語観念の純化と国語の愛」が昭和三年（一九二八）に成っており、後者「国語の愛護」のそれに先行している。

西尾実先生は、「国語の愛護」の章において、つぎのように述べておられる。

「われわれの国語学文法学上の知識や体系は、もともと抽象的分析的方法によって構成されたものであるから、却つて国語の当体に立脚することを忘却させる傾さへあり得る。しかし真に国語の問題について考へ、国語教育に思を致すに当っては、その根柢に於て、かういふ抽象的理論を離れて『ことば』の正体に触れ、その考察を新たにすることを忘れてはならぬことに気づかされた。」（「国語国文の教育」、一九〇ぺ）

「国語教育の対象は、『ことば』の意義を知的に限定する前に、その根柢に於て、この情意的意義を確立することでなければならぬ、故に、意義限定の必要上、或は単語といひ、言語とよび、また文的語を称するにしても、一面に於て、『ことば』には『ことば』としての深い意識が存することを忘れてはならないと共に、そこに国語問題考察上必然な方向が見出されなくてはならぬ。この意味に於て、抽象的分析的方法に走った在来の国語学文法学が、国語生活の体験を具体的に内省することによつて、もつと深い根柢に立たなくてはならないと共に、われわれの国語生活そのものの嚮ふ所も、もつと深く目覚めなくてはならぬものがあると思はれる。」（同上書、一九一～一九二ぺ）

「ことばの霊活な力に対する驚異こそ、言語本質の直観でなければならぬ。これを基調としない研究や学説は、どんなに整頓した体系を有つてゐるにしても、それは言語の形骸を抽象した考察であることを免れ得ない。」（同上書、一九三ぺ）

前掲の叙述の中に見られるように、「国語の当体」に立脚し、「ことば」の正体に触れ、その考察を新たにしていくべきこと、国語生活の体験を具体的に内省していくべきこと、ことばの霊活な力に対する驚異（言語本質の直観）を基調とした研究であるべきこと――国語教育について思いをひたしていくばあい、西尾実先生がまず求められた基本的な考え方が、ここに示されている。

西尾実先生は、前掲の二つめの文章の中で、在来の国語学文法学に対して、「国語生活の体験を具体的に内省することによつて、もつと深い根柢に立たなくてはならないと共に、われわれの国語生活そのものの嚮ふ所も、もつと深く目覚めなくてはならぬものがある」とされたが、西尾実先生自身、進んで国語生活（言語生活）の探究に向かわれた。この時期を起点とすれば、爾来三〇余年をかけて、言語生活についての探究の成果が集成されるようになる。みずから提起された言語実態観にもとづいて、言語生活論が、言語生活の基本問題をはじめとして、深く掘り下げられ、まとまりをもつものとして構築された。後年の「言語生活の探究」（昭和36年1月27日、岩波書店刊）は、その集成を示す記念碑である。

四

西尾実先生は、さらに国語愛の根本問題について、つぎのように言及される。

「われわれの国語研究並に国語教育は、何よりもまづ日本国民に於ける日本語の唯一性・必然性・絶対性の自覚を根柢としたものでなければならぬ。従って、それに伴う、いきいきとした『ことば』の創造性の獲得でなければならぬ。即ち如何に習熟しても、漢語・イギリス語・フランス語・ドイツ語等はわれわれに対しては国語と等しい意義での『ことば』ではあり得ないことを、いひかへれば国語の国語たる本質を、概念としてでなく具体的意識として意識し、更にそれを基礎として国語を定位することが根本要請として存しなくてはならぬ。」（同上書、二〇二ぺ）

「漢語は既に習熟して日本語化したといはれてゐる。それは事実である。しかしそれでもなほ、固有語系統の言葉とは区別される存在である。いかに習熟しても、漢語は漢語的語感を脱することが出来ないのがわれわれの意識上の事実である。しかるにこの根本的事実を自ら蔽い、曖昧や不明瞭たるを免れ難い外来語に頼り、その価値を盲目的に信じようとすることは、その動機が既に不健全である。或はまた学術語等として、固有語系の語は概念の限定を厳密にする上に不便であるという。しかし又、そのために失つてゐる『ことば』の力はどれだけであるか、それを忘れているのは更に根本的な過誤である。国語生活の進歩を期する者はここに深く目覚める所がなくてはならぬ。

国語の愛といひ、愛護といふも、畢竟この如き国語の本質個性を意識することでなければならぬ。これを外にして国語の愛をいふのは、単なる概念論であるか、又は単なる因襲主義であるに過ぎぬ。仮令一語の上にでも、漢語・英語・独語乃至仏語等とは異つた国語個性の意識を体験せよ、そこに国語問題の具体的解決が潜み、純粋国語運動の基礎が確立する。かくの如き意向に立って、言語の本質なり国語の個性なりを究めようとせず、国語は思想表現の道具であると定義しつつ、かの森文部大臣の国語廃止英語採用論を嗤ふのは一の矛盾である。」（同上書、二〇四～二〇五）

「要は、われわれは国民の精神的発達をして単なる天才の遊戯たり、また知識階級の所得たるに止めないで、直ちに民族生命そのものの向上たらしめるが如き文化を樹立せんがために、まづ『いのちの根との連絡』を有った真の国語を実現しなければならぬ。更に又、異系統文化の発達を理解し、これを要素とした自己文化の統一を実現せんが為にも、まづ外国語理解の基礎である国語生活を確立しなければならぬ。しかも純粋国語の実現は必然であり可能である。ただそのためには、永い間の絶えざる忍耐が要せられることを深く覚悟しなくてはならぬ。」（同上書、二一〇～二一一ぺ）

西尾実先生は、「国語の国語たる本質を、概念としてでなく具体的意識として意識し、更にそれを基礎として国語を定位すること」、「国語の本質個性を意識すること」、国語個性の意識を体験し、純粋国語運動の基礎を確立すべきことを説かれる。『いのちの根との連絡』をもった国語の実現をめざし、純粋国語の実現を期しつつ、そのためには、「永い間の絶えざる忍耐が要せられることを深く覚悟しなくてはならぬ。」と、西尾実先生は説かれる。当時（昭和四年）西尾実先生は、四一歳（数え年）、すでに不惑の齢に達しておられ、国語を愛し護っていくとは、どうすることであるかを、沈潜して見きわめておられたのである。

五

西尾実先生は、直接国語愛を主題とした国語教材についての、みずからの考えを、「国語活動と国語愛」「国語」（特報2、昭和10年10月20日、岩波書店刊）という論考において、つぎのように述べられた。

「一般に、学校教育に於ける国語教材として適切な、直接国語愛を主題にした文篇といふものは多くはないものである。もしあつても、それは概念的に国語の価値なり愛なりを説いたものであるのが一般である。更にいへば、何故に国語を愛しなくてはならないか、又如何にこれを愛すべきであるかといふ如き、国語愛の理由や方法を概念的・抽象的に説明したものに限られてゐる。

が、知ることは愛することであるといふ。これは国語に関しても亦そのままに真である。国語を愛しなくてはならない理由を考へ、又その方法を説くよりも、更に適切且必要なことは、その国語のその国語たる所以を知ること、即ちこれを深く体験し、自覚することではなくてはならぬ。

かういふ立場に立つて国語愛に関する教材を考へると、国語の科学的究明よりも実践的把握を主眼とする国語教育に在つては、国語学の対象として概念的に規定せられた国語よりも、日常の具体的・現実的な言語活動そのものとしての国語を領域とした指導を企図しなければならぬことが明かになつて来る。在来の国語教育はこの領域に対しては極めて無関心であつたことが反省せられなくてはならぬ。国語教育を教育として徹底し、真の国語愛を自覚せしめる為には、どうしてもこの基礎的領域に著眼し、それを指導することでなければならぬ。」(同上誌、六〜七ペ)

やがて、西尾実先生は、みずから中心になって編修された。岩波「国語」巻一の第一課用として、「生きた言葉」という教材を書きおろされた。

一　生きた言葉

四月初《ママ》のある朝、私はいつものやうに電車から降りて、春らしい陽ざしを楽しみながら、ゆっくり学校の方へ歩いて行つた。

途中、公園の桜並木を通り越して舗装道路にさしかかつた頃、一人の生徒が、私の傍らを急ぎ足で通り過ぎた。後姿を見ると、まだ制服もま新しい、入学したばかりの生徒である。間もなくまた私の背後から来た生徒が、私を追ひ越さうとして、「お早うございます」と挨拶した。見ると五年生の一人である。すると、さきに私を追ひ越した新入生が、何を思つたか急に立止り、道の左側に直立してゐる。私が近づくと、脱帽して「お早うございます」といふ。私も「お早う」と挨拶を返した。すると、私の声の終るか終らない中に、彼は再び語を発して、「先生、私はさつき先生だといふことを知りませんでした」といって頭を下げた。「ああ、さう」といひながら、思はず私も頭を下げた。

先生に対し、学友に対し、必ずはつきり言葉に出して挨拶せよとは、学校の平素の教育である。この新入生も、早速この教育を受けたのであらう。そして、一人の先生に対してその礼を欠いたと気づいた時、直ちにその気づいた場所に立止つて待ち受け、挨拶を果し、さきの欠礼を謝したものとみえる。

考へてみると、誠に羨ましい行動である。誰でも、自分のしたことが誤つてゐたと気づいた時、これ程こだはりなくその非を認め、これ程はつきりとその非を改めることが出来たなら、自他共にどんなに幸福になるであらうか。私は明るくされた心持で学校の門を入つた。

その後も、私は時々このことを思ひ出す。そしてあの少年の一途な顔とはりきつた声とをありありと見聞くやうに感じるとともに、「先生だといふことを知りませんでした」といふ、本気な言葉を思ひ返さずにはゐられない。

実際、かういふ真実な言葉は、不思議に人の心を明るくするものである。あの良寛が座右の銘にしてゐたといふ「愛語」の中に、

むかひて愛語をきくは、おもてをよろこばしめ、こころをたのしくす。むかはずして愛語をきくは、肝に

銘じ、魂に銘ず。

といって愛語の力を讃へ、更に進んで、愛語することによつて愛心を拓くことが出来るといふ意味のことをいつてあるのも思ひ合はされる。かく、聞く人の心を明るくし、言ふ人の心を拓くやうな言葉こそ、真に生きた言葉であるといつてよいであらう。そして、この生きた言葉を実現しゆくことによつて、やがては、同じ「愛語」の中の、「愛語よく廻天の力あることを学すべきなり」といふ言葉の意味をも、本当に会得することが出来るやうになるであらう。

国語の学習に於ては、いろいろな文を読み、又いろいろな文を綴る。しかし、それに止つて、我々自身の日常の言葉を疎かにしたならば、その学習は、畢竟、根のない植物を育てようとするやうなもので、真の国語の力を成長させることにはならないであらう。

我々は、我々の心を育てることによつて、我々の言葉を力あるものにしなくてはならないのはいふまでもないが、また、日々刻々の言葉を生きた言葉にすることによつて、心を拓き、いのちを向上させてゆかなくてはならない。そして、それが真に文を読み、文を綴るための欠くべからざる基礎であることをも覚えなくてはならぬ。(「国語」改訂版、昭和16年10月19日、岩波書店刊、巻一、一～六ペ)

この教材「生きた言葉」には、西尾実先生自身の国語愛についての省察・実践が盛りこまれている。それは典型的な教材たりえている。もちろん、生きた事例に即して加えられたことばそのものは、やはり教訓調になっているが、そこにこめられているものは、西尾先生の国語愛についての考え方にもとづく国語学習観である。

六

西尾実先生の言語活動(言語行為)への観察力・省察力は、つねに卓抜であった。天性の洞察力による点も少なくなかったであろうが、西尾実先生のばあい、たえず努力して、日常の言語生活の中からとらえるべきものをとらえ、見きわめるべきものを見きわめておられたと思われる。

西尾実先生は、「国語教育の新領域」（昭和14年9月15日、岩波書店刊）の中で、つぎのように述べておられる。

「嘗て私はある中学校に奉職してゐた際、ある時、何かの用があって武道場の一隅にある武道教官室にゐた。そこへ一人の生徒が来て、武道の先生に「先生、頭が痛いから今度の時間は見学します」と申出た。するとその先生は「誰が見学することにきめたのか」といふと同時に、いきなり、革帯にかけてゐたその生徒の両手を払つた。しかも、それは極めて明朗な微笑の間に於ける指導であつた。よく考へて見れば、表現は唯の声音のみではない。言葉と共に手も足も体軀も悉く物を言つてゐるのである。咄嗟の間に於て、言葉を否定すると共に、その姿勢を否定して表現を正し、更にその心の姿を反省させてゐる、その的確な指導に私は驚歎を禁じ得なかつた。これでは国語の先生は武道の先生にお株を奪はれた恰好だと苦笑せざるを得なかつた。」（同上書、三四〜三五ぺ）

ここには、西尾実先生の内省・省察・観察による方法がうかがわれる。西尾実先生の国語愛にもとづく国語教育は、こうした実践的把握によって支えられ、構築されていった。

前掲の文章中に「驚歎を禁じ得なかつた」とあるが、西尾実先生は、かつて、「フイヒテの思想中に自己の国語教育に関する所念が説かれてゐるのを見出して驚喜したことがある。彼の哲学の中心をなす『事行《タートハンドルング》』も又彼の愛国心の発露たる『独逸国民に告ぐ』も、共に自分が漠然と感じてゐたものを明瞭にしてくれるものであつた。」（「国語教育の諸問題」、昭和5年11月15日、受験講座刊行会刊、一六九ぺ、傍線は引用者）と述べられた。「驚歎」・「驚喜」ということばに、西尾実先生の求めていられたものへの充足を感じる。

西尾実先生は、観念論的批判や反動的革新論を避け、「国語教育の歩みそのものに正しい方向と力強い推進力を与えるための、国語愛の喚起」（「言語生活」昭和28年8月号）を求めつづけられた。

（昭和54年5月6日稿）

資料4　回想・この一冊、西尾実著『国語国文の教育』

一

わたくしが初めて西尾実先生のご著書に出会ったのは、広島高等師範学校文科第一部（国語漢文科）に学んでいる時期だった。もう四〇年も昔のことである。当時、わたくしは一年後に受ける教育実習に備えて、みずから新刊書店に出向き、書棚にある国語教育関係の文献をもとめては、ひとり学びを始めていた。

わたくしはまず、「国語教室の問題」（昭和15年1月25日、古今書院刊）を入手して、これを昭和一六年（一九四一）四月一四日に読み終えている。昭和一六年といえば、高師三年次に進んだ年であり、時局は第二次世界大戦下、しだいに緊迫の度を加えていた。この書物の著者西尾実先生は、そのころ東京女子大学教授であった。

つづいて、わたくしは同じ著者の「国語教育の新領域」（昭和14年9月15日、岩波書店刊）を入手し、これを昭和一六年（一九四一）四月二七日に読み終えている。

「国語教室の問題」「国語教育の新領域」は、いずれも四六判の小冊ではあったが、内容は新鮮で濃く、国語教育の世界へと入っていく道しるべの役をしてくれるものだった。「国語教室の問題」の奥付けのページの裏面には、同じく古今書院から刊行されている、「国語国文の教育」（改版再刷）の広告が掲げられていた。そこには、書名の左傍に、四六版三二〇頁　布装上製函入／定価弐円（送料十四銭）とあった。

わたくしは、「国語国文の教育」が読みたくなり、やがて弐円十四銭を小為替にして封入し、直接古今書院（東京市神田区駿河台二丁目十番地）宛申し込んだ。

二

古今書院から「国語国文の教育」が送られてきたのは、夏休みに入ってからであった。その頃わたくしは休暇ともなると、大型トランク（このトランクのことを、旧制中学校時代からの恩師仲田庸幸先生は、当時、道後にあった、先生のお宅に、帰省の途次、立ち寄るならわしであったが、〝移動書斎〟と名づけてくださった。）に書物をいっぱい詰めて、四国の山村にあったわが家に持って帰るのを例としていた。昭和一六年（一九四一）の夏休みに持って帰るトランクには、国語教育関係の文献が新たに加わっていた。その中に、前出の「国語教室の問題」「国語教育の新領域」の両著も入っていた。

山深いわが家のひとへやで、わたくしは再び西尾実先生の両著を読み直した。「国語教育の新領域」は、昭和一六年八月一三日に、「国語教室の問題」の方は、同じく八月一四日にそれぞれ読み終えている。つづいて、八月一六日に、東京から送られてきたばかりの「国語国文の教育」を読み終えている。みずから見つけ、みずから発注して、直接手もとに届けられてきた書物として、「国語国文の教育」は、「わたくしの」と呼びうる一冊の本である。

三

「国語国文の教育」は、昭和四年（一九二九）初版、昭和一二年（一九三七）四月には一二版、昭和一三年（一九三八）一月には改版一三版、昭和一五年（一九四〇）一〇月には、一五版が出されていた。「国語の力」（垣内松三著、大正11年5月8日、不老閣刊）と並んで、昭和初期から一〇年代半ばにかけて、最もよく読まれた、中等国語教育関係の書物であった。

「国語国文の教育」は、一、方法体系／二、文学形象の問題／三、国語愛護／四、国文学と教養／五、国語教育者など、五章から成り、いずれも読みごたえのある論考であった。

第四章国文学と教養の一節には、つぎのように述べられていた。

「多くの人が、文学作品に対しては、ただ、『慰安娯楽のために』といふ態度で接するために、又さういう態度を以てしても、世間の雑談と等しくなほかつ何等かの興味は感じられるが故に、理解の徹底を得ることが少ない。一般に科学や哲学は研究し勉強するものであるが、文学は楽しみに読むものだと考へられてゐる。そして一度読めば――寝転んでゐて読んでも分かるものだと考へられてゐる。けれども真に価値ある作品は、真の理解成立のために真面目な研究を要すること、決して科学哲学に劣るものではない。」（同上書、二二四ぺ、傍線は引用者。）

わたくしは、この書物を、ふるさとのわが家の座敷の畳の上に寝ころんで、両手に支えて読んでいたのである。右の傍線部まで読み進んだとき、わたくしははっとさせられた。しばらく迷ったが、わたくしはすぐ起き上がって、残りのページを読んでいった。

今でも、所持している、「国語国文の教育」の巻末余白のページには、「この書を半分以上も寝て読んだ事を悔いる」と記している。

四

戦後、国語教育の学会で、西尾実先生にお目にかかった折、学生時代のできごとを申し上げたら、先生は、「あのころは、たのしみ読みのことがほんとうにわかっていませんでしたから……」と、さらりと答えられた。

西尾実先生は、戦後、この処女出版について、「文学の研究と教育」という書名にすべきであったと述べておられる。この著者としてのおもいに対して、読者としてのわたくしには、「国語国文の教育」こそ不動の書名に思える。それはまぎれもなく、昭和期中等国語教育の源泉をなしており、また道標ともなっているからである。（昭和55年7月15日稿）

（広島大学教授）

Ⅱ　西尾実先生の望まれ、めざされたもの

資料5　徒然草教育問題史——戦前の旧制中学校・女学校などを中心に——

1　はじめに

旧制中学校（中学校・女学校・師範学校・実業学校など）の国語教育において、徒然草は、どのように扱われてきたであろうか。本稿においては、中学校・女学校などのばあいを中心に、徒然草の学習指導に関する論考および実践をとりあげたい。とはいえ、明治期・大正期の徒然草教育に関する資料は、これを入手することがむずかしく、ために昭和期の資料について主として考察していくことにした。

考察は、できるだけ事例中心に進めた。しかし、継続的な実践事例ならびにその資料にとぼしく、明治・大正・昭和各期の時代別の実践に密着して、その特性をあきらかにすることは、きわめて困難であった。近代における徒然草教育史を精密に記述することは、いま力の及ばぬことであって、ここでは、資料のいくつかを、事例中心に、領域別にとりあげたにすぎない。

資料面の制約を受けた、事例中心の考察ではあっても、そこから、徒然草教育史の側面や断面を、とらえ、みつめることはできるであろう。

2　畠山健教授、芦田恵之助の徒然草朗読

芦田恵之助先生は、明治三三年（一九〇〇）九月、国学院の選科生になられ、畠山教授から、古今集・徒然草の講義をきかれた。

そのときのことを、芦田先生は、「恵雨自伝」の中で、

「私が名声を博した最初の出来事は、稽古の始まった第一日、畠山健先生の古今集の時間でした。先生は『芦田その序を読んで』と命ぜられました。私は下読みをしていませんでした。加うるに持っているのが活版本で、誤植だらけのものでした。それを私が文字通りに読むのですから、きかれたものではありませんでした。先生も『では次の者』ともおっしゃらないで、忍耐克苦きいて下さいました。私も忍耐克苦それを読み終えました。三十分もかゝったでしょう『読《ママ》んでみたかのか』『みません』『あれでわかると思うか』『思いません』『学問は自分でやる考えにならなくてはだめだ』そのむかし、児童にいったことを、今畠山先生にきかされて、全く恐縮してしまいました。それから古今集の研究について心得べきことを教えられて、第一時は終りました。仲間からは、『芦田にかぎる』という讃辞をいたゞきました。畠山先生の古今集、徒然草の講義は、実に神に入ったものでした。」（「恵雨自伝」昭和25年11月25日、開顕社刊、一四六～一四七ページ）

と述べていられる。

芦田先生は、国学院選科生として一年間在学しただけで退学され、姫路中学の助教諭として赴任された。

国学院時代のことを、芦田先生は、のちに回想されて、

「私は国学院の選科に一年在学したおかげで、国文をしらべる方法と、その参考書が大体わかりました。その外

に、学問をノートに預けないで、身につけることが大切だとさとりました。今までの私の態度が、いかに本質とかけはなれたものであったかを思って、深き悔恨におちました。」（『恵雨自伝』一五一ページ）

「私は国学院にいた一年を限界として、いそぐことなく、行を通して身についた知識を拡めたいと思うようになりました。」（同上書、一五一ページ）

芦田先生は、姫路中学で、一年生の二学期から三年生の終りまで、三組の国語と漢文とを担任されたが、中には、「上級学校の入学準備に、徒然草全巻を講じてくれよと依頼して来た四年生もあ」って、「それらに対しては、自分でもあぶなかしいとは思いながら、畠山先生直伝の着眼点も心得ているし、解釈本も二三種は持っているので、『共に研究する考えならば』と引き受けたことがありました。たよ〱しながら、終りまで講じ終ったのは、自分ながらけなげにも感じました。生徒よりも自分が大なる利益をおさめたわけでした。」（同上書、一五六ページ）と述べていられる。

このように、芦田先生は、姫路中学の四年生有志に、徒然草の講読をされたが、それには、先生自身の範読をかならず示されたようである。

芦田「教式」の第三変化には、指導者の範読がとり入れてあるが、国学院での畠山健教授の徒然草講義の節の朗読が、このきっかけの一つになったのである。このことを、芦田先生は、つぎのように述べていられる。

「私が第三変化に自分の読みを必ず加えるようになりましたについては可なりに深い訳があるのです。というのは、私が二十九歳の九月から三十歳の七月まで、国学院の選科一年にいた時の事です。時の教授畠山健先生は、徒然草の講義がお得意で、美しい女性的の声で、一回読んで下さると、後の講義はどちらでもよろしいといいたい程のうまさでした。これは私一人の評ではなく、同学一同の声でした。私はこの時中等学校以上の国語教授は、微に入り細に亘って掘返す行き方よりも、自信を声に移して、畠山先生のように読んでやるがよいと考えたことでした。その後姫路中学に三年いる間は、私は畠山先生を真似て読んだものでした。その後東京高師の附属小学に帰ってからも、複式教授の小面倒な中でさえ、一教材に一回も読まなかったという事は未だ曾てなく、今日に至ったものです。私が一回読むことは、師畠山先生のをうけついで、約三十年つゞけた、私としては捨難い道楽の一つです。」（「国語教育易行道」、昭和10年5月20日、同志同行社刊、一八九〜一九〇ページ）

また芦田先生は、このことについて、

「一般に通読は常に児童に課すべきもののようになっているが、場合によっては、教師がまず之を行ってもよい。余が青年の頃徒然草を学ぶに、師の流暢なる一読によって、六七分の意義を探り得たことを記憶している。」（「読み方教授法」「文章研究録」所収、大正3年7月1日、育英書院刊、九九ページ）

と述べていられる。

これは、国学院における畠山健教授の徒然草朗読が、芦田先生によって、継承され、深められた例である。古典学習において、指導者の範読が学習者に深い感銘を与えた例は、畠山健教授の「徒然草」講義のそれにかぎらない。しかし、畠山教授――芦田先生の徒然草朗読は、その感銘が国語教育の実践に生かされた例として、独自の意義をもっている。

なお、芦田先生は、「読み方教授」の中に、

「この頃徒然草を読んでみると、身にしみておもしろく感ずる所がある。それが十年前に読んだ時と場所がちがうから面白い。之を思うと、大人が名文として選定したものを、名文として読まなければならぬ少青年は気の毒でならぬ。吾人の読書力は自分の気にいった文を反復読誦した賜ではあるまいか。」（「読み方教授」、大正5年4月21日、育英書院刊、三二三ページ）

とも述べていられる。

また、芦田恵之助先生は、昭和九年七月四日、北海道小樽倶楽部において、「思ひ出づるまゝに」という題で講演され、その中で、垣内先生から、「徒然草」をみんなで読み合ってはどうかとすすめられたいきさつを述べ、さっそくに岩波文庫本の「徒然草」を求めて、同志同行の仲間にもくばっていられる。北海道旅行中も、注釈書なしで、じかに「徒然草」の本文に親しみ、つぎのように述べていられる。

「百三十段を征服する中に、私がとても面白いものをほりあてたのは、綴方教授の具体的指導案ではなかろうか、ということをひょいと思いつきました。われ〳〵は兼好という少々生臭い坊さん、しかも悟りを開いたような坊さんが、いい換えると自己の確立した人が天地間一切の万象に目を放って、思う存分誰の制裁をうけるということなしに書いたものが徒然草だと思う。そうしますと、若し世の中に衒うというような気分のない本当の文章を求めたら徒然草あたりが私は撰に入りはしないかと思う。鴨長明の書きました『方丈記』などは、文はよいにはよいでございましょうけれども、小細工といえば小細工のようなところが多少見えるものではなかろうか。私はそういう点から、こいつは面白いぞと思いました。何も今の世の中に綴方の具体案を探せば徒然草ではあるまいかと思います。徒然草という鎌倉時代の文章にもし綴方の具体案があるということになれば、私心を去って研究もし易かろうと思います。こいつ面白いと思いまして、百三十幾段まで読んだ余徳のようなもので嗅ぎつけたのであります。こんなことを申して置けば私には終に物にすることが出来なくても、世間には偉い方がたくさんありますから、これをまとめて下さる方があろうと思います。」（雑誌「同志同行」第3巻7号、昭和9年10月1日、同志同行社刊、二八～二九ページ）

ここにも、芦田先生の綴り方教授へ「徒然草」を生かしていこうとする態度がみられ、その底には、いきなり自己自身を作品へぶっつけていく読みかたがひそんでいる。

3　幸田露伴の徒然草鑑賞法（着語法）

幸田露伴の「文章講義」（大正5年から「文章講話」と題して「新修養」という雑誌に連載されたものという。）では、伊勢物語・源氏物語・古今和歌集序・千載和歌集序・撰集抄・方丈記・海道記の文章につゞいて、徒然草の一節（一三七段）をとりあげている。

はじめに、つぎのような前がきを付している。

「徒然草の文、人多く称揚す。また予が言を須ゐざるなり。兼好の伝、世既に知悉す。また予が筆を労する無きなり。法師の辞藻意図、花の春に当って発《ひら》き、雲の空に浮びて行くが如し。隻岡の一篇、消閑の随筆、長く足利期文学の一明珠たる所以のもの、まことに其の故無くんばあらざるなり。」（「露伴蝸牛庵語彙」幸田文編、昭和31年12月25日、新潮社刊、五二ページ）

ついで、本文に即して、つぎのような鑑賞が文中にさしはさまれている。

「花は盛りに月は隈なきをのみ見るものかは。反語を以て起る。文の奇なるもの也雨に向ひて月を恋ひ、たれこめて春の行方《ゆくへ》しらぬも猶あはれに情深し。無趣に対して賞す。情の至れるもの也。咲きぬべき程の梢、散りしほれたる庭などこそ見所多けれ。流に順ひて艪を揺かす。文気順。歌の言葉書《ことばがき》にも、花見にまかれりけるに早く散り過ぎにければとも、障る事ありてまからでなゝとも書けるは、花を見てと言へるに劣れる事かは。風に逆らひて帆を張る。語勢逆。花の散り、月の傾くを慕ふならひはさる事なれど、殊に頑固《かたくな》なる人ぞ、此枝彼枝散りにけり、今は見どころなしなゝとはいふめる。罵り得て実なり。妙。萬《よろず》の事も始《はじめ》終《をわり》こそをかしけれ、男《をとこ》女《をんな》の情もひとへに逢見るをばいふものかは。文陣また進む。逢はで止みにし憂さを思ひ、あだなる契をかこち、長き夜を一人あかし、遠き雲井を思ひやり、浅茅《あさぢ》が宿に昔を忍ぶこそ色好むとはいはめ。説き得て精し。佳。望月の隈なきを千里《ちさと》の外までながめたるよりも、暁近くなりて待出でたるが、いと心深う、青みたるやうにて、深き山の杉の梢に見えたる木の間の影、うちしぐれたる村雲がくれの程又なく哀《あわれ》なり、椎柴《しいしば》白檮《しらがし》なゝとの濡れたるやうなる葉の上に、きらめきたるこそ、身にしみて、心あらん友もがなと都恋ひしう覚ゆれ。補説丁寧、人をして点頭せしむ。すべて月花をば、さのみ目にて見るものかは。又進むこと一舍。春は家を立《たち》さらでも、月の夜は閨《ねや》のうちながらも思へるこそ、いとたのもしうをかしけれ。よき人はひとへに好けるさまにも見えず、興ずるさまも等閑《なほざり》なり。かた田舎の人こそ、色濃く萬《よろず》はもて興ずれ、花の下《もと》にはねぢよりたちより、あからめもせずまもりて、酒のみ連歌して、はては大いなる枝、心なく折とりぬ、泉には手足さしひたして、雪にはおち立ちて跡付けなゝと、万《よろず》の物よそながら見る事なし。悪罵、痛罵、毒罵。左様の人の祭見しさま、いと珍らかなりき、見ごといとおそし、其ほどは桟敷不用なりとて、奥なる屋にて酒飲み、物食ひ、囲碁、双六など遊びて、桟敷には人を置きたれば、渡りさふらふといふ時に、各肝《きも》つぶるゝ様《やう》に争ひ走りのぼりて、落ちぬべきまで簾はり出でおし合ひつゝ、一事《ひとこと》も見漏らさじとまぼりて、とありかゝりと物ごとにいひて、渡りすぎぬれば、又渡らんまでといひておりぬ。たゞ物をのみ見んとするなるべし。悪罵、痛罵、毒罵。都の人のゆゆしげなるは、眠りていとも見ず、若く末々なるは、宮仕《みやずかへ》に立居《たちゐ》、人の後《うしろ》にさふらふは、さまあしくもおよびかゝらず、わりなく見んとする人もなし。何となく葵かけわたしてなまめかしきに、明《あけ》はなれぬほど、忍びて寄する車どものゆかしきを、それか彼かなゝと思ひよすれば、牛飼下部《しもべ》なゝとの見知れるもあり、をかしくもきら〳〵しくもさま〳〵に行きかふ、見るもつれ〳〵ならず、暮るゝほどに立てならべつる車ども、所なく並居《なみゐ》つる人も何方《いづかた》へか行きつらん、程なく稀になりて、車どものらうがはしさもすみぬれば、簾たゝみも取り払ひ、目の前にさびしげになりゆくこそ、世のためしも思ひしられて哀れなれ。一年の興趣も、詩に参ずるの蹊径、人間の楽事も、道に入るの因縁。兼好の意、詩趣と道心とを尚ぶ。文能く意に叫ふ。」（同上書、五二〜五四ページ）

ここに示された、徒然草本文に即しての鑑賞は、適切で鋭く、文脈にそっての鑑賞法として、生きている。

この本文に即しての鑑賞法は、芦田恵之助先生の「着語法」にかようものをもっている。芦田先生は、ご自身の

「着語」について、つぎのように述べていられる。

「私は読んでいくうちに着語を所々に挾みます。着語とは碧巌録や従容録の、本則や頌の所々に加えてある語釈のことで、単なる註釈ではなく、註釈者読後の直感といったものです。これを読むのと、読まないのとでは、本則や頌に対するはずみがちがうのです。私はたゞ読むよりも、所々に私の読後の生々した感じを挿し加えて語るのが、聴く児童にも面白かろうと考えて、試みたのでした。これは十分に気が乗らないと、出来ることではありません。打って火花の散るような気合が大切なのです。児童が喜ぶ訳です。しかし着語をすれば、児童の理会を助けるからとか、何処かで着語をしなければならぬとか考えた場合には、うまく行くものでもなく、やって効果のあるものでもありません。『こゝはうまい』とか『たまらなくよい』とかいう位の着語でも、自然に出たものは、文を理会するのにはずみをつけるものです。変なことを申しますが、理論に縛られる方には、出来ない技かと思います。人間のする事には理窟の上を行くことがいくらもあります。お勧めは致しませんが、着語の味は行じて会得なさるがよいと思います。」（「国語教育易行道」一八八～一八九ページ）

露伴の徒然草鑑賞は、教室における鑑賞教育として行なわれたものではないが、雑誌上に発表され、その雑誌の読者に対して啓発のはたらきをなしたものである。その鑑賞法の呼吸には、芦田先生独自の着語法とも通うものがあって、簡潔な独自の方法として示唆深いものを含んでいる。

なお、徒然草の文章については、五十嵐力博士も、「縮刷新文章講話」（明治42年12月25日、早大出版部刊）において、諸処に引用論評していられるが、「花はさかりに」の段（一三七）については、

「何となく葵かけわたしてなまめかしきに、明け離れぬほど、……世のためしも思ひ知られて哀れなれ。大路見たるこそ祭見たるにてはあれ。」（圏点は五十嵐博士。）

を引用し、「滔々と伸びやかに長々と続けて来たのを『大路見たるこそ』の短切なる一句に突然文路を転じて勢を

起こした所、正しくそれに当たる。」（同上書、二七七ページ）と述べられた。「それ」というのは、「頓挫」のことをさしている。すなわち、五十嵐博士は「頓挫法」の適例として、この一文を示していられるのである。（なお、幸田路伴は、沼波瓊音の「徒然草講話」（大正3年1月、東亜堂書房刊）に序を寄せている。）

4　垣内松三先生の徒然草解釈法

垣内松三先生は、「国語の力」（大正11年5月8日、不老閣書房刊）において、徒然草をとりあげていられる。

「解釈の着眼点（三）」のところでは、文の節奏律動の上から、解釈を進めていくことを説かれ、「感想の直現せられて居る随筆、たとえば徒然草の解釈の上にもこの方面から見直さねばならぬ点が尠くない。」（「国語の力」有朋堂版、七六ページ）と述べていられる。

垣内先生は、同上書「文の形の見方」の条では、徒然草の九二段（ある人弓射ることを習ふに）の例を求めて、「文の形」を「想の形」に深め、「想の形」を「文の形」にみることを具体的に示そうとされている。

また、同上書「言語の活力」においては、「言語解釈の実例（二）」として、徒然草の九二段中の「況んや一刹那のうちに於て懈怠の心あることを知らんや。」という特別な反語の用法を解明していられる。

さらに、同上書「文の律動」の章では、「内辞の聴き方（一）」を説くのに、徒然草九二段の「二つの矢」の解釈例を示して、この一つの実例に徴しても、「内辞を内聴することが文の中に流るゝ作者の意識に面接するもっとも深い態度であることを感じたことであった。」（同上書、一八九ページ）と述べられた。

垣内先生は、「国語の力」の、

一　解釈の力

の各章において、それぞれ徒然草またはその九二段を引用して、具体例として提示しながら、論を進められた。ご自身の徒然草解釈の実践を通して、読むことを究明しようとされているのである。

二　文の形
三　言語の活力
四　文の律動

なお、稲村テイ氏は、垣内先生に徒然草を学ばれたときのことについて、

「垣内先生の時間――修辞学、現代文抄、徒然草――どの時間を思い出しても先生の御態度やら御言葉やらがはっきりと浮かびます。『特別にいい頭の時でないと垣内先生の御授業はわからない。』いつとはなしにこうした心がまえが生徒の中に出来て、誰も彼もが潑剌とした気持で輝やかしい眼ざしで先生をお教室にお迎え致しました。然し一時間中殆んど何も解らずに過ごしたことも一度や二度ではございませんでした。徒然草は女学校時代から受験準備にかけて幾度となく繰返し読みましたので、かなり親しい本ではございましたけれども垣内先生にお習い致しました時、本の読み方にはこうした世界もある物かと不思議な感が致しました。『或人弓射ることを習ふに諸矢を手挾みて……』あの文を三段に分けてお話の中に一生徒で此の文をよく味読し得たものがあって其の発表をいとも満足げに聴いていらっしゃいました先生の其の時の御様子は私には忘れられないものでございます。『艶やかなる狩衣に濃き指貫いと故づきたる様にてささやかなる童一人具して……』先生は一々唇をお結びになるような格好ではっきりと切ってお読みになっていらっしゃいましたがやがて黒板にはこの男と童とが筆少なに描かれました。」（雑誌「コトバ」第8巻第1号、コトバの会刊、一三四～一三五ページ）

と述べている。

ここには、垣内先生の徒然草指導の一面が描かれている。女高師での垣内先生のような「徒然草」学習指導の実

践の体験は、「国語の力」の裏づけにもなっていると考えられる。
垣内先生は、昭和一一年（一九三六）、「国文学試論」同人（蓮田善明、清水文雄、池田勉、栗山理一）に、徒然草解釈の視点について、つぎのように語っていられる。
「徒然草の序の文を見ると、そこには三つの心が表れている。心にうつりゆくよしなしごとを、そこはかとなく書きつくれば、あやしうこそ物狂ほしけれ、という文章の中で、よしなしごとのうつりゆく心と、そこはかとなく書きつくればという反省の心と、それから、あやしうこそ物狂ほしけれという批評の心と、この三つの心が表れているのだ。その他の兼好の文章には、この三つの心が常に明らかに表わされていたり、また混じて表れているように思う。だから徒然草のどの文章もこの三つの心の存在を認める視点から解釈されうるとさえ言えるだろう。」（「国文学試論　批評篇　第二輯」、昭和11年8月1日、春陽堂刊、六九～七〇ページ）
なお、大正期には、佐藤幹二氏が、「徒然草の思想」について、放送されている。第一講は、「人間性理解者の文学」として、大正一五年一一月七日、午後〇時一〇分から〇時五五分まで、第二講は、「徒然草の思想解説」として、大正一五年一一月七日、午後一時五分から一時五五分まで、それぞれ放送されたものである。これらの講録は、のちに、「日本文学聯講」（中世）（昭和2年8月13日、中興館刊）に収められた。学校教育としての徒然草の教育ではないが、社会への教養放送としては、注目すべきものであった。

5　西尾実先生の徒然草の研究、実践

西尾先生は、雑誌「国文教育」（昭和2年8月、不老閣書房刊）に、「松風」という随想を寄せていられる。この随想において、西尾先生は、「松風」に対する断想から、随筆文学に及び、

「随筆文学の意義は、何というても其処に含まれた哲理の深さ美しさにある。よし材料は何であろうとも、そこに見出される思想の、真実さ、確かさにある。言い換えれば、随筆文学の哲理は博大精密な知力によって捕えられた概念であるよりも、感情を経、意志に徹して、全人的に悟得された、個性的な智慧光であることを要する。従って随筆文学成立のためには、まず作者体験の豊かさと、その体験を内省して自覚する心作用の鋭さ精しさが基礎的な条件を成さねばならぬ。従って又、随筆文学は、自然についても、人生についても、当に新鮮な感興をもって心を躍らせつつある少青年期の文学様式であるよりも、むしろ、そういう鋭敏な感受性は失われて、最早何物の上にも新らしい感興を動かしていないような老境に於ての文学様式であって、持続され来った体験のゆたかさと、湛えに湛えられ来った感想の深さとから静かに語り出されるその一語一句には、沈黙のうちにのみ育てらるべき一種の底力と、単調だけれども深く澄んだ一種の韻致とがある。そよとの風にもさざめき躍るポプラの葉を、多感な青少年期の文学である叙情詩にたとえれば、賢く静かな老境の文学たる随筆文学は、あの動くとも見えぬ松の、湛えに湛えられた幽韻に比することが出来ようか。」（三〇〜三一ページ）

と述べられ、徒然草の随筆的性格について、

「徒然草は、かくて、その前半生を社会の人として終始した著者が、しかもそこに安住しつくす能わざる或る物を蔵していた著者が、漸うにして辞官し、漸うにして世を捨て得た後の書きものである。半生をそこに送った人間社会の種々相が、長く、深く心に湛えられた後、他人の上となく、自らのこととなく、そのありのままをこの世捨人の心に現じ来った時、何等執着の無い、しかし執着とはちがった興会を以て、清澄そのもののような韻致を帯びて蘇って来た。

かくして人生から悟り得た哲理も、自然から感じ得た趣致も、すべてがこの凉化と清浄化とを経て自由に描き出された。理論的な徹底を期する意図もなく、前後の矛盾を避けようとするような配慮もなく、誇張もなければ遠慮

もない、只表に生きて来る想像の赴くがままに、純一無雑の表現境に住して筆をやったものが、徒然草一巻である。

この点、徒然草文学が、人と人との交渉裡に素地を置き乍ら、読者をして常に人間社会の葛藤を遠離した一脈の清澄さを感ぜしめ、又現実に深く脚を没しているらしく見えながら、もっと深く、もっと高い世界への思慕と精進とを思わしめる所以であって、徒然草の何処かに松風の幽韻を思わせるものがあるのも亦この故であろう。」（三三ページ）

と述べていられる。

ここには、松風によせての徒然草観が簡潔にまとめられている。西尾実先生の徒然草研究の過程の一つは、この徒然草観をもとにして、それを精密にときほぐしていく過程であったとも考えられるのではなかろうか。

徒然草研究を本格的に進め、同時にまた、徒然草教育に本格的にとりくまれた典型的な例を、西尾先生の徒然草の研究・実践にみることができる。

西尾実先生は、「国文教育」（昭和2年11月、不老閣書房刊）に、「道念として見たる徒然草」を発表された。西尾先生は、この論文において、徒然草における「道念」の意義とその展開について考察された。西尾先生は、この中で、

「徒然草の作者が、最《ママ》深い感動を以って叙している問題は、彼の道念に関するものであり、しかも、その道念たるや、既成宗教又は学説の反復乃至祖述でなく、彼自身の内生活の核心として自覚され来った道念であって、仮令、そこに、或は仏教的、老荘的傾向なり影響なりが反映しているにしても、その中心に於ては、あくまで兼好その人の道念を枢軸とし、基調としたものであって、徒然草一巻は、全く彼のこの生きた道念を焦点として各方面に展開された感想文学の集として成立したものである。故に一々の段に現れた意義を、単なる思想として抽象し比較

すれば、或は一見矛盾背離の関係に立つように観察されるものもあろうけれども、その段の全的意義の把握によれば、必ずかくの如き中心意義に帰向統一され得べき関係に立つものである。」（八八ページ）
と述べられた。さらに、西尾先生は、この論考について、
「私は徒然草の形態的観察に初まって、其の中心動機を作者その人の道念に見出し、更にこの道念を焦点として、人生の各方面に展開された作者の境地を概観し、徒然草の文学的意義と、そこに現れた作者その人とを、その全き姿に於て捕捉しようと試みた。」（九六ページ）
と述べていられる。これによって見ても、この論考は、徒然草研究の独自の立場の確立として注目すべきものである。

ついで、西尾実先生は、「国文教育」（昭和2年11月、不老閣書房刊）に、「文の主題とその展開」を発表された。この中では、徒然草第七段（あだし野の）、第八段（世の人の心を）、第一八段（人は己をつづまやかに）などが例にとられている。

また、「国語国文の教育」（昭和4年11月24日、古今書院刊）には、第二章に「文学形象の問題」が収められている。そのうち、「二　文の主題とその展開」の「主題と構想」の中には、前掲諸段と同じものが採録されており、「叙述」の中には、徒然草第八段、第一八五段（城陸奥守泰盛は）が例に用いられている。

これらは、作品研究の方法を具体例に即してあきらかにされたものとして意義深い。これはまた、徒然草研究の具体的方法を示されている点で、徒然草教授の基礎の一つをきずいたものでもある。

また、西尾実先生は、「国語の愛護」について述べられている中に、徒然草第四一段（五月五日、賀茂の競馬を見侍りしに）を引用して、

「『ことば』によって、今が今まで眼前に見ていたとは全く別な一つの世界が開示された。その刹那、人々の

しゃちこばった心がとけて、和いだ一つの気分に融合した。それは言葉ではない、心である。否、心なる言葉である。この如き経験が稀有だというのではない、或は日常の些事であるかも知れない。しかし、考えれば考える程意味深い些事である。言葉が思想の表現であり、またその伝達である一面はしきりに考えられている。しかし言葉が新しい心を生み、新しい心の世界を開拓する一面は、見逃され忘れられがちである。これをも表現された言葉の理解という人もあるであろう。しかし理解というにはあまりに深い、直接な創造作用である。この創造作用をさながらに見せてくれる所に、この文の尊さがある。」（「国語国文の教育」、昭和4年11月24日、古今書院刊、二〇〇～二〇一ページ）

と述べていられる。

また、このところに、「国語教育の諸問題」では、「……くれる所にこの文の尊さがある。国語教育の意義が最も深い姿に於て示されている好適例である。」（「国語教育の諸問題」、昭和5年11月15日、受験講座刊行会刊、一七〇～一七一ページ）

と述べてあり、西尾先生は、この段のこの叙述に、国語教育の意義をも求めていられるのである。なお、この条はすでに「国文学講座第一一冊」（昭和3年11月5日、文献書院刊）において、「国語教育の意義」の中に述べられている。

西尾先生は、昭和一〇年三月、「徒然草作者の人間観と教育問題」を発表された（国語教育学会編「日本文学の本質と国語教育」所収、昭和10年3月10日、岩波書店刊）。

この論考の目的は、「その人間に対する関心の深い著者が、徒然草一篇の上にいかなる人間を描き、いかなる理解を示しているかを考察しようとするにある。」（四一〇ページ）とされている。この論考は、のちに、「つれづれ草における人間関係理解の体系」と改めて「日本文芸史における中世的なもの」（昭和29年3月25日、東京大学出版会刊）などに収められた。

西尾実先生は、この論考において、徒然草作者の発展的人間観を考究されたのち、

「徒然草が国語教育の教材として価値の多かったのは、それがあらゆる人間性の披瀝であることであった。のみならず、その人間性が体験の自覚であって、しかもそれを客観する立場が確立していることであった。が、更にそれは、かくの如き発展的人間観が主体的依拠として存立することの認識によって、一層根本的体系的に理解せられるであろう。たしかに徒然草にはあらゆる立場の人に、あらゆる立場に於ける発展的契機を把握させなくてはやまぬものがある。徒然草の教育的意義はかくの如き作者の人間観を把握することによって始めて闡明せられる。」（四二四～四二五ページ）

と述べていられる。

すなわち、「作者の人間理解の体系を把握することは、徒然草理解の根本規定をなすものである」（四四一ページ）と同時に、徒然草の教育的意義も、これによってあきらかになるとされているのである。

さらに、西尾先生は、「徒然草に於て、矛盾問題と並んで考察を要求しているのは、それが日本的であるかどうかという問題である。」（四二五ページ）とし、「国語教育が国民精神の涵養であり、国民性の啓発である立場からいっても、徒然草に於けるこの日本的なるものの意義と姿とを明かにし、宣長の所謂古道の歴史的発展を跡づけることは重要な問題でなくてはならぬ。」（四三一～四三二ページ）

と述べていられる。

徒然草の国語教材としての性格・価値・困難点については、

「今、国語教材としての徒然草を考えるに、本書は、既に叙べ来った如く、その作者が人間生活に対して関心が広く且深い点に於て、またその性質が人間生活に於ける体験を経、主題を通した文字でありながら、究竟に於ては

そこを脱した客観性を志向するものである点に於て、古典中に於ても、真に人間性に触れ、人間性の向上発展を示唆すべき最も有力なものの一つであることは明かである。

然るに従来本書が或は趣味論として批判せられ、或はその思想的矛盾が指摘せられている如き、また多くの青少年が、理由を時代的距離と社会的変易に托して全心を披瀝してこれに接しようとしない如き、何れもこの書が現代に対し、現代の青少年に対して直ちにその意義と価値とを示すものではないことの証でなければならぬ。換言すれば、徒然草の現代的意義と青少年に対する教育的価値とは更に考察を経なければならぬものがある。」（四三二ページ）

と述べられ、つづいて、徒然草作者の人間理解の体系における三段階にわたって、それぞれの段階における人間観と教育との関連をとりあげてある。ついで、具体例に即して、自然人事の観照態度に関する面と現実生活に即する問題（たとえば経済思想など）の面とにわけて、教授上の留意点をあげていられる。

前者については、

「教育は、この観賞作用（引用者注、一三七段「花はさかりに」にみられるような）の価値的段階を心理的発生的段階として発展させてゆく所に存立する。即ち兼好のいわゆる『都の人』の観賞の態度が価値的に高いからといって、直ちに青少年にそれを学ばせるのではなくて、それを彼等の意識の上に正しく定位してやることが、そして彼等の立場との距離を示してやることが、真の教育者の任務でなければならぬ。随って教授者は単にこの段をよく読みよく教えるだけでなく、兼好の人間理解の体系を把握し、更にいかにしてこれを青少年の心理発展と正しく関係づけてやるべきかを了解していなくてはならぬ。」（四三七ページ）

と述べられ、後者については、

「徒然草のうちには、人間生活に於ける最低限度の必要が明確に肯認せられていると共に、更に或は無一物境への憧憬が示現せられ、或はそれの否定として徹底から生ずる大用の感歎が叙べられているが、教材として採択せられているものは多くは後の二者に属するものであって、そのうち第一八段（許由孫晨の話）は前者の、第二一五段（時頼の話）は後者の代表的な例である。しかし現代社会が経済的条件重視の思潮にあり、世の青少年が財の追求にのみ急な風尚の中に育てられている以上、かかる思想の傍観的理解には達し得ても、兼好の憧憬に共感し、彼の感歎に共鳴するまでには容易に至り難く、まして真の批判は成立し難いに違いない。これに備えるためには、何よりも先ず、最低限度の必要を肯認する、兼好の地盤的経済観が理解せられ、更に彼の無一物境への憧憬の、更にまたそれの否定的徹底から来る大用の、社会的意義が識得せられなくてはならぬであろう。かくて現代意識との関連が明確にせられ、青少年の意識に於ける定位が可能になることによって、始めてこれらの段の教育的意義が発揮せられるであろう。」（四四〇〜四四一ページ）

と述べていられる。

徒然草研究の立場を明確にし、その研究をふまえて、徒然草の教育上の問題を扱ったものとして、この論考の、徒然草教育史上にしめる位置は大きい。

西尾先生のばあい、先生のいわれる「立場の発展」の問題は、その後の徒然草研究と徒然草教育においても、みごとに実現されている。

6　岩波「国語」への徒然草採録と学習状況

岩波の「国語」（全一〇巻、昭和9年8月5日刊、昭和12年7月14日改訂）では、巻五・七・九において、徒然草から採録されている。

巻五においては、

二　道を知れる者　　吉田兼好

として、一〇九・五一・一八五・一八六の四段が採られている。

「国語　学習指導の研究　巻五」（教授資料）（昭和11年4月5日、岩波書店刊）によると、採択の趣旨については、「前課が『道』であり、道の意義と成立とを説いた文であったのを承けて、それを体現した達人の境地を具体的に示すべき篇を、徒然草中から選んでこゝに置いた。この篇が、道といわれる境地の活作用を具現したものである点に於て、前篇の一般論と相俟って、道の真面目を明らかにし、新に我が国民性の一特質を自覚させることが出来るであろう。この点に於て、芸術的・宗教的な文化教材として人間的教養に資すると共に、国民性陶冶に資すべき国民的教材である。」（三二ページ）と述べてある。

「学習指導の研究」においては、

一　解　　題

一　本　　文

二　作　　者

三　採択の趣旨

二　教材としての研究

一　註　　解

二　解　　釈

1　主　　題　　一道に達した達人のやんごとなさ。

2　構　　想

第一段　木のぼりの名人のいったことと、それに対する作者の感想。
第二段　宇治の里人が水車を見事に作った話と、それに対する作者の感想。
第三段　馬乗の達人城陸奥守泰盛の逸話と、それに対する作者の感想。
第四段　馬乗の達人吉田某のいったこと。

3　叙　述

三　批　評

三　備　考

一　指導の問題

二　参考資料

のような構成をとっている。

このうち、「指導の問題」においては、

「文を読んでそこに書かれている事件なり思想なりを抽象し、それのみを以て文の内容であり意味であると考えがちな生徒に、かくの如きすぐれた表現力を有った作者の文を、そのすぐれたまゝに味わわせ、理解させることは、なか〳〵困難な指導である。

併し困難といっても、そこに特別な手段がある筈はない。やはり読みをしっかりやらせてから解釈の指導に着手して後にも、すべてを読みそのものの発展たらしめることを忘れないことが肝要であろう。

生徒の一人一人が言葉一つ一つを生かして読めるようになり、そこから解釈の鍵を握るように導けば、学習指導は既に成功したものといってよいであろう。ところが、生徒の常として、徒然草などのように註釈書の多い教材になると、手取早くそれを利用したがる。が、その結果は利用になっていない。安易に巧妙な言いかえ方を覚えるに過ぎない。併し、本真に自己の読みから来た解釈であるか、註釈書類から仕入れた解釈であるかは、少し注意すれば聞きわけることが出来る。それを正しく聞きわけて、生徒各自に、自己の解釈を成立させ、その上で註釈書を参考にし、活用させることの必要を認識させ、その方法を理解させることが肝要である。それが為には、教授者自身が読みに達し、解釈に徹していることが何よりも必要な根柢であることはいうまでもない。教授者のその課に対する準備が、生徒の読みに即して生徒の学習程度を聞きわけ、生徒の解釈に即して、彼等の学習態度を聞きわける耳になるであろうことはいうまでもない。」（四五〜四六ページ）

と述べてある。

この中で、教授者自身が読みに達し、解釈に徹していることがなによりも必要な根底であると述べて、指導上の根本問題に言及してあるのは、注目に値いする。

なお、この「道を知れる者」の取り扱いについては、龍田千秋氏が、「『道を知れる者』に於ける『道』の解釈態度」について、氏の考究を報告していられる（「国語」特報12、昭和12年3月18日、岩波書店刊）。

ついで、「国語」巻七においては、

一四　法師の話　　吉田兼好

として、五二・五三・八九・二三六・一〇六・四五・八六の七段が採録されている。ここでは、「前課が平安朝文学に於ける随筆の代表作品であったのを承け、本課には、鎌倉室町時代文学に於ける随筆の代表作品である徒然草を掲げた。文芸的教材である。」（「学習指導の研究」二一九ページ）と、採録の趣旨が説明されている。

この課の学習指導の研究としては、この課の主題を、「をかしみのさま〴〵。」とし、構想（各段の主題）を、

(1)　石清水の末社だけ拝んで来て、参詣を果したと思ってすましていた仁和寺の法師。

(2)　足鼎をかぶって舞った果に抜けなくなって、大失態を演じた仁和寺の法師。

(3)　夜ふけに、飼犬にとびつかれて猫またと思い、小川へ転び落ちた連歌法師。
(4)　丹波の出雲神社を拝みに行って、子供のいたずらと知らずに随喜の涙をこぼした聖海上人。
(5)　京へ上る途中、馬に乗った女に行きあい、自分の馬を堀へ落されて、口とりの男を仏語づくめできめつけ、ひどい放言をしたと思って逃出した証空上人。
(6)　あだ名をいわれてそれをやめさせようとすればする程悪いあだ名をつけられた良覚僧正。
(7)　三井寺が焼けた時、寺法師の一人に逢って、秀句を吐いた惟継中納言。

と述べている。また、「指導上の問題」については、

(一)　古文の学習には熟読が肝要であることを強調し、
(二)　解釈において、おかしみと教訓との交錯・融合をいかに理解させるかについて指導の要点を述べ、
(三)　各段に含まれるおかしみと道徳意識との外に、かく彙類列挙して見て見出されるものは、作者の個性としては人間性把握の的確さであり、時代性としては感傷否定の批判的精神の確立である。そこにかくの如き随筆らしい随筆の成立を可能ならしめた所以が存することをも見逃してはならないであろうと注意してある。（「学習指導の研究」巻七、二三九〜二四〇ページ）

つぎに、「国語」巻九においては、

二一　只今の一念　　吉田兼好

として、二五・一六六・一八九・七四・五九・一五七・九二・一〇八の八段が採録されている。

この課の採録の趣旨としては、

「中世随筆の一代表作品として、又、中世に於ける国民性の一発展を具現している作品例として掲げた。随筆形態の文学として典型的であると共に、又宗教的・道徳的なるものの文芸的具体化の有力な例である。文芸的教材で

あり、文化的教材であり、又国民的教材でもある。」（「学習指導の研究」巻九、四五五ページ）
と述べてある。
この課の解釈のうち、主題については、
無常観と、それの発展としての、常住なるものを求める、心の工夫。
と述べ、構想（各段の主題）については、
(1) 無常観
イ 法成寺の廃墟に立って感じられる世のはかなさ。
ロ 春の日に雪仏をつくって堂塔をたてるような人間のいとなみのはかなさ。
ハ 日々に過ぎゆくさまを見るに、不定と心得るだけが真である。
(2) 無常ならざるものへ。
イ 無常の理を知らない人間の奔走の愚かさ。
ロ 無常の理に目ざめて無常ならざるものを求めよ。
(3) 無常ならざるものを求める工夫。
イ 心のために形を、理のために事を、内証のために外相を重んぜよ。
ロ 只今の一念に於て直ちにすることの困難さ。
ハ 只今の一念の空しく過ぎることを惜しめ。
と述べてある。
また、「指導上の問題」においては、
「徒然草から採録した課としては、巻五の二『道を知れる者』、巻七の一四『法師の話』の後を承け、何れも徒然草の有つ代表的な性質を彙類したものであるが、わけても本課採録の段を以て代表せられる道念を中心とした段は全巻の核心を成すものである。徒然草につき、又その作者についても、その要点が概説せられなくてはならぬことと思われる。しかしこれとても、各段の註釈も解釈も終った上の指導にすることが間違のない方法と考えられる。

註釈の要は比較的多くないかもしれない。しかし解釈に於ける叙述問題として取上げられなくてはならない語句は少くない。随って、註解としての語句問題と、解釈としての語句問題とが明瞭に区別出来ない状態に在る生徒の前には、この両者が混雑したまゝで理解の困難として横たわるであろう。それを註解は読みの補助として整理し、解釈問題としての語句は読みから発展し来る理解として扱ってゆくことによって、真の学習が指導せられるであろう。各段の構想が見え、主題が言表出来るようになるまでには、予習して来ている註解審査や語句解釈の吟味を十分にすることが肝要であろう。

尚、徒然草の如き、精粗・繁簡さまざまな註釈書の手に入りやすい書の指導に於ては、生徒がそういうものを一時的に暗記していて行う答解と、自己の学習によって把握し理解している上の答解とを区別して聞きわける用意がないと、真の学習を指導することが出来ない。これは甚だ困難そうなことのように考えられるけれども、指導者に少しく用意さえあればさまで困難なく判別し得られる問題である。それが出来れば、一般的に真の学習を知らしめ、真の学習に興味をもたせることも出来るであろう。」（四六〇～四六一ページ）

と述べてある。

「国語」（改訂版）の教材体系は、つぎのようになっている。

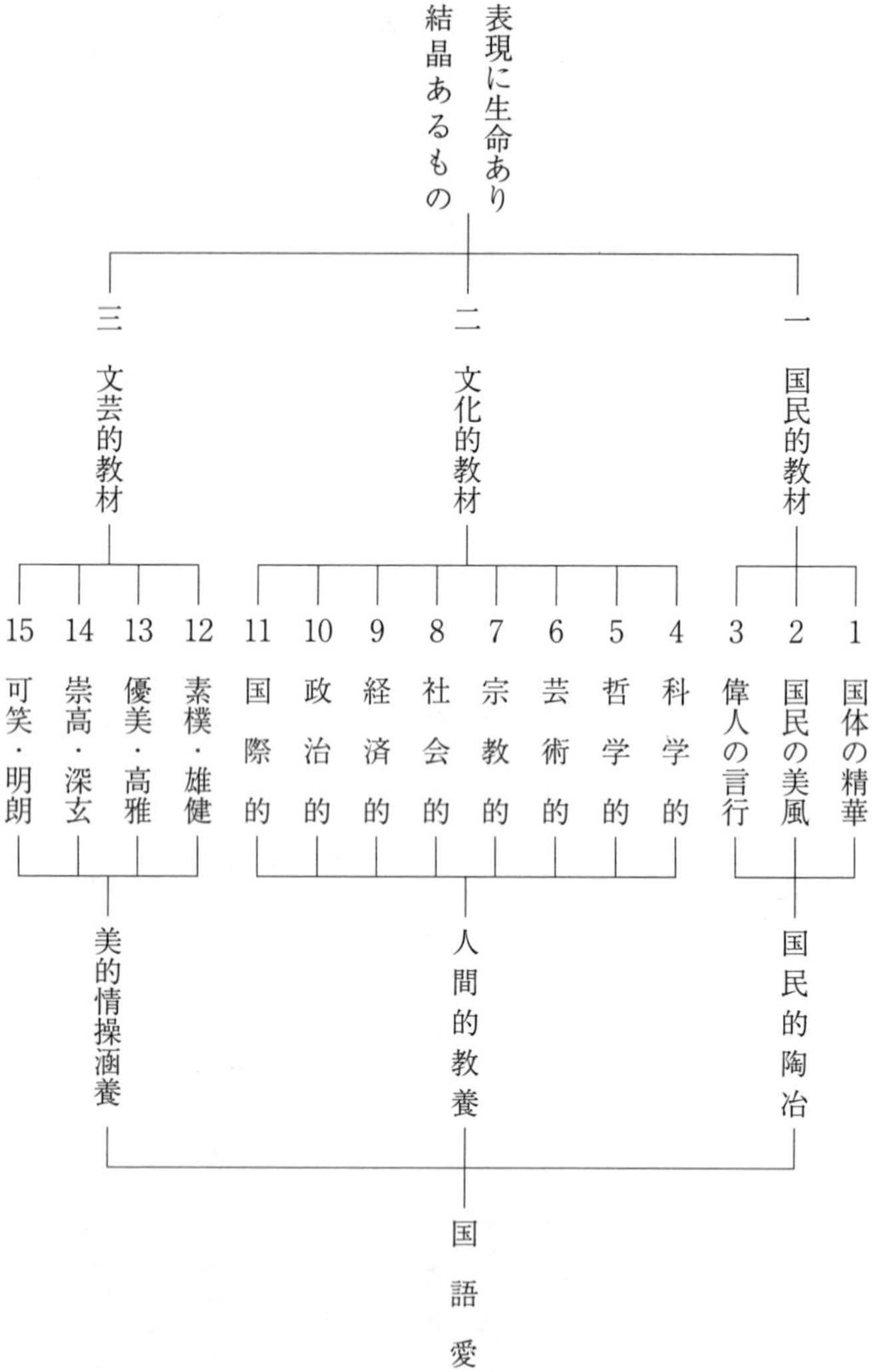

これによってみれば、「国語」における徒然草教材は、国民的教材・文芸的教材・文化的教材として、学年に応じてその内容・組織を考慮して採録されていることがわかる。徒然草の多面的な性格をよくとらえ、それをそれぞ

れの課の主題に応じて生かすように配慮されている。

「指導の問題」としては、徒然草学習を真に学習たらしめるための指導者の心構えとその基本的方法とが強調されていた。

岩波「国語」（改訂版）巻五の徒然草教材について、学習者がどのような興味を示したかは、松山賢輔氏によって、つぎのように報告されている。

これは、川崎市立工業学校第三学年（九三名）に、どの課を興味をもって学習し、どの課をつまらなく感じたかを知るために、調査用紙に巻五各課の名を順に記載し、その下に各生徒につぎのような標準にて点をつけさせたものである。

非常に興味を感じた課……………五点
興味を感じた課……………………四点
普通に感じた課……………………三点
つまらなく感じた課………………二点
非常につまらなく感じた課………一点

得点順位	課名	得点	内訳 五点	内訳 四点	内訳 三点	内訳 二点	内訳 一点
1	一一　非凡なる凡人……………国木田　独　歩	三七〇点	三九名	二三名	二三名	六名	二名

2	一八	兄弟	山本有三	三六二	三四	三一	一六	八	四
3	一九	仁王	夏目漱石	三四五	二八	二五	二八	九	三
4	一三	乃木大将の殉死	徳富蘇峰	三四三	二三	二三	四三	三	一
5	一七	水郷	北原白秋	三三一	三〇	一九	二四	一三	七
6	一〇	線香花火	吉村冬彦	三一二	一二	二六	三九	一五	一
7	五	村上義光	(太平記)	三〇九	九	二五	四八	九	二
8	六	正行の参内	(太平記)	三〇四	八	二三	四八	一四	〇
9	一五	小枝の笛	(平家物語)	三〇〇	八	二四	四四	一五	二
10	四	吉野の奥	吉田絃二郎	二九九	一〇	一九	四七	一五	二
11	三	極東に於ける第一日	小泉八雲	二九七	七	三〇	三四	一八	四
12	二三	日本の魔法鏡		二九二	九	一八	四四	二一	一
13	七	熊王の発心	(吉野拾遺)	二八五	八	一五	四七	二一	二
14	一六	扇の的	(平家物語)	二八五	二	一九	五八	一一	三
15	二一	隅田川の水	島崎藤村	二六七	六	一九	三六	二一	一一
16	一四	故郷の花	(平家物語)	二六六	四	一〇	五一	二五	三

17	二二　うひ山ふみ……	本居宣長	二五八	八	一一	四一	一八	一五
18	八　国上山……	良寛・曙覧・元義	二五六	四	一五	四〇	二二	一二
19	一　道……	芳賀矢一	二五三	五	六	四四	三四	四
20	二　道を知れる者……	吉田兼好	二五一	四	八	四三	三二	六
21	九　墨汁一滴……	正岡子規	二三七	三	一一	三六	二七	一六
22	二〇　翼……	吉江喬松	二一八	二	八	三一	三一	二一
23	一二　斑鳩宮……	三木露風	二〇三	一	三	二六	四〇	二三

これによってみると、徒然草は――（傍線部）のようになっている。（「国語」29号、昭和15年7月15日、岩波書店刊、一二一～一二三ページ）

また、蒲池文雄氏も、岩波「国語」巻五について、つぎのような学習者の反響調査をしていられる。

調査はつぎの二項にわたって行われている。

「（一）生徒は如何なる課に関心を持ったか。これを調査する方法として、全課（但目下使用中の他の教科書と重複するもの三課を除く）に亘って、特に興味深く読んだ課、又は特に教えられることの多かった課は三点、それにつぐ課は二点、余り関心を持ち得なかった課は一点として、各自に採点せしめて、その総計を出した。人員はA組B組各五十名、計百名。尚学習の時期の遠近による不公平を避ける為、巻五終了後採点迄一ヶ月の期間を置いた。

（二）生徒は巻五に対しどんな感想を懐いているか。これは『国語巻五を終えて』の題で、A組の五十人に作文を書かせた。時間は三十分。」

その結果は、つぎの表に示されている。

	課	作者	総点	内訳 三点	内訳 二点	内訳 一点
一〇	線香花火	吉村冬彦	二七七	八二人	一三人	五人
一三	乃木大将の殉死	徳富蘇峰	二六八	六八	三二	〇
二二	うひ山ふみ	本居宣長	二六三	七三	一七	一〇
二三	日本の魔法鏡		二六二	六五	三二	三
一一	非凡なる凡人	国木田独歩	二五八	六四	三〇	六
二一	隅田川の水	島崎藤村	二五四	六〇	三四	六
一	道	芳賀矢一	二五三	六四	二五	一一
一九	仁王	夏目漱石	二三一	四一	四九	一〇
一八	兄弟	山本有三	二二七	四三	四一	一六

二	道を知れる者	吉田兼好	二三二	三六	五〇	一四
三	極東に於ける第一日	小泉八雲	二三一	三九	四三	一八
六	正行の参内	（太平記）	二一一	三二	四七	二一
四	吉野の奥	吉田絃二郎	一九九	二三	五三	二四
九	墨汁一滴	正岡子規	一九六	二二	五二	二六
一四	故郷の花	（平家物語）	一九三	二〇	五三	二七
一六	扇の的	（平家物語）	一八五	一三	五九	二八
二〇	翼	吉江喬松	一七三	一七	三九	四四
八	国上山	良寛・曙覧・元義	一六四	五	五四	四一
一七	水郷	北原白秋	一五〇	一〇	三〇	六〇
一二	斑鳩宮	三木露風	一三七	七	二三	七〇

これによってみると、徒然草への興味は――（傍線部）のようになっている。

なお、蒲池文雄氏は、生徒の感想文の一例として、つぎのような感想を引用されている。

「『国語』巻五を終えて感じたのは、唯色々の文章を持って来て並べたのではなく、その文の内容の聯関している文章の多いことである。例えば第一課の『道』と第二課の『道を知れる者』第一〇課の『線香花火』と第二三課の『日本の魔法鏡』等である。

始めは何の気なしに読んでいたが、先生から注意されて読み返して見て成程と思った。この本の始に道の事を説き、中程に科学の事を掲げ、最後に道と科学との関聯を説き、両者は別々のものではない。結局は一に帰すべきものであることを述べてこの本をしめくくってある。この点が如何にもよいと思った。

我国では昔から道の観念は発達していたが、科学は余り発達していなかった。併しそれが近時科学が発達するにつれて道とは離れたものになりつつある。併し道と科学とは二三課の説く如く決して離れ離れになってはならない。そこには離すことの出来ない密接な関聯があるのである。我々はこの『国語』巻五を終えたからには、道と科学を別々にしないで、世界に誇るに足る真の日本的な科学道を建設したいものである。（H生）（「国語」30号、昭和16年6月30日、岩波書店刊、八〜九ページ）

また、大正八年の広島県尾道高等女学校の校友会誌「真たま」（第6号）を見ると、「講義の咀嚼」として、「教師の講義を如何に咀嚼し如何に纏め得しかを見る為に生徒より」作文を提出させ、

○読平家物語問答（一）四乙　今井小園

○徒然草を読む　　　　四乙　越智コウ

を載せている。

「徒然草を読む」は、はじめに、作者兼好のことについて述べた後、つぎのように述べている。

「兼好の心を提示したる徒然草は兼好の随筆である。自分の心のすさびを書きつけて朝夕の嗜みとしておったのである。

つれ〳〵草をひもといて、

『あだし野の露消ゆる時なく鳥部山の烟立ち去らでのみすみはつるならひならば、いかに物のあわれ《ママ》もなからん

世は定めなきこそいみじけれ。今あるものを見るに、人ばかり久しきはなし。かげろうの夕を待ち夏の蟬の春秋を知らぬもあるぞかし、つれ〳〵と一年をくらすほどだにも、こよなうのどけしや』

『飽かず惜しと思はゞ千歳をすぐとも一夜の夢の心地こそせめ。すみはてぬ世に、みにくき姿を持ちえて何かはせむ。命長ければ恥多し、長くとも四十に足らぬほどにて死なんこそめやすかるべけれ』

『そのほど過ぎぬればかたちを恥づる心もなく、人にいで交はらんことを思ひ夕の日に子孫を愛して栄えゆくすえを見むまでの命をあらまし、ひたすら世をむさぼる心のみ深くもの丶あはれも知らずなりゆくなむあさましき』

人生の本義を没却するやうな愚を笑ひ、誰しも望む長寿を四十才以下の残り惜しい年頃に死ぬのが幸福であると喝破してゐるが兼好の厭世的思想は文章の上にあり〳〵と見えてゐる。

前に当時の人又後の者が兼好の思想は矛盾してゐるといったがなるほど彼は多くの考へを持って諸物体を観察したのであろう。彼の頭端には楽天的思想もふくまってゐた。

『心なしと見ゆるものもよき一言はいふものなり。あるあらえびすのおそろしげなるがかたへにあひて『御子はおはすや』と問ひしに『一人も持ち侍らず』と答へしかば『さてはもの丶哀れは知り給はじ、情けなき御心にぞものし給ふらむといとおそろし。子故にこそ万づのあはれは思ひ知らるれ』といひたりし。さもありぬべきことなり。恩愛の道ならではか丶る者の心に慈悲ありなむや。孝養の心なきものも子持ちてこそ、親の志は思ひ知らるれ』

楽天と厭世、彼の感惜《ママ》と意志との矛盾してゐるのは鎌倉の末に生れながら遠く平安期の古にあこがれてゐるからである。

彼はどんなに平安朝に憧憬していたか。

『ひとり灯火のもとに文をひろげて、見ぬ世の人を友とするこそ、こよなう慰むものなれ、書は文選のあはれなるまき〳〵白氏文集老子のことは、南華の篇、この国の博士どもの書けるものもいにしへのはあはれなること多かり』

又『貫之が『糸によるものならなくに』と云へるは古今集の中の歌屨とかやいひ伝へたれど今の世の人のよみぬべきことがらとも見えず。その世の歌にはすがたことばこの類ひのみ多し。此の歌に限りてかくいひ立てられたるも知り難し。源氏物語には『ものとはなしに』とぞ書ける。新古今には『残る松さへ峰に淋しき』といへる歌をぞいふなるは、まことにすこしくたけたる姿にもや見ゆらん。さればこの歌も衆議判の時よろしきよしさたありて、後にもことさらに感じ仰せ下されけるよし、家長が日記には書けり』と。

兼好はこの世を捨てゝ未だ深山にこもらず都会の塵にまみれるのを喜んだ人である。

兼好が婦人観は、どの様であろうか。

『女は髪のめでたからむこそ、人のめたつべかんめれ。人のほど心ばえ等はものいひたるけはひにこそものこしにも知らるれ。事にふれてうちあるさまにも人の心をまどはし、総べて女のうちとけたる、いも寝ず身を惜しと思ひたらず堪ふべくもあらぬわざにもよく堪へ忍ぶはたゞ色を思ふが故なり』

『女の性はみなひがめり、人我の相深く貪慾甚しくもの、理を知らず、唯迷の方に心もはやうつり、言葉も巧みに苦しからぬことをも問ふ時はいはず用意あるかと見ればまた浅ましきことまで問はずがたりにいひ出す。深くたばかりかざれる言葉男の智慧にもまさりたるかと思へばそのこと、後よりあらはるゝをも知らず、すなほならずしてつたなきものは女なり。その心に従ひてよく思はむことは心うかるべし』

我々は彼ののべたる文章を見てなるほどと合点いたすほどに彼の婦人観は徹底してゐる。

あゝ法師は厭世を説けども極端なる厭世家ではない。世を捨てゝから後も人と交ったけれども一般人と浮沈することは出来ない。感情を本とした常識の人である。徒然草にあらはるゝ美しき事々、彼の趣味を語ったものである。その名、その文章、実は彼の趣味を暴露したものである。」（「真たま」第6号、大正7年8月16日、尾道高女校友会刊、五五〜五七ページ）

このレポートの結びの部分のような考えかたは、内海弘蔵氏の「兼好が趣味論としての徒然草」（明治44年、「国学院雑誌」17の12、「徒然草評釈」（明治44年9月10日、明治書院刊）所収）などの考えかたをふまえて教授されたものにもとづいているのであろうか。

また、釘本久春氏は、昭和一一年一二月、「面白くない『徒然草』」を「国語（特報）9」に発表している。釘本氏は、徒然草が、中学四・五年時代にはおもしろくなかったのに、高校（旧制）の生徒になってからは、おもしろい書物になったことを回想反省し、徒然草教授の困難点を指摘し、ついで、

「かくして期待すべきは、少年としての『徒然草』の理解である。それは理解というべくあまりに素朴であり、たゞ関心というべきが至当である程度かも知れない。『徒然草』それ自身に即して考えれば、たゞそれへの接近であるかも知れない。更に、勿論それは、『徒然草』の『面白いこと』の発見には至っていないかも知れない。が、『徒然草』への尊敬を少年達のうちに喚起することができるならば、換言すれば、『徒然草』の作者から深く知る人と魂の清澄との合一の尊貴を感受せしめることに成功するならば、すくなくとも『徒然草』は『面白からざる書物』である筈はないのである。そして『徒然草』の全体的理解を、あの作者の多彩多岐な個性全き理解を、求める必要はないであろう。勿論それは、少年達にとって不可能なことである。また、『徒然草』的思惟の世界を、そのまゝに少年達に強いる必要は、毛頭ないであろう。それは勿論、不可能のみならず有害でゞもありがちである。」（「国語（特報）9」昭和11年12月10日、岩波書店刊、二七〜二八ページ）

と述べている。

これは、徒然草の指導上の困難点とその指導上の根本の問題を示したものといえよう。

7　徒然草学習指導の各段ごとの実践報告

徒然草各段ごとの学習指導の実践報告には、どのようなものがあろうか。

石井庄司氏は、第一九段「をりふしのうつりかはるこそ」の一段の扱いについて報告していられる。

石井氏は、この一九段を二時間かけて扱い、仕上読みを生徒にさせたが、それに満足することができず、この段から、「文のとめ」を摘出させる仕事をさせて、

文のとめ

一、発端　　こそ……なれ。

二、春　　　こそ……めれ。

…

このような板書をし、

「まず始めに、係結の数を計算させてみた。『こそ』が十二、『ぞ』が七、合わせて十九もあるという事実に注意させせた。残りは形容詞と助動詞の終止形が大部分を占めていること、これらの分布が、春夏秋冬の各節に如何になっているかを注意させた。そして、もう一度教科書に就いて、本文を通読させてみた。此の度の読みは、前回と余程の相違があり、ほぼ此の文の調子を読みとることが出来たようであったので、やっと胸を撫で下ろして、此の一段を終えた。」(「文学」3の11、昭和10年11月号所掲、「国文学と国語教育」、昭和11年9月17日、文学社刊、二八〇ページ)

と述べていられる。

学習実態に即し、教材の係結面に着目して扱いを深められた一事例である。（この実践報告は、続教育大学講座7国語科教育〈昭和30年7月30日、金子書房刊〉の、氏の論考の中にも収録されている。）

また、昭和一五年六月二二日、東京府立実科工業学校本科四年に、浅野信氏が、研究授業をされている。教材は、金子元臣編「新編中等国語読本」巻七、四「自然のあはれ」（徒然草抄）五段のうち、最初の二段（「月と露」〈よろずの事は月見るにこそ慰むものなれ。〉、「花と月」〈花はさかりに月は隈なきをのみ見るものかは。……月の夜は閨の内ながらも思へるこそ、いとたのもしうをかしけれ。〉）であった。

この時の授業の記録とそれを中心にした研究の記録が、「国語教育誌」（三の七、昭和15年7月10日、岩波書店刊、六～二七ページ）に収められている。研究会の出席者は、西尾実、石井庄司、浅野信、沢登哲一、岡山昇三郎、稲葉和三郎、奥田勝利、山本善太郎、白石大二、鈴木睿順、大久保正太郎、藍俊治、杉野祐毅、土佐孝三、中田信、飯島克己、中谷康郎、小沢政人、藤原まさ子の諸氏であった。

この研究会では、石井庄司氏の司会で、それぞれ意見がかっぱつに述べられているが、とくに古典学習における鑑賞主義と注釈主義の問題がとりあげられている。また、西尾実先生からは、古典の学習指導のありかたに関して、基本的な考えかたが提示されている。

実践事例の研究記録として、これは特異の例といってよく、当時の実業学校における国語科古典学習の実践の一端が如実に示されている。

また、木村万寿夫氏は、「徒然草『花はさかりに』の一取扱」として、「国語教育」（6の4、昭和15年5月1日、文学社刊、五三～五六ページ）に報告していられる。

木村氏は、「中等学校に於て古典を取扱う場合、それが単に訓詁註釈のみにとどまらず、その古典の持つ現代的意義に触れさせるということは極めて大切なこと、思われる。」（同上、五三ページ）、「古典は古文が多いから、訓訓詁注釈の必要なることはいう迄もない。然しそれのみに止まるならば、それは古文としての取扱であって、決して古典としての取扱ではない。我々は古典教材を取扱う場合何を生徒につかませるか、如何なる精神に触れさせるか、という最後の目標を常に持っていなければならないと思う。」（同上、五四ページ）と述べ、徒然草「花はさかりに」の段の教育的意義を考察し、「無に徹する心持、完成せられないものに美を見出す気持、ものそのものを見ず全体的に感ずる感じ方、ものを静かに客観的に見る見方などは、若い生徒にはなか〳〵わかりにくいと思う。それは一歩誤れば退嬰的な考え方のように誤解され又明朗快活な日本精神に反するようにも考えられやすい。故に最後の時間に相当補説して、納得するよう教授することが必要である。」（五五ページ）と述べて、商業学校五年生に対する解説を掲げていられる。

それは、つぎのようなものであった。

「こゝに述べられているような考え方は単に兼好法師一人の考え方ではなくて、兼好が住んだ時代の人々の考え方を代表して居り、又その後今日に至るまでのあらゆる日本人の考え方を代表している。今後も永久にこの考え方は続いて行くものと思われるから、この考え方は日本人すべてを代表する考え方であると言える。兼好が日本人であったから、このようなことが言えたのであって、若し西洋人であったら、決してこんなことは言えなかったに相違ない。随ってこのような物の見方、考え方は日本独得のものであるとも言えるのである。

この考え方を絵画の方面に向けると、それは墨絵の精神となる。何等色彩を施さない淡彩一抹の墨絵は、全体的な気分を貴ぶ。西洋画のように実物やそのものに似せようと細かく色彩を施すようなことがない。全体的な自己の気分を一管の筆に托して、そこに神韻縹渺なる趣を出そうとする。

音楽の方で言えば、余韻を貴ぶ尺八や琴、三味線などとなってあらわれる。西洋の音楽、例えばジャズなどのように音の変化そのものを楽しむのと余程趣を異にしている。

それは又能楽となってあらわれる。これを西洋のオペラを比較するとき、その特色も明らかとなるであろう。即ち前者は腹で謡い腹で舞うが、後者は口で歌い体で踊る。

又料理で言えば、日本料理と西洋料理の差となる。日本料理はその配合や色彩の美を貴び、膳の上にあらわれた全体的な気分を貴ぶ。西洋料理は物そのものの味を貴ぶ。鳥の足がはねて居っても、頭や首が転っていても何等問うところではない。気分を味わうと言えば茶道などは最も代表的なもので、あれは苦い茶を味わうのではなくて茶室全体に漂っている気分を味わうのである。

文学で言えば、俳句の文学となってあらわれる。芭蕉の『古池や』の句は翻訳しても西洋人にはわからない。

このように例を挙げれば限りがない。

大きく言えば日本文化の底流となっている精神と言えるであろう。無の中に有を観じようとする態度は、日本の物質文化の上にも、又精神文化の上にも著しい特色となってあらわれている。

次に、「よそながら見る」見方、客観的に第三者の立場から静かにながめるながめ方も、如何にも日本的である。西洋人は概して感情を露骨にあらわそうとするから、そう言うおおらかな静かなながめ方は出来ない。悲しいときや、苦しい時は声をあげて泣き、嬉しいときはとび上って喜ぶ。然し日本人は喜怒哀楽の情を極端にあらわすことは下品なことゝしている。感情をぐっと圧えて、そこに生ずる心のゆとりを貴ぶ。随って物に動かされることなく、余裕ある態度で静かに物をながめることが出来るのである。

西洋文化の輸入と共に、又世の中が次第に忙しくなるにつれて、無の中に有を観じようとする態度は段々忘れられようとしている。然し我々が本当に日本人的自覚の上に立つとき、この精神は浮彫のように鮮かにあらわれて来るであろう。」（同上、五五～五六ページ）

8　徒然草教材化の状況

国語教科書に採録されている徒然草教材については、山下邦雄氏が、「徒然草と国語教材」として、昭和一二年四月一日の「国漢」（34号）四月号に、報告している。

それによると、山下邦雄氏は、

「近世以前の文学書で、現在の中等教材にとられて一般的なものは、その数少くないが、其の中、永い歴史を有して最も著名なのは兼好法師の徒然草である。之に次ぐものに増鏡、平家物語、方丈記、太平記、玉かつま等あるが、個々の名篇に秀逸のものがあっても、その量に於て到底徒然草に及ばない。中等教育と徒然草、之は国語教材変遷史の上から見て、極めて密接な関係にある。」（同上、一六ページ）

として、現代（昭和一二年ころを指している）の中等国語教材として適切な段を、

序・1・2・10・12・13・19・21・22・25・30・31・32・38・41・43・49・52・53・59・71・72・73・79・80・81・83・85・89・92・93・98・108・109・122・123・129・130・131・136・137・138・139・150・151・155・157・167・168・170・171・172・175・184・187・188・209・211・215・216・232・233・234・235・236・241

のように挙げている。

ついで、山下氏は、

「現行読本に採られているのを見ると、徒然草の教材化した部分が、次第に固定的になりつゝあるのに気が附く。」として、「学年配当の上から見れば、先ず中学では、第三学年の読本に於て最初にあらわれ、それから四五学年に及ぶのである。此の配当も適当な配当であると思う。」「読本によっては、第三学年と第四学年とだけに充て

て、第五学年にはとっていないのもある。又四五学年の教材に入れて、第三学年には充てていないものもあり、第三学年にだけとどめて、他には及んでいない本もある。」（同上、一七〜一八ページ）

と述べている。

つぎに、山下氏は、現行読本のうち、

吉田弥平編「新国文読本」・保科孝一編「新制昭和国語読本」・芳賀矢一編（上田・長谷川補）「帝国読本」・吉沢義則編「新日本読本」・五十嵐力編「純正国語読本」・金子元臣編「中等国語読本」・東条操編「新制国語読本」・国学院編「標準中学読本」・佐々木信綱・武田祐吉編「最新国文読本」・千田憲編「新編国文読本」・上田・栄田・塩野編「国語読本」・新村・鈴木・沢潟編「中学国文」・佐々政一編「新撰国語読本」について、徒然草教材の学年配当と教材名・編数などを調べられ、つづいて、採録頻数について、

「どの書にも必ず採られて、その量に於て第一位となるものは、『仁和寺の法師』である。此はその儘の題或は『石清水』『足鼎』等の題に分けたりして、凡そ徒然草を国語教材に採る人の、決して逸せざる部分になっている。即ち、此の五二段と五三段の文は、全二四三段の中で、最も適切視された教材である。興味を中心として、滑稽な面白い話であるから、一つの教訓を与えるにもよい教材であると思われる。

次に多いのは一三七段『花はさかりに』の条である。此も殆どの本にも出ている。（中略）

次は一九段『折りふしの移り変るこそ』、二一段『よろづの事は月見るにこそ』の二文も、中々有勢《ママ》であって、多くの本に永く採られた部分である。

又、一〇段『家居のつき〴〵しく』、一一段『神無月の頃』、一三段『ひとり燈の下に』、三一段『雪の面白う降りたりしあした』、四四段『あやしの竹の編戸より』、五九段『大事を思ひ立たん人は』、七九段『何事も入りたゝぬさま』、九二段『ある人弓射ことを習ふに』、一〇八段『寸陰惜しむ人なし』、一〇九段『高名の木のぼり』、一六

七段『一道にたづさはる人』、一七〇段『さしたる事なくて』、二三六段『丹波に出雲といふ所あり』等は、内容上教材としての価値を十分に具えているので、旧くから教科書の中に現われ、永く生命を有しているものであるが、就中『さしたる事なくて』と『丹波に』の二段は、最も多く採用されている。（中略）

尚お、一八四段『相模守時頼の母』、一八八段『ある者子を法師に』、二一六段『最明寺入道』、二三五段『ぬしある家』等も、従来の教材の中に有力な地位を占めている。」（同上、一九ページ、段数は引用者が記入した。）

と述べられている。

また、補習用抄本について、山下氏は、

「正読本には毎巻二三段乃至五六段の分量を以て編纂されたのが普通であるのに対し、抄本にはさすがに三四十乃至五十の文段を抄出してあって、相当の分量を見るのである。その採出の方針を窺うに、徒然草として教材化すべき必要な部分を全部網羅したものと、正読本に採られたものをば除いて、爾余の必要部分を採ったのとの二である。」（同上、一九～二〇ページ）

と述べている。

これらは、山下邦雄氏が、当時用いられていた一三類の中等国語読本を中心に、徒然草教材の学年配当、採録状況、その頻数、位置、機能などについて考察されたもので、徒然草教材面の調査研究として注目すべきものといえよう。

戦前（明治・大正・昭和）の中等学校の国語教科書に採録されている徒然草各段の採録頻数は、つぎのようである。

1　中学校教科書（一八四種類、四〇七冊）における「徒然草」各段の採録頻数

順位	段数	頻数
①	一九段	127
②	一三七	92
③	五二	86
④	五三	77
⑤	九二	76
⑥	一一	68
⑦	一〇九	47
⑧	一八八	46
⑨	一五〇	38
⑩	二五	37
⑪	三一	32
	四四	32
⑬	一七〇	30
⑭	一〇	28
	八五	28
⑯	二一	27
	一八四	27
⑱	八九	26
⑲	序	25
	十二	25
	七三	25
	八八	25
23	二九	22
24	一七五	21
25	一	20
	一六七	20
27	七九	19
28	一三	18
29	三〇	17
	五九	17
	七二	17

2 女学校教科書（一八七種類、三五七冊）における「徒然草」各段の採録頻数

順位	段数	頻数
①	一九段	134
②	五三	92
③	五二	84
④	一〇九	62
⑤	一三七	59
⑥	一一	48
⑦	九二	46
	一八四	46
⑨	一〇	33
⑩	一八八	31
⑪	二五	24
⑫	一七〇	20
⑬	三一	19
	八五	19
⑮	八一	18
⑯	序	17
⑰	二一一	16
⑱	一三九	14
⑲	八九	13
⑳	一二	12
	四四	12
	八八	12
23	二一	10
24	二一五	9
25	一	8
	三〇	8
	一五〇	8
	一六七	8
	二三六	8
	三三三	8

3　師範学校教科書（三〇種類、四三冊）における「徒然草」各段の採録頻数

順位	段数	頻数
①	一九段	17
②	五三	11
③	五二	10
	一〇九	10
⑤	一三七	6
	九二	6
⑦	一一	5
	一八四	5
⑨	二五	4
	一八八	4
	二一五	4

4　副読本（一〇三種類、一一〇冊）における「徒然草」各段の採録頻数

順位	段数	頻数
①	一三七段	82
②	一〇	79
③	一七〇	98
④	二九	77
⑤	一九	76
⑥	九二	75
	一五〇	75
⑧	一六七	74
⑨	五六	72
⑩	一一	71
⑩	七三	71
⑫	一	70
⑬	七九	69
	一〇九	69
	二三四	69
⑯	序	67

	三〇	67
⑱	二一	66
	八五	66
⑳	二五	65
21	四四	63
	三一	63
	七一	63
24	一二	62
	一五	62
	二三五	62
27	一八八	61
28	一四	59
	四一	59
	五二	59
	一二九	59
	一八四	59

9　徒然草教材研究

徒然草に関しての教材研究としては、昭和一四年九月から昭和一五年四月にかけて、国学院大学院友会館において行なわれた、国語研究会の研究記録が報告されている。

それらは、

1　一九段「をりふしのうつりかはるこそ」　松尾捨治郎氏ほか一二名。浅野信氏担当。　昭和14・9・23　国学院大学院友会館

2　一三七段「花はさかりに」　松尾捨治郎氏ほか九名。三谷栄一氏担当。　昭和14・11・11　国学院大学理事室

3　序・一段「つれづれなるままに」　松尾捨治郎氏ほか一二名。今泉忠義氏担当。　昭和14・11・25

国学院大学院友会館

4　二九段「しづかに思へば」　松尾捨治郎氏ほか一五名。江波熙氏担当。　昭和14・12・9　国学院大学院友会館

5　七三段「世にかたりつたふる事」　松尾捨治郎氏ほか一五名。向山武男氏担当。　昭和15・1・20　国学院大学院友会館

のようにおこなわれている。とりあげてある段も、国語教材としてよく採られているものが主になっている。この教材研究は、担当者がまず通読し、説明を加え、問題点を提起しながら、座談風に進められている。採りあげた段に対する、解釈上の疑問点を中心に、考察が進められている。語法上の考察が中心になっている。全体として、なごやかにうちとけて進められているという印象をうける。

また、徒然草の教材研究としては、それぞれの教授資料（指導書）に、どのように進められているかを見なくてはならない。岩波「国語」の指導書（学習指導の研究）などは、もっとも完備したものの一つといえよう。ここでは、「中学国文教科書参考」（前編）（明治44年4月24日、光風館編輯所編）の中から、一つの例を挙げておきたい。これは吉田弥平編の「中学国文教科書」（修正四版）の教授資料であるが、たとえば、その中の、巻九、「三　自然のあはれ」（月ばかりおもしろきものはあらじ）の項を見ると、「注解」「同字」「類字」「類語」をあげ、つぎに「演習」として、つぎのようなものがあげられている。

一　次の語に正しき仮名を施せ。

萬。面白し。折。愁人。嵆康。魚鳥。遠し。

二　次の文の係結を説明せよ。

(イ)　露こそあはれなれと争ひしこそをかしけれ。

(ロ) 折に触れば何かはあはれならざらん。

(ハ) 風のみこそ人に心はつくめれ。

(ニ) 「沅湘日夜東に流れ去る、……」といへる詩を見しこそあはれなりしか。

三　次の圏点を施したる語を説明せよ。

心のたのしぶ。さまよひありきたるばかり……。人に心はつくめれ。時をもわかずめでたけれ。

四　本文の要旨の約説せよ。

（同上書、巻九、一〇～一一ページ）

西尾実先生は、昭和一四年一一月二五日に、日本評論社から、日本古典読本の一冊として、「徒然草」を刊行された。本書については、西尾先生が、「この書は、古典文芸に興味を持たれる一般読書家と、専門学校で古典講読を学ばれている人々とのために、作品研究の一つの方法を示したいという立場で試みた徒然草研究読本である。」（はしがき、一ページ）と述べていられる。

本書は、本文篇・研究篇から成っていて、研究篇は、解釈の問題、批評の問題、兼好の生涯、参考文献要目の四章から成っている。解釈の問題の条では、表現形態を目標として全段を分類し、各形態の代表的な段として、

（一）論證的感想　第一段・第二段・第七段・第三八段・第五九段

（二）観照的感想　第三段・第四段・第五段・第八段・第一〇段・第一一段・第一二段・第一三段・第一四段

（三）考證的叙事　第三三段・第一一九段・第一八一段

（四）記録的叙事　第四五段・第五一段・第一五二段

（五）描写的叙事　第四三段・第四四段

（六）描出的叙事　第三九段・第一〇六段

などがとりあげられ、それぞれの段の主題・構想・叙述について述べられている。

作品研究の一つの方法として試みられたものであるが、これは徒然草教材研究の基礎作業としても注目すべき仕事である。

なお、西尾実先生は、戦後昭和三〇年六月一〇日、学生社から「作品研究つれづれ草」を刊行された。これは、前掲の書物がもとになっており、あらたに加えられたものもすくなくない。

尻無浜喜八氏は、徒然草第一一段「まはりをきびしくかこひたりしこそ」について、「会誌」第13号（東京府国語漢文科教員会、昭和14年11月28日刊）に発表している。

尻無浜氏は、この段の「まはりをきびしくかこひたりしこそ」について、「まはりをきびしくかこふ」のを、盗みよけのためという従来の説に対して霜雪寒気防護のためかこうという説を提示して、説明を加えられた。

また、雑誌「国語解釈」で扱った中等国語教材の解釈課題の一つに、徒然草第七段の最後の一節がとりあげられている。

これは、「[1]後徳大寺のおとどの寝殿に、鳶ゐさせじとて、縄を張られたりけるを」、「[2]綾の小路の宮のおはします小坂殿の棟に、いつぞや縄を引かれたりしかば、」のうち、1「縄を張られたりけるを」、2「縄をひかれたりしかば」に対する主語を指摘し、それが省略されているばあいは、適当に推定して補い、かつ省略主語の推定について理由を述べるという課題であった。応募解答としては、大連市立実業学校の甲野藤四郎氏と愛媛県立西条中学校の稲田伊之助氏のものが採録されている。」（「中等学校国語教材解釈」、橘純一編、昭和16年2月15日、慶文堂書店刊、七九～八九ページ）

また、三門八郎氏は、「芥川竜之介の徒然草観」（「国語教室」5の2、昭和14年2月1日、文学社刊）という論稿において、竜之介の「侏儒の言葉」の中にある、「私は度々こう言われている。『徒然草などは定めしお好きでしょう。』然し不幸にも『徒然草』などは未嘗《ママ》愛読したことはない。正直な所を白状すれば、『徒然草』の名高いのも私には殆ど、不可解である。中等程度の教科書に便利であることは認めるにもしろ。」という一節をとりあげ、(1)両者（兼好・竜之介）の生活態度の差、(2)徒然草の内容の再検討、(3)徒然草の内容矛盾、(4)徒然草は何故読まれるか、について述べ、芥川の考えを、

「徒然草の文章は、徳川時代の国学者の和文よりは、確かにまさっている。然し『その内容に於ては、今迄買いかぶられすぎているのが不可解である。』と、芥川氏は考えたのであろう。『古い文章に慣れる為に便利な中等程度の読物（文章が平易な為）として便利である事だけは認める。』という」（同上「国語教室」一七ページ）

ように解している。これは、「教材としての徒然草」に関する特殊考察の一つとみることもできよう。

10　徒然草の考究

国語教室で徒然草を扱った上で、徒然草についての考察を深められ、それをまとめて報告されている例もある。市川修誠氏は、「徒然草に於ける無常観について」を「国漢」42号（昭和12年12月1日、冨山房刊）に報告している。

市川氏（当時、豊橋実践女学校教諭）は、

「私はたまたま本校前年度の選択学習の時間の国語教授に此の書を選んだので、久しぶりに精読の機会を得て、幾多の点で、著者兼好に対する私の従前の見解を見直したことであるが、殊に彼の仏教的教養の想像以上に深く健全であったことに驚嘆したのである。」（同上、一二ページ）

として、兼好の無常観が単なる厭世思想に出たものではなく、仏教的教養の深さにささえられていたものであるこ

とを述べている。

また、西川良一氏（当時、滋賀県師範学校教諭）は、「国語教育と道」について、「国漢」62号（昭和14年9月1日、冨山房刊）に発表している。

西川氏は、

「私は一学期間、徒然草の幾章かを生徒と共に研究して、其処に殆ど道の全貌が尽されてあることを知って、始めてその偉大さを発見したような気がした。徒然草に於ける道は凡て作者兼好が自ら行った体験の行であった。絶対否定の還入に於て真に具体的なもの、真理を把捉しようとする作者の心の態度は其の結果として有限なるべきものにすら無限の生命を見出している。人或は徒然草の思想に矛盾あることを指摘して非難するが、それは兼好の口にする教訓を単なる道徳論として知解しようとする結果から来る錯誤であって、真に徒然草を味読したものとは言えない。徒然草を真に正しく解釈する為には、先づ徒然草の中に潜む兼好の所謂道を発見しなければならない。そして此の「道」の発見は決して単なる知解的な解釈作業では出来難いのであって、教授者が真に国語教育を行ずるという態度になって始めて此の道が我に体得せられたのではないかと思う。」（同上、二一～二三ページ）

と述べている。

西川氏はさらに、東洋における諸学の真精神を国語教育の上に生かしていくことの重要性を説き、徒然草に現われた道のありかたに言及している。

11　おわりに

以上、「徒然草」教育（学習指導）の諸事例を中心に、

1　芦田恵之助――朗読法・綴方教授との関連
2　幸田　露伴――鑑賞法（着語法）
3　垣内　松三――解釈法
4　西尾　実――徒然草教育観
5　岩波「国語」の徒然草教材
6　各段ごとの実践報告の事例
7　徒然草教材の研究
8　徒然草教材研究　その一
9　徒然草教材研究　その二

右のように見てきた。すなわち、前半においては、明治・大正・昭和の各時期に活躍された人物中心に、徒然草教育に関連する事例をとりあげ、後半においては、国語教科書への採録の具体事例、実践報告、教材研究、研究報告などの事例を中心にとりあげた。

これらの事例だけから、近代国語教育史における徒然草教育の姿を全面的に帰納し、とらえることはむずかしい。その側面、断面を見るにすぎない。しかし、徒然草を国語教育の場に生かしていくために、どのように徒然草を見つめ、それを教材化し、その研究・実践を通しての報告をどのようにしてきたかは、部分的ではあっても、うかがいとることができよう。

徒然草教育は、徒然草が教材として多角的であったように、その取り扱いにおいても、さまざまな方法がとられたかと思う。そうした面については、学習者の徒然草学習の回想によって、かえって、よくうかがいうる面も多いであろう。

〈付記〉

徒然草教材の調査にあたっては、橋本暢夫・大槻和夫・奥田邦男三君の協力をえた。とりわけ、橋本暢夫君には多大の助力をえた。記して、あつく感謝の意を表する。

徒然草教育史文献年表

○兼好が趣味論としての徒然草	明治44	雑誌「国学院雑誌」17の12	内海月杖稿	
○兼好が趣味論としての徒然草	明治44・9・10	単行本「徒然草評釈」所収	内海弘蔵稿	明治書院
○徒然草講話	大正3・1 大正14・1・1	訂正	沼波瓊音著	東亜堂書房修文館
○徒然草一節（兼好法師）	大正5	単行本　幸田文編「露伴蝸牛庵語彙」（昭和31・12・25）所収	幸田露伴稿	新潮社
○国語の力	大正11・5・8		垣内松三著	不老閣書房
○縮刷新文章講話	明治42・12・25 大正13・5・15	（12版）	五十嵐力著	早稲田大学出版部
○徒然草の思想	昭和2・8・13	単行本「日本文学聯講」（第二巻中世）所収	佐藤幹二稿（講）	中興館
○松風	昭和2・8・1	雑誌「国文教育」5の8	西尾実稿	不老閣書房
○道念を中心として見たる徒然草	昭和2・11・1	雑誌「国文教育」5の11	西尾実稿	不老閣書房
○文の主題とその展開	昭和2・12・1	雑誌「国文教育」5の12	西尾実稿	不老閣書房
○新訂通解徒然草	昭和3・9・28		塚本哲三著	有朋堂
○徒然草研究史	昭和4・6・7	雑誌「国文と国文学」6・7号	重松信弘稿	至文堂
○文学形象の問題	昭和4・11・24	単行本「国語国文の教育」所収	西尾実稿	古今書院
○徒然草に訊く	昭和5・10・1	雑誌「国語と国文学」7の10	斎藤清衛稿	至文堂

○徒然草と枕草子　昭和7・10・15　雑誌「国漢研究」　荒木良雄稿　名古屋国文学会

○兼好に於ける道の存在論的意味　昭和7・11　昭和8・1・1　雑誌「丘」10・9　飛田隆稿　文学社

○徒然草とところどころ　昭和8・4・6　雑誌「コトバ」1の1　新名登稿　不老閣書房

○随筆の特性と研究方法の問題
——徒然草磐斎抄に於ける来意の考察——　昭和9・1・1　雑誌「文学」2の1　西尾実稿　岩波書店

○「生」に於ける運動の契機
——徒然草の研究——　昭和9・1・1　雑誌「コトバ」1の2　飛田隆稿　不老閣書房

○草庵者・草庵生活
——徒然草の研究——　昭和9・6・1　雑誌「コトバ」4の5・6　飛田隆稿　不老閣書房

○自由人兼好　昭和9・8・1　雑誌「国語教室」2の8　伊藤林作稿　文学社

○徒然草に於ける客観的精神　昭和10・1・1　雑誌「国語教室」3の1　飛田隆稿　文学社

○徒然草作者の人間観と教育問題　昭和10・3・10　単行本「日本文学の本質と国語教育」所収　西尾実稿　岩波書店

○徒然草の文章　昭和10・11　雑誌「文学」3の11　石井庄司稿　岩波書店

○国語教育を生かす道　昭和11・1・1　雑誌「国語国文」6の1　石井庄司稿　星野書店

○徒然草第十・十一段の解釈
——文章の円環性と不完結性——　昭和11・5・1　雑誌「文学」4の5　古田拡稿　岩波書店

○徒然草第十九段の取扱い　昭和11・9・17　単行本「国文学と国語教育」所収　石井庄司稿　文学社

○面白くない「徒然草」　昭和11・12・10　雑誌「国語（特報）」9　釘本久春稿　岩波書店

○徒然草を読む態度　昭和12・2・1　雑誌「解釈と鑑賞」2の2　佐藤幹二稿　至文堂

○「愚」か「賢」か
——徒然草第八十五段の解釈と本文問題——　昭和12・2・1　雑誌「解釈と鑑賞」2の2　西尾実稿　至文堂

○「道を知れる者」に於ける「道」の解釈態度	昭和12・3・18	雑誌「国語（特報）」12	龍田千秋稿	岩波書店
○徒然草と国語教材	昭和12・4・1	雑誌「国漢」34	山下邦雄稿	冨山房
○徒然草の論理構造	昭和12・4・1	雑誌「文学」5の4	永積安明稿	岩波書店
○徒然草に於ける無常観について	昭和12・12・1	雑誌「国漢」42	市川修誠稿	冨山房
○徒然草転結語法に就いて	昭和13・8・1	雑誌「国漢」48	安引昭弘稿	冨山房
○徒然草に於ける笑の機構	昭和13・8・1	雑誌「文学」6の8	西尾実稿	岩波書店
○「なり」の一用法	昭和13・10・1	雑誌「国漢」52	此島正年稿	冨山房
○徒然草と現代	昭和13・10・1	雑誌「文学」6の10	西尾実稿	岩波書店
○芥川竜之介の徒然草観	昭和14・2・1	雑誌「国語教室」5の2	三門八郎稿	文学社
○国語教育と道	昭和14・9・1	雑誌「国漢」62	西川良一稿	冨山房
○教材研究太平記と徒然草	昭和14・11・1	雑誌「国語教室」5の11	国語研究会稿	文学社
○日本古典読本	徒然草	昭和14・11・25	西尾実稿	日本評論社
○まはりをきびしくかこひたりしこそ	昭和14・11・28	雑誌「東京府国語漢文科教員会『会誌』」13	尻無浜喜八稿	文学社
○教材研究徒然草　その一	昭和14・12・1	雑誌「国語教室」5の13	国語研究会稿	文学社
○教材研究徒然草　その二	昭和15・1・20	雑誌「国語教室」6の1	国語研究会稿	文学社
○教材研究徒然草　その三	昭和15・3・1	雑誌「国語教室」6の2	国語研究会稿	文学社
○教材研究徒然草　その四	昭和15・4・1	雑誌「国語教室」6の3	国語研究会稿	文学社
○徒然草「花はさかりに」の一取扱	昭和15・5・1	雑誌「国語教室」6の4	木村万寿夫稿	文学社
○随筆の様式——徒然草を主題として——	昭和15・5・1	雑誌「国語教室」6の4	宮崎友夫稿	文学社

○愕然とさせられた鑑賞の相違　——徒然草百五十段の解釈——　昭和15・5・10　雑誌「国語解釈」5の5　橘純一稿　瑞穂書院

○徒然草「自然のあはれ」の取扱　昭和15・7・10　雑誌「国語教育誌」3の7　浅野信指導　岩波書店

○生徒はどの課を好んだか　——「国語」（改訂版）巻五による調査報告——　昭和15・7・15　雑誌「国語（特報）」29　松山賢輔稿　岩波書店

○徒然草第十段の一節（後徳大寺のおとどの寝殿に）　昭和16・2・15　単行本「中等学校国語教材解釈」所収　橘純一編　慶文堂書店

○生徒の声　——「国語」巻五を終えて——　昭和16・6・30　雑誌「国語」30　蒲池文雄稿　岩波書店

○（徒然草）研究史年表　昭和17・12・25　単行本「兼好法師論」所収　白石大二稿　三省堂

○恵雨自伝　昭和25・11・25　芦田恵之助著　開顕社

○中世的なものとしてのさび　昭和26・　単行本「日本文学講座　第五巻」所収　西尾実稿　河出書房

○作品研究つれづれ草　昭和30・6・10　西尾実稿　学生社

○「つれづれ草」第十九段の実践記録　昭和30・7・30　単行本「続教育大学講座7国語科教育」所収　石井庄司稿　金子書房

○徒然草研究文献総覧　昭和32・1・20　雑誌「国文学」2の2　今仁勝編　小松操補　学燈社

○徒然草受容史　昭和32・12　雑誌「解釈と鑑賞」22の12　中村幸彦稿　至文堂

資料6　明治三〇年代の話しことばの教育――與良熊太郎氏のばあい――

一

明治三〇年代の話しことばの教育については、その考察の手がかりを、⑴話しことばの教育の方法について述べたもの、⑵話しことばの教科書、⑶音声学の研究によるもの、などに得ることができる。そのいずれも、当時の話しことばの教育の実践の実情を精密に物語ってはいない。しかし、話しことばの教育についての、考えかた――とくにその構想や方法のあらまし――については、その概略を察知することができる。

ここでは、⑴のうち、與良熊太郎編「小学校に於ける話し方の理論及実際」（明治35年11月23日、光風館刊、六五ページ）をとりあげたい。たとえば、⑵のうち、話しことばのテキストとしては、当時、

1、「新体はなし方とつづり方」　秀英舎編輯所編　明治35・5・15　秀英舎刊
2、「国定準拠話し方教本高等小学男子用」　話語研究会編　明治39・4・22　冨山房刊
3、「高等小学作文及談話（一～四）」　樋口勘治郎編　明治39・3・8　博文館刊

などがみられる。このようなテキストの面からの考案も、おろそかにはできないが、ここでは、当時の話しことばの教育について、一つのまとまりを示している、與良熊太郎氏の研究をとりあげることとする。

二

「小学校に於ける話し方の理論及実際」の著者、與良熊太郎については、一般にあまり知られていない。しかし、出身地の長野県教育界にあっては、つとの令名のあった教育者で、その業績には顕著なものがある。

いま、與良熊太郎氏の経歴・活動状況を年譜風にまとめてみると、つぎのようである。

一八六〇（万延元）　一歳　二月一三日、北佐久郡小諸町與良市郎石衛門の第二子として、小諸市與良町に生まれる。

一八七七（明治一〇）　一八歳　岩村田町にあった長野県師範学校分校に入学する。

一八七八（明治一一）　一九歳　五月、長野県師範学校分校にて、第一期の課程を卒え、暫く小学校に教鞭を執る。

一八七九（明治一二）　二〇歳　再び、長野県師範学校に入る。

一八八〇（明治一三）　二一歳　一一月、長野県師範学校卒業。南佐久郡前山木放小学校訓導。

一八八四（明治一七）　二五歳　南佐久郡臼田小学校訓導。

一八八六（明治一九）　二七歳　四月、学制改革とともに、南佐久郡臼田小学校長となる。当時、長野師範学校長は、熊勢栄氏、新教育を提唱した。與良氏は、ペスタロッチの開発教授を高調し、心理学の研究にも努め、唱歌・体操の新しい教授法をも試みた。

一八八八（明治二一）　二九歳　一月、抜擢されて、長野県尋常師範学校訓導となる。内にあっては、教授法の研究、教生指導の任にあたり、出でては、地方教育の実際を視察して、その指導啓発に努めた。

一八九一（明治二四）　三二歳　初めて教生一二人を引率して、更埴郡の小学校を参観する。

一八九四（明治二七）　三五歳　ヘルバルト五段教授法にもとづく與良氏著「各種学級教授法」（明治27年8月7日、冨山房刊、菊判二三二ページ）について、至るところで、講演した。爾来、氏の名声は、県下にあまねく、当時、教授法を学ぶ者は、みなひとしく氏を宗とした。氏が附属の訓導として唱導せる教授法は、長野県教授法の発祥であり、その源流であったという。

一八九七（明治三〇）　三八歳　三月、北佐久郡視学となる。

一九〇〇（明治三三）　四一歳　四月、小県郡視学となる。

一九〇二（明治三五）　四三歳　九月、「小学校に於ける話し方の理論及実際」をまとめる。一一月二三日、光風館から刊行。

一九〇五（明治三八）　四六歳、七月、抜擢されて、長野県首席視学となる。

一九一〇（明治四三）　五一歳　四月、長野県野沢中学校長となる。

一九一一（明治四四）　五二歳　一〇月、一五から一七までの三日間、宇都宮市における第九回関東連合教育会に派遣せられる。

一九二〇（大正九）　六一歳　五月一三日、野沢中学校講堂において、還暦祝賀会、盛大に行なわれた。

一九二一（大正一〇）　六二歳　七月、野沢中学校長を辞任する。氏は、のち、信濃佐久新聞社に迎えられて、顧問となり、社説を担当し、講演によって、社会教育に尽くした。「修養」「時務一家言」などの著がある。

一九二六（大正一五）　六七歳　一〇月一八日、逝去。

（以上は、信濃教育会編「教育功労者列伝」、昭和10年6月10日刊、によってまとめた。）

與良熊太郎氏の教育上の業績について、「教育功労者列伝」（前記）には、つぎのように述べてある。

「惟ふに、氏が身を教育界に投ずるや、或は小学教育に、或は教育行政に、はたまた中等教育に、一意専心教育の事に従ふこと前後五十年。其の修むる所は孔孟の経典であり、其の楽しむ所は実に孔孟の実践道であつて、此の緯に配するに、烈々たる愛国の忠誠を一貫一誠の経として、氏の教育者生活の文を織り成したと謂ふべきであらう。氏が附属の訓導として唱導せる教授法は、まさに本県教育教授法の発祥であり、其の源流であつた。之れ亦氏の進取の才気を証するものの一であつて、氏の教育的理想と、社会教化の熱意とは、実によく時代を善導し、一世を指導するに足るべきものであつて、其の官途に立ちての教育行政と共に、氏の信州教育の成長に培つた功績も亦実に尠からざるもの、存するを念ふべきである。」

（同上書、一四～一五ページ）

與良熊太郎氏は、まさしく明治・大正の両時代の生きた、長野県はえぬきの教育者であった。氏の人柄については、その教え子、依田泰氏が、つぎのように述べている。

「與良先生――とかういふ時、自分に直ちに湧いてくるのは『やさしい先生』といふ感じであります。」「野沢中学へ御赴任の明治四十三年は、自分が五年の春でしたから学校で御厄介になつたのは僅々一年の歳月でありましたけれど、今年十月十八日、最後の御告別として御枕辺に香を奉つた迄の十七年間、何時如何なる場合の追憶を辿つて見ても本当にやさしい先生といふ以外に先生を表すべき言葉は見出し得ないのであります。」「恐らく野沢中学校幾多の卒業生をはじめとして先生に交渉あるあらゆる人々の心に浸潤して永く消えないものは先生のやさしさの一点であつて、そは又他の如何なる功績事業よりも深く大なる人間としての先生の尊さではあるまいかと思はれるのであります。」

（雑誌「信濃教育」四八一号、大正15年11月号、依田泰稿「與良先生」）

これによれば、與良熊太郎氏の温情の人としての「やさしさ」が、とくに強調されている。

三

つぎに、與良熊太郎氏の研究活動一般について見ておきたい。長野県における氏の教育研究活動は、主として、「信濃教育界」・雑誌「信濃教育」を中心に、なされている。いま、氏の活動状況を、年月順にまとめてみると、以下のようになる。（△印は、演説・談話など、○印は誌上発表を示す。）

△学校の経済	明治21・9・9	信濃教育会常集会	演説	29歳
○小学校の経済	明治21・9	「信濃教育」24号		29〃
△小学校の事業	明治21・12・9	信濃教育会常集会	演説	29〃
△方今教育上の理論と実際の懸隔	明治22・4・14	信濃教育会常集会	演説	30〃
△温習科の課程を定るの可否	明治22・6・9	信濃教育会常集会	討論提題	30〃
○復習について	明治22・9	「信濃教育」36号		30〃
△実物算	明治22・10	「信濃教育」37号		30〃
△学習院の修身科廃止について	明治23・9・14	信濃教育会常集会	談話	31〃
△小学校令発布について	明治23・10・12	信濃教育会常集会	談話	31〃
△実物課業は如何すべきか	明治24・2・8	信濃教育会常集会	演説	32〃
○実物課業を如何すべきか	明治24・2	「信濃教育」53号		32〃
△学校視察談	明治24・3・8	信濃教育会常集会	談話	32〃
△小学教師は創業者たるべし亦能く守成者たらざる可らず	明治24・6・14	信濃教育会常集会	演説	32〃
○小学教師は創業者たるべし亦能く守成者たらざる可らず	明治24・6	「信濃教育」57号		32〃

△教授細目を編制するに就きて	明治25・5・8	信濃教育会常集会	演説	33歳
△教授法研究の必要	明治25・8・14	信濃教育会常集会	演説	33〃
△学級編制法及び学科目の組合せについて	明治25・9・10	信濃教育会常集会	談話	33〃
○小学校の修身は論語に則るべし	明治25・11	「信濃教育」74号		33〃
△修身科に就きて	明治26・2・12	信濃教育会常集会	演説	34〃
○修身科に就て	明治26・2	「信濃教育」77号		34〃
△試験場は智識と共に徳力を験する所なり	明治26・3・12	信濃教育会常集会	演説	34〃
○尋常科の小数	明治26・3	「信濃教育」78号		34〃
△教授の詳細	明治26・5・14	信濃教育会常集会	演説	34〃
△作文教授につきて	明治26・10・8	信濃教育会常集会	演説	34〃
△小学校の国語	明治26・11・12	信濃教育会常集会	演説	34〃
○学校参観に就て	明治26・12	「信濃教育」87号		34〃
○小学校の国語	明治27・1	「信濃教育」88号		35〃
△歴史教授に就きて	明治27・3・11	信濃教育会常集会	演説	35〃
△試験の事に就きて	明治28・3・10	信濃教育会常集会	演説	36〃
○小学校生徒に仮名を教授する方法	明治28・3・10	信濃教育会常集会	演説	36〃
○修身書使用に就て	明治28・4	「信濃教育」103号		36〃
△修身科・算術科の教授につきて	明治28・7・14	信濃教育会常集会	談話	36〃
△諸君に問ふものあり	明治28・9・8	信濃教育会常集会	演説	36〃
○如何にせば小学児童をして歴史上年代を記憶せしむべきか	明治28・10	「信濃教育」109号		36〃

○学校参観に就て	明治29・2	「信濃教育」113号		37歳
○教授と訓練	明治29・3	「信濃教育」114号		37〃
○学校参観に就て（続）	明治29・3	「信濃教育」114号		37〃
△五段教授法の実行に就きて	明治29・5・10	信濃教育会常集会	演説	37〃
○修身科に就て	明治29・8	「信濃教育」119号		37〃
○五段教授法の実行に就て	明治29・9	「信濃教育」120号		37〃
△習字及び数図につきて	明治29・11・8	信濃教育会常集会	演説	37〃
○五段教授法の実行に就て（続）	明治29・11	「信濃教育」122号		37〃
○五段教授法の実行に就きて	明治30・7	「信濃教育」130号		38〃
○文部省の教授法講習会に就きて	明治31・9	「信濃教育」144号		39〃
○教授上に於ける形式の弊とは何ぞや	明治31・10	「信濃教育」145号		39〃
△国語に就きて	明治33・10・14	信濃教育会常集会	演説	41〃
△第三回全国聯合教育会の報告	明治34・5・12	信濃教育会常集会	演説	42〃
○児童生徒の操行調査	明治35・5	「信濃教育」188号		43〃
○現時の教育に就いて	明治37・5	「信濃教育」212号		45〃
○普通教育の位置	明治41・2	「信濃教育」256号		49〃
○教育時事	明治41・8	「信濃教育」262号		49〃
○社会主義者の発生したるに就きて	明治44・3	「信濃教育」293号		52〃
○小学校と中学校との聯絡	明治44・11	「信濃教育」301号		52〃
○立憲国の教育	大正2・5	「信濃教育」319号		54〃
○青年教育	大正3・3	「信濃教育」329号		55〃

○教育者の言論	大正3・8	「信濃教育」334号	55歳
○オイケンの気分を帯て我国の道徳を論ず	大正3・12	「信濃教育」338号	55〃
○本県教育上の重要問題	大正4・5	「信濃教育」343号	56〃
○小学校教員の進退	大正4・8	「信濃教育」346号	56〃
○中学の修身を読みて	大正4・9	「信濃教育」347号	56〃
○本県教育上最も力を致すべきところ如何	大正4・10	「信濃教育」348号	56〃
○長野県の教育	大正5・1	「信濃教育」351号	57〃
○中学校の成績	大正5・5	「信濃教育」355号	57〃
○所謂新旧思想は何を以て相対するか	大正5・8	「信濃教育」358号	57〃
○戦後教育の方針として高唱すべきもの	大正7・1	「信濃教育」375号	59〃
○デモクラシーの思潮に対する教育の態度と其任務	大正7・8	「信濃教育」382号	59〃
○忠孝とデモクラシー	大正8・3	「信濃教育」389号	60〃
○野沢中学校の実際	大正8・10	「信濃教育」396号	60〃
○中学校四年修了者より高等小学校入学者を採用することの不可なる所以	大正8・11	「信濃教育」397号	60〃
○先生（浅岡先生）の逸事	大正11・6	「信濃教育」428号	63〃
○川井訓導の修身教授問題	大正14・5	「信濃教育」463号	66〃

○與良先生　依田泰	大正15・11	「信濃教育」481号
○與良熊太郎先生	昭和3・1	「信濃教育」495号

（以上は、「信濃教育会五十年史」、信濃教育会編、昭和10年5月1日刊、ならびに、「信濃教育日次集」、信濃教育会

編、昭和7年9月15日刊、によりて、作成したものである。）

與良熊太郎氏の研究活動は、以上の発表目録でもわかるように、長い年月にわたり、きわめて多岐にわたっている。明治二〇年代ならびに三〇年代は、主として小学校教育に関しての研究・論考が多く、初等教育界の諸般の問題がとりあげられている。明治四〇年代および大正時代は、問題設定の視野が広がり、主として、当時の教育上の時事問題、長野県教育の全般的な問題がとりあげられている。前期においては、信濃教育会の常集会においても、発表・報告が活発になされている。その研究活動は、與良氏の置かれた地位・立場に立ちつつ、終始一貫して継続されている。おとろえを見せていないのである。

このような旺盛な研究活動は、いちはやく組織的に活動体制をきずき、発表・協議の場と機会を提供した信濃教育会に負うところが多いであろう。それにしても、氏の意欲的な研究活動には、注目すべきものがある。地方在住の教育者・教育研究者として、目ざましい活躍ぶりであるといえよう。

與良熊太郎氏の著書には、①「各種学級教授法」、明治27年8月7日、冨山房刊、②「小学校に於ける話し方の論理及実際」、明治35年11月23日、光風館刊、③「学級教授の弊及其の救済法」、④「昔の事と今の事」、⑤「修養」、⑥「時務一家言」（以上のうち、③④⑤⑥は、「教育功労者列伝」、昭和10年6月10日刊、信濃教育会編、による。）などがある。うち、主著というべきは、おもに、その前半に著述された、①②③であろう。これらのうち、現場に最も強く影響したのは、①の「各種学級教授法」であり、当時の教育界に警醒的意義を有したのは、③の「学級教授の弊及其の救済法」であろう。なかで、②の「小学校に於ける話し方の理論及実際」は、純粋に専門的な仕事とはいえないにしても、当時にあっては、きわめてめずらしい、独自の意義をもつものといえる。

四

與良熊太郎氏の主著の一つと見るべき、「小学校に於ける話し方の理論及実際」は、つぎのように構成されている。

第一章　理論の部

一　総　論

二　話し方の目的（一）

三　話し方の目的（二）

四　話し方を行ふ場合及其形《ママ》式

五　話し方の材料

六　話し方に於ける児童自己の思想と他人の思想との別

七　読み方、講義、話し方の別

八　話し方材料の類別

九　模範を与ふること

第二章　実際の部

い　主として児童をして演説せしむるもの

一　教師の口授したることを直に話さしむるもの

二　嘗て教師の口授したることを話さしむるもの

三　文章講読の後直に話さしむるもの

四　嘗て講読したる文章につき話さしむるもの

五　児童の自ら実験観察若くは思考したることを話さしむるもの

六　教師或事項を授けつゝ話さしむるもの

七　他人の談話を記臆《ママ》して話すもの
八　他人の文章を記臆して話すもの
九　自ら実験観察若くは思考したることを話すもの
ろ　児童相互の対話
は　教師の演述若くは教師と児童との問答
に　教師と児童との問答より漸次児童の演述に及ぶもの
第三章　雑　件
　一より二十一に至る

すなわち、本書は、「はしがき」のほか、三章より成り、「理論」・「実際」の章と、二一項目を含む「雑件」の章とでできている。「雑件」とはいえ、話しかた教授上注意すべき事項をとりあげており、注目すべき見解が多く含まれている。

第一章理論の部においては、総論のほか、話し方の目的・場合・形式・材料・模範の諸事項がとりあげられており、とくに、材料論については、くわしく述べられている。與良熊太郎氏は、まず、「総論」において、「話し方は国語教授の一要件なれば、其目的如何を考ふるには、先づ国語教授の何物なるかを考へざるべからず。」（同上書、一ページ）として、国語教授とは、わが国の言語と文章とを授けることであり、言語と文章とを授けるとは、他人の思想感情を言語により、もしくは文章によって受けとることと、自己の思想感情を言語により、もしくは文章によって表わすことのできるような知識と能力とを与えることであるとする。「教則」中に、読み方、書き方、綴り方、話し方とあるのは、すべて、以上の知識と能力とを与える手段であって、そのうち、読み方は受けとる修練に属し、話し方、書き方、綴り方は、表わす修練に属するものである。しかも、受けとること（理解）と表わすこと

（表現）とは、あたかも一物体の両方面におけるような関係を有しているから、くわしく考えていけば、読むことも表わすことの修練となり、話すこと書くこと綴ることも、受けとることの修練となるとするのである。さらに、與良氏は、精密に考えれば、受けとることの修練の中に、「聴くこと」の一科を設けるべきだが、「聴くこと」は、すべての教授その他において、常に必然に行なわれるものであるから、国語教授の中には別に科として設けないのであると述べている。ここでは、国語科（国語教授）の目的および構造が、簡明にとらえられている。

ついで、與良熊太郎氏は、話し方の目的を論じて、話し方の目的は、自己の思想感情を正しくかつ善く表わすことの修練にあるとし、その修練には、正しく表現するための論理的修練と善く表現するための審美的修練の二つより成るとしている。さらに、與良氏は、「所謂言語練習と話し方とは、其内容に於て殆ど同一なることは、単に文字の上より見るも、法令上より考ふるも、別に疑を容るべき余地の存せざるなり。即ち小学校令施行規則中教則の本文には、言語練習の文字あるも話し方の文字なく、話し方なる文字は其課程表中に於てこれを見るのみ、是等を彼是対照するに言語練習と話し方とは別物にあらず、言語練習は話し方に依りて行はるゝものにして、言語練習の行はるゝ範囲は話し方の行はるゝ範囲と同一なりといふを得べし。」（同上書、五～六ページ）と述べて、話し方は、思想を表わすことの要件ではあるけれども、また受けとることの要件であるから、すべての教科、すべての教時において行なうべきものであって、単に演説の稽古のように考えるのは不可であるとしている。「教則」にみられる「言語練習」と「話し方」の関係を正しく解釈し、それにもとづいて、「話し方」を各教科の中に正しく位置づけようとしているのである。

つづいて、與良氏は、話し方の場合を、(1)狭義にとって、とくに時間を設けて行なうものと、(2)広義にとって、別に時間を設けず、各教科教授の際にも行なうもの、との二つに分け、そのいずれも緊要であって、一を以て他を廃することはできないとしている。このA特設(1)、B付帯(2)の考え方は、各教科の体制が確立するにしたがって、つねに問題にされた点である。

與良熊太郎氏は、以上のA・Bの下に行なわれる、話し方の形式について述べ、さらに、話し方の材料論に及び、話し方材料の取材領域・類別について考察し、とくに、「話し方に於ける児童自己の思想と他人の思想との別」についてとりあげている。ここで、與良氏は、話し方において、児童自身の思想と他人の思想とを区別することの困難さを指摘し、話し方教授において区別する要のあるのは、進んで自己の整頓排列した思想と他人の整頓排列した思想であるとし、話し方教授の目的は、児童をして、自ら思想を整頓排列し、それを発表させることを修練するにある。主として、論理的修練をする面からは、ことにそうである。他人の整頓排列した思想をそのまま発表するのは、審美的修練のばあいを除いては、その効果がきわめて小であると述べている。

ついで、與良氏は、国語科における、「読み方」「講義」（「其文章が通常の言語と異ならざるものにありては其発音の如くにて可なれども、其文章が通常の言語と異なる点あるものに於ては之を通常の言語の如くに改めて発表するの要あり。この改めて発表することを講義といふ。」〈同上書、一五ページ〉）「話し方」の区別を論じ、「話し方」は、主として自己の整頓排列したる思想を発表するものであり、「読み方」「講義」は、他人の整理排列した思想を、そのまま自己の思想として発表するものであると述べ、「話し方」の機能上の特色に言及している。

つぎに、與良熊太郎氏は、話し方教授における「模範」の問題をとりあげている。国語教授上、「模範」を与え、反復修練させることの肝要なことを説き、さらに、「話し方の模範とすべきものは其事柄の種類に依り、又対する人の年齢身分男女の別に依り、其他時と場合とに依り、其形式に多種あるものなれども、是等を多く与ふることは到底為し能ふべきものにあらざれば、其中最も肝要にしてなるべく広く応用せらるべきもの若干を撰びて授くるを以て足れりとせざるべからず。而して其模範は之を示すに止まらず、児童をしてこれに習熟せしむるにあり。」（同上書、二一ページ）と述べ、「模範」による「習熟」の重要性を強調している。なお、「草稿」のことにふれて、

「而して其模範を授くるには草稿を与ふるを可とす《ママ》、其草稿により一言一句違はざるは勿論、音調、態度まで全児童をして模範の如くならしむること恰も芝居の台詞《セリフ》の何れの俳優も同一なる如くならしむるに在り。此の如くなるときは、其修練は論理的より更に進んで審美的修練に効果あるに至るべし。」（同上書、二二ページ）とも述べている。

以上、第一章理論の部では、明治三〇年代における国語科話し方の目的・性格・形式・材料・種別・方法・位置づけに関し、簡明ではあるが、要をえた説述がなされていた。

この基本的な考えかたにもとづき、第二章実際の部が構成されている。

與良氏は、話し方の場合・形式・材料によって、つぎのように類別する。

Ａ　時間を設けて行ふもの。

い　主として児童をして演述せしむるもの。

イ　教師題目を定むるもの。

一　教師の口授したることを直に話さしむるもの。

二　嘗て教師の口授したることを話さしむるもの。

三　文章講読の後直に話さしむるもの。

四　嘗て講読したる文章につき話さしむるもの。

五　児童の自ら実験観察若くは思考したることを話さしむるもの。

六　教師或事項を授けつゝ話さしむるもの。

ロ　児童をして自ら題目を撰ばしむるもの。

七　他人の談話を記臆《ママ》して話すもの。

八　他人の文章を記臆して話すもの。
九　自ら実験観察若くは思考したることを話すもの。
ろ　児童相互の対話
は　教師の演述若くは教師と児童との問答
B　時間を設けざるもの。
に　教師と児童との問答より漸次児童の演述に及ぶもの。

與良氏はこれらの各形式に、さらに、各種の材料、すなわち、
(1)　教科目より区別するもの。
(2)　既に授けしものと未だ授けざるものよりするもの。
(3)　自己の整頓排列した思想と他人の整頓排列した思想とよりするもの。
などを、適宜選択して採用すべきものとしている。

與良氏は、実地の方法ならびに注意を示そうとして、上掲の各形式について、その進めかた、取り扱いかたについて説明を加えている。

上掲の各形式のうち、「方法」・「注意」などの加えられているのは、A――い――一、二、三、四、五、六、七、八、九、(このうち、七、八、九は、ひとまとめにして説明している。) ろ、は、などで、B――に、については、実例は省略されている。これらのうち、実例の添えられているのは、三、六、ろ、などである。

いま、與良熊太郎氏の実際の「方法」の示しかたについてみると、たとえば、A――い――イ――一　教師の口授したることを直に話さしむるものには、つぎのように説明を加えている。

〔方　法〕

これは教師の口授したる後某児童を指して話さしめ、其話し方につき教師自ら批評をなし、又は他の児童をして話さしめ教師これを判定し、後又他の児童をして話さしめ又之を批評し、若干人に反復これを施して止むものなり。

この最初に為す教師の談話の仕方はおのづから二様の別あるべし。一は児童をして言語及内容とも其儘模倣せしめんとするものにして、他は児童をしてこれを取捨するも可なりとするものなり。随ひて教師の用ふる言語も、甲は児童の程度に尽く一致すべく、乙は必ずしも一致するを要せざるべし。故に甲を形式的といはゞ乙を内容的といふべく、甲を教授的といはゞ乙を練習的といふを得べきなり。其形式的といふは、教師の与へたる形式を用ひしめんとするものにして、其内容的といふは教師が内容を与ふるに止め、其形式は児童をして自ら撰択せしむればなり。又其教授的といふはこれを教授して模範を与へ、練習的といふは児童をして練習として嘗て与へたる形式を用ひしむるを得ればなり。

〔注　意〕

児童に話し《ママ》を反覆せしむる順序は、通例優等生より劣等生に及ぶを可とす。又其批評は余り厳密ならざるを宜しとす。寧ろ批評に代ふるに教師の模範を以てすること可なるべし。特に幼年生にありては然りとす。

（以上、同上書、二二五～二二七ページ）

また、A――ろ、の実例としては、〔方法〕について、「児童相互の対話」――「これは其題目につき児童をして互に問答せしむるものにして、其形式も種々ありといへども、大体は発問者と応答者とを別つものと、互に発問もし応答もするものと、の二種となるべし。」（同上書、四二～四三ページ）と述べ、二例を挙げている。いま、その一例を示すと、つぎのようである。

教師「今日は我が学校のことにつき問答するとし甲某生は発問者となり乙某生は応答者となるべし」と定め次の如き問答をなさしむ。

(甲)　あなたの学校は何処にあつて何といひますか。

(乙)　ハイ私の学校は何県、何郡、何町にあつて何々尋常高等小学校ともーします。

(甲)　生徒は何人程ありますか。

(乙)　生徒は尋常が三百人高等が百七十人合せて四百七十人程ございます。

(甲)　学級は幾つで先生はお幾人でおしへられますか。

(乙)　サヨー学級は尋常が六つ高等が四つ先生は校長さんの外に十二人であります。

(甲)　女子と男子とではどーでありますか。

(乙)　女生徒の数は皆で二百人ばかりあるそーですからどーしても男子の方が多くあります、《ママ》先生も裁縫先生まで、女先生は四人であります。

(甲)　運動会は度々ありますか。

(乙)　あります《ママ》大運動会は春一度秋に一度あります《ママ》秋は高等一二年生は山に登り三四年生は泊がけに遠方に行きます。

(甲)　……………………

(乙)　……………………


(同上書、四三～四五ページ)

以上のように、「方法」の説明、「注意」の付加、「実例」の提示、いずれも要をえた述べかたになっている。「独話」の形態のものは、「読本」などにたよりがちとなり、「対話」形態のものは、なお生活・学習の自然な場を求めず、やや形式的観念的に傾きがちとなる。これは、当時の話しことばの指導の限界でもあって、いちがいにその不自然さを責めることはできない。不自然さ、ぎこちなさはあるにしても、話し方教授の各形式につき、実地の「方法」、さらには、「実例」を提示し、応用のきくように説きえている点は、すぐれている。

以上の第一・二章の「理論」・「実地」のほか、本書は、おしまいに、第三章として、「雑件」二一項が収められている。「雑件」とはいえ、「理論」・「実地」両面にわたる、教授上の留意事項を述べたもので、注目すべき見解が見られる。

いま、これらの事項を示すと、つぎのようである。

1 話し方を実用上より区別せば、公衆に向ひて為す演説、特別の人に向ひて為す対話、事物につきて為す説明等の種類あるべし。是等各の修練に資すべく常に力を用ふるを要すべし。

2 又論理的修練と審美的修練とは、児童の年齢に依りて異なり、即ち幼年生にありては専ら論理的修練に力を用ひ、其《ママ》進むに至り審美的修練に力を用ふべきも、大体に於てはその一に偏せざるを主意とすべきこと。

3 材料は教育上稗益あるものたるべし。児童の自ら題目を撰ぶものには往々従来家庭に於て行はるゝ虚謊又は卑穢なるもの、出ることあるものなれば、教師は適当にこれを付くる処置を取るべし。

4 理科、算術等に関する事項は、兎角話し方の材料として用ひられざるが、これ等も適宜採用すること緊要なり。

5 児童は話し《ママ》の材料を貪る傾向あるものなれども、話し方の材料は多きを要せず、寧ろ同一事項を種々の形式に表出すること修練に効果あるものなれば、是等も大《ママ》に注意すべきことなり。

6 又話し《ママ》は必ずしも長きものを貴ばず、要点を備ふるを要すべし。

7 話し方は所謂話しに流れず、智《ママ》識を確実に発表する修練たることを忘れしむべからず。

8 応対に関する話しをなさしむるときは、作法をも併せ授くるを要す。例へば対面の挨拶、物品受授の作法の如きこれなり。

9 児童の談話は動もすれば其音調等に癖の生じ易きものなれば、常にこれを矯正するに力を用ふべし。

10 言語は正しきものを用ひしむるは勿論なりといへども、児童の言語を矯正すること厳にして発表の自由を防《ママ》げざるに注意すべし。

11 言語を矯正する法種々ありといへども、話しの中間に於てするは宜しからず。話し終りて後徐々になすを可とす。

12 話し方を矯正するには可成一部づゝなすを可とす。例へば爰に音声低く、言語を誤る児童ありとせんに、音声を高からしむる目的にて話を為さしむるときは、音声のみに力を用ひて言語を多く咎めず、又言語の誤りを正す目的にて話さしむるときは、言語を正すに多く力を用ひて他を咎めざるが如し。此の主意よりするときは劣等生の批評は多く教師これをなし他の児童をして為さしめざるを可とすべし。

13　話し方は総て円満にして児童の天真を失はざるを可なりとすべし。

14　何れの場合にありても体度《ママ》に注意すべし。身振は余り多く用ひしめざるを可とすべし。

15　児童の位置は一様なるを要せず、或は座席にありて話さしむることあるべく、或は机側に出で、話さしむることあるべく、或は演壇に立ちて為さしむることあるべし。これ等は話しの性質と場合とによりて撰ぶべきものなり。

16　話しの種類によりては艸稿《ママ》又は書籍を持たしむるも可なれども、これに拘泥せざらしむるに注意すべし。これが為には草稿は要領のみを書かしむるも可とすべし。

17　話し方修練は全体の児童に渉るべし。得意者のみに偏せざる様注意するを要す。

18　敬語の使用別《ママ》は模範中に於て授くるを可なりとすべし。

19　模範として撰択したる話しは常に反覆し、何れの児童も略同一に話し得らるべく修練するを要す。

20　話し方に於て修練したる形式は、平素何れの場合にも使用せしむるに力を用ふべし。

21　話し方と綴方とは密接の関係を有するものなれば、常に関聯して教授するを要す。例へば一の話しを終りたる後にはこれを文に綴らしめ、発言及言語の正否を別つに文字を以てするが如し。（以上、同上書、五四～五九ページ）

以上の二一項は、第一章理論、第二章実際の整然たる叙述に比べれば、随意列挙ふうの述べかたになっている。しかし、その内容は、話し方教授上の留意点として、すべて核心をついたものばかりで、與良熊太郎氏の実践からくる注意事項として、傾聴すべき見解にみちている。1形態、2修練、3、4、5材料、6要点、7修練、8応対、9、10、11、12矯正、13理想、14態度・身ぶり、15位置、16艸稿《ママ》、17機会、18敬語、19模範、20応用、21綴方との関連、など、各方面にわたって、適切な見解が自在に述べられている。話しことば教授の留意事項としては、かたより、不自然さが少なく、自然さ・的確さがあり、示唆に富むものとなっている。

このようにみれば、本書の内容は、三章を通じて、本文五九ページの小冊子ではあるが、かなり充実しているといってよい。三章を通じて、実地に役立つものとなっている点は、見のがせない。

五

本書成立の契機は、どこにあったか。それは、本書の「はしがき」に、

「凡そ当局者が一事を新設実施せんとするは、其事《ママ》の必要を認むるに依りてなり。然るにいよ〳〵実施して、衆人のこれを行ふに及びては、其主意漸く失せて形のみ残り、恰も其事が無用の如く認めらるゝに至るは万事の通弊なり。」（同上書、一ページ）と、まえおきし、つづいて、

「改正小学校令実施以来一年有半、その新に設けられたる話し方教授なるもの、今や漸くその弊を見んとす、《ママ》この時に当り、此題目に関する意見を発表して、この種の研究に資するは、無用のことにあるざるべし。余公務の余暇本書を草して、世に公にするも亦此意に外ならず、《ママ》望むらくは実地教授の任に当らるゝ諸士此等を参考とし、弥々増々《ママ》研究し、当局者が新設の主意を空うせざらんことを。」

（同上書、一〜二ページ）

と述べられているのによって、わかる。

改正小学校令が、明治三四年（一九〇一）四月から実施されて、一年半ほど経過し、新設された「話し方教授」の実施状況をふりかえったとき、「話し方」新設の主意が失われ、形式化し、加えて、弊害までも見られる状態を反省して、與良氏は、この「話し方」研究をまとめるに至ったのである。新設された「話し方」の不振の状況、停滞・空白の実状に鑑みて、その形式化、固定化、偏向化を救い、その新設実施の主意を生かすために、與良氏は、この「話し方」の理論と実際とを研究し、まとめたのである。当時、與良熊太郎氏は、長野県小県郡の郡視学の任にあった。「はしがき」中、「公務」の「余暇」とあるのは、このことを指しているのであろう。

與良氏は、当時、郡視学の地位にあって、小学校の実践現場を指導しつつ、新設の「話し方」を、どう扱うべきかについて、その指導・助言の必要を痛感したにちがいない。本書は、そのような現場への問題意識にもとづい

て、まとめられたものである。

　また、本書をまとめるにあたっては、すでに明治二七年（一八九四）八月、「各種学級教授法」（冨山房刊、菊判二二二ページ）をまとめていたことも、力になったであろう。「各種学級教授法」は、第一、二編六七節と第三編二章《ママ》とより成り、うち、国語科に関しては、「読書科」、「作文科」、「習字科」の三科について、教授法の説明がなされている。しかしまだ、「話し方科」のことについては言及していない。この当時、與良氏は、長野県尋常師範学校訓導として、教授ならびに教授法の研究に努めていた。後年、新設された「話し方科」の問題をとりあげるようになる素地は、この「各種学級教授法」における、「読書科」、「作文科」、「習字科」など、一連の国語科教授法研究によって、築かれていたといえよう。

　また、與良氏が、明治二七年（一八九四）一月、雑誌「信濃教育」（八八号）に発表した、「小学校ノ《ママ》国語」という論考には、「小学校ニ於テ国語ヲ授クルノ目的ハ　第一　正シク他人ノ言語ヲ聞クコト　正シク自ラ言語ヲ為スコト　正シク他人ノ文章ヲ読ミ且解スルコト　正シク自ラ文章ヲ作為スルコト　第二　コレヲ方便トシテ智識ヲ増殖スルコト　我国ノ美風良俗即チ我国粋ヲ認識セシムルコト　尊王愛国ノ志気ヲ興起セシムルコト　等ナリ　第一ハ直接ニシテ第二ハ間接ナリ　第一ヲ得レハ随テ第二ヲ得ルヘキナリ　故ニ教授上直接ニ着眼スル所ハ専ラ第一ニ在リトス」と述べている。ここでは、小学校における国語教授の目的について、聞き、話し、読み、書く、のそれぞれについて、明確に認識されている。

　明治二〇年代から三〇年代にかけて、與良氏は、師範訓導ならびに視学を務めた。その立場からも、小学校各科の教授法（とくに、修身科、国語科関係、算術科、歴史科）には、別して深い関心が注がれている。「話し方」については、このような「教授法」への関心が、機をえてまとめられたものといえよう。この点からみれば、明治三〇年代に、「話し方」について、単行本を得ていることは、決して偶然ではないのである。

明治三五年（一九〇二）七月一〇日、刊行された「現今教授上の誤謬」（利根川與作著、田沼書店刊）には、修身科・国語科について、それぞれ二〇項、五〇項、計七〇項の教授上の誤謬がとりあげられている。そのうち、国語科の「話し方」関係としては、

二　時間の分割を厳にする誤
六　発音法を教へざる誤
七　訛語及卑語を改めざる誤
一一　張声を正しくせざる誤
一三　談話を練習せざる誤
一四　聴方を練習せざる誤
一九　談話体の文章を教授するについての誤
四一　対話法を授けざる誤

などが指摘されている。

たとえば、「対話法を授けざる誤」についてみると、「話方の練習法として、対話法をとらぬは誤である。個々の言語に巧で《ママ》、其の上演述に上手なりとて、他人と対話することが出来なければ、何にもならないから、常に二三人の児童を対座せしめて、時事につき対話せしむることが必要である。今日の読本に対話的の文章のないのは欠点である。教師は材料を選定して、彼等に与へ、之によりて対話せしむる《ママ》べきである。」（同上書、六二一〜六二三ページ）と述べている。

これらを見てもわかるように、当時、国語科の中の「話し方」に関し、かなり多くの問題点が指摘されている。

與良氏の「話し方」も、このような欠陥や問題点に対処する方策として、まとめられたものである。国語科「話し方」のありかたに関する、実践現場からの要請にこたえ、また、現場の実践を方向づけようと努めたものである。

六

本書「小学校に於ける話し方の理論及実際」は、明治三〇年代における、話しことばの教育研究の中で、どのような位置にあるか。明治三〇年代における、話しことばの教育研究としては、つぎのようなⅠ単行本、Ⅱ論文、などがみられる。

Ⅰ　単行本の類

1	「小学校に於ける今後の国語教授」	芦田恵之助編	明治33・12・5	同文館
2	「小学校に於ける国語科教授法」	増戸鶴吉著	明治34・3・23	吉川半七
3	「国語教授法草案」	阿部東作著	明治34・4・10	冨山房
4	「国語教授法」	下平末蔵著	明治34・4・22	上原書店
5	「小学校国語科教授論」	伊藤裕著	明治34・4・28	金港堂
6	「小学国語科教授法」	永廻藤一郎著	明治34・5・13	同文館
7	「国語科よみかたはなし方つづり方教授法」	山下房吉ら著	明治34・6・10	同文館
8	「小学国語教授実施法」	田名部彦一著	明治34・6・13	文学社
9	「国語科教授法講義」	児崎為槌著	明治34・7・18	積善館
10	「新令準拠国語教授法」	佐々木清之丞・横山健三郎著	明治34・8・12	吉川半七
11	「話方教授之枝折」	横山健三郎著	明治34・9・15	東洋社
12	「国語教授法指針」	保科孝一著	明治34・10・30	宝永館

13「小学教授法」 杉田勝太郎著 明治35・3・10 金港堂
14「小学教授法」 大戸栄吉著 明治35・7・12 六盟館
15「国語教授撮要」 佐々木吉三郎著 明治35・8・3 育成館
16「小学校に於ける話し方の理論及実際」 與良熊太郎著 明治35・11・23 光風館
17「最近小学教授法」 伊賀駒吉郎著 明治36・3・15 宝文館
18「国語科教授法」 大橋銅造著 明治36・12・10 北豊島郡教育会
19「国漢文科教授法」 保科孝一述 明治? 早大出版部
20「小学校各教科教授法」 小泉又一 乙竹岩造編 明治37・4・1 大日本図書
21「国語教授法」 富永岩太郎著 明治37・4・5（上） 明治37・5・14（中） 学海指針社
22「国語教授指南」 豊田八十代著 明治38・1・18 学海指針社
23「各科教授法精義」 森岡常蔵著 明治38・3・25 同文館
24「国語教授法」 豊田八十代著 明治39・2・13 学海指針社
25「実験講和大教授法修身科地理科国語科歴史科」 富永岩太郎著 明治39・7・10 同文館
26「如何に国語を教ふ可きか」 及川平治著 明治39・9・15 育成会
27「国語教授法集成」（下） 佐々木吉三郎著 明治40・5・25 育成会
28「小学各科教授法」 下田次郎著 明治40・11・7 同文館
29「新国定教科書国語科教授要義」 島田民治著 明治43・4・10 広文堂
30「国語教授法」 岩手県教育会上閉伊郡部会編 明治45・2・1

Ⅱ 論文の類（一部のみ）

1「大《ママ》に談話を錬《ママ》習せしむべし」 市川源三稿 明治34・3 「教育学術界」二の五号

2「国語の本質を論じて話方教授に及ぶ」　藤沢倉之助稿　明治35・7　「信濃教育」一九〇号
3「話方教材について」　峯村辰浩稿　明治37・12　「信濃教育」二一九号
4「小学教育における話方につき」　旭嶺生稿　明治39・5　「信濃教育」二三六号

改正小学校令が実施されるようになって、国語科がまとまった教科として組織され、その教授法の研究が要請された。明治三四年（一九〇一）、明治三五年（一九〇二）に、そうした研究が、数多くまとめられ、刊行されているのは、この要請によるものである。これらの多くは、小学校の現場を対象とする、啓蒙的性格をもったものであった。

明治三〇年代の「話し方」の研究は、多くのばあい、国語科教授法の一環として、また一部として考究され、その中の一領野として収められている。明治二〇年代のものに比べて、「話し方」に、あらたに言及されているだけ、「話し方」新設の必要に迫られて、「話し方」研究が前進したことを示しているのである。しかし、「話し方」研究は、まだ啓蒙的な性格のものが多く、本格的な研究には乏しいありさまである。それにしても、こうした「話し方」へのいちじるしい関心の中から、「話し方教授」だけを単独にとりたてて、全体的に考察し、まとめていこうとする機運もかもされてきたのである。それを示すものが、明治三四年九月一五日に、東洋社から刊行された、横山健三郎の「話方教授之枝折」であり、本稿でとりあげた、與良熊太郎氏の「小学校に於ける話し方の理論及実際」（明治35年11月23日、光風館刊）である。

横山健三郎氏は、当時、宮城県師範学校訓導の職にあり、その著「話方教授之枝折」は、緒論、話の本性及教授の目的、話し方教授の材料、話し方教授の作用の、二〇章から成り、その「結論」（第二〇章）においては、話し方教授における教師の言語の向上の重要性を論じ、「話し方教授の効果をして偉大ならしめんと欲せば、先《ママ》、教師が使用する、平常の言語を改良一定せざるべからず。」（同上書、八七ページ）と強調している。横山氏は宮城師範訓導として、長野県郡視学だった與良氏と、ほぼ同じ立場にあったと見られる。その横山氏によって、本書がまとめられているのは、当時の尋常師範訓導の国語科教授についての関心の所在を示しているといえよう。

與良熊太郎氏の「小学校に於ける話し方の理論及実際」は、明治三〇年代にあっては、その刊行、横山健三郎氏の「話方教授之枝折」につぎ、これとならんで、「話し方」関係の文献として、貴重な存在をなしているといえる。

なお、単行本のほか、明治三〇年代にあっては、「話し方」に関し、雑誌論文の現われている点にも留意しなくてはならない。

市川源三の「大《ママ》に談話を錬《ママ》習せしむべし」（明治34年3月、雑誌「教育学術界」二の五号）においては、「唯世人が最も等閑に附して肯て顧みざる所の話方即ち談話の錬《ママ》習は国語科中重要なる地位を占め、新教育学説は特に此《ママ》科目を重じ、本邦現時の世態は更にこの科目の必要を認めざるべからざること。」（四二ページ）を強調している。とくに、談話練習（話し方）の重要性・必要性を(1)綴方の予備的錬習として、(2)児童を社会化せしむるために、として述べている。

また、藤沢倉之助の「国語の本質を論じて話方教授に及ぶ」（明治35年7月、雑誌「信濃教育」一九〇号）は、ちょうど、與良氏の著書のまとめられる時期とかさなって執筆されたものであろう。本文、上下二段組（21字×347行）八ページ半の分量で、「国語とは何ぞや」のほか、主として「話し方について」、述べている。つぎのように説く。

「由来我国人は談話の能に乏しき弊がある。之れ種々の原因によるのであらうが、一は練習の機会を忽にする弊ではあるまいか。話方の形式を定め趣味を添ふる方法ハ《ママ》何れの点に於ても研究すべき必要がある。之れ余の特に杜撰を省みず敢て話方について一言したる故である。要するに、国語の問題は錯雑したものなるが、其の根本より歩を進めねばならぬ。即言語は根本である。故に発音や話方の改良を謀り、同時に言文相遠からざる記載法を取り、従うて、読方に及ぼし、彼国の如くOrationの進歩を期することは余輩の希望して止まぬところである。」当時、地方の国語教育界に、このような提言のなされているのをみても、時代の話しことばの教育重視の風潮は、明らかにうかがいえられるのである。この論説に比すれば、與良氏の書物は、いっそう現場実践に密着して、具体的に指針を示そうとするところに、その特色を認めることができよう。

明治三〇年代の話しことばの教育に関しては、「話し方」の必要性・重要性を説き、その在来・現時の不振を衝き、その因由を述べるものと、ともかく法令上にも示された「話し方科」の新体制に応ずる方策を説き示そうとするものと、二つの方面が認められる。與良氏のは、いうまでもなく、後者に属する。実践現場の指導者・助言者としての、氏の立場からの仕事とみられるのである。

七

保科孝一氏は、その著「国語問題五十年」(昭和24年9月10日、三養書房刊)の中で、長野県の「話し方」にも触れ、つぎのように述べている。

「新小学校令におけるもう一つの注意すべき大きなできごとは、国語科を話し方・読み方・つづり方・書き方の四分科に分けて授業を進めることになったことで、小学教員はこれをいかに指導すべきか勝手がわからず、途方に暮れたものが多かった。つづり方とはなんのことか知らない尋常小学校長もあった。ことに話し方の指導はどうしてよいかわからず、これを時間割に盛った学校は全国で数えるほどもなかった。さすがに長野県は当時国民教育では日本一とうたわれていただけに、同県の小学校では話し方の時間を設けていたが、しかし、おおくは演説の練習といったような形であった。教師がある児童を指名すると、その児童は全級の拍手に送られて教壇に立ち、おもむろに口を開き、

わたくしはまことに不弁舌なものでありますが、これから、ももたろうのことについてお話しようと思います。

しばらくご静聴を願います。

と前おきして、それから『むかし、むかし』と話し出すのである。つまり話し方の目的が不明なのであるから、かような練習をしてみても、指導が思うようにできないので、ながくは続かず、いつとはなし、話し方が時間割から姿を消していった。」

（同上書、七〜八ページ）

これは、後年の回想によるものであって、多少誇張されてもいるかと思われる。しかし、一般に明治三〇年代の話しことばの教育は、このようにみられている面が多いのである。「演説」本位、「独話」本位の「話し方」に傾き偏っていたのも、おそらくは事実であろう。けれども、與良氏の書物にもうかがわれたように、「演説」本位の「話し方」にのみ偏することは、当時すでに、批判され、反省されていて、正しい望ましい「話し方」が探究され、考究されていた。とくに、小学生の話し方として、どうあるべきか、それをどう具体的に指導すべきかのこまごまとした問題も、考えられている。簡易な小冊子ではあるが、與良熊太郎氏の研究は、明治三〇年代の話しことばの教育としては、理論・実地の面で、見るべき妥当な見解が開陳されており、現場指導の立場から生みだされたものとして、注目すべき特色をもっている。その実践による成果のほどは、今日からはとらえがたいのであるが――。

資料7 「三心」を目ざめさせる実態記録

西尾　実

「幼児期の言語生活の実態」のうち、「満二歳期の言語生活の実態」のゲラ刷り一〇九三ページまで読ませていただいた。記録者は野地潤家先生、記録された幼児は、先生の長男である。野地先生は、青年教師になられて間もなく、教室の生徒や停車場に発車を待っている乗客のことばを記録された時から、言語生活の研究者として、優れた業績をたてられている。その優れた業績はすべて言語生活の実態記録を資料にしていられる。わたしは、その業績なり資料なり実態記録なりのすべてを拝見してはいないけれども、それは野地先生とわたしが遠く広島と東京に離れて住んでいるためで、その間に一度東京学芸大学で開かれた全国大学国語教育学会で講演をうかがった時も、わたしには珍らしい研究の発表だったので、その講演をぜひ雑誌にご公表願いたいとおねだりしたことがある。これまでの日本の国語学者の研究は語いや語法の研究はいわば日本語の死体解剖学――もちろんそれも大事な研究であるにはちがいないが――で、はなし聞く生きた言語生活の研究に及んでいないことをもの足りなく思っていたわたしは、この野地先生の実態調査をいわば生態的国語学の先駆であると思っている。

この二歳児のことばを読んでいくと片言まじりのことばを話し始めたあどけない、可愛い盛りの坊やが浮かんでくる。読み進むと、一語一語感情がだんだん豊富になり、父や母との関係が複雑になってくる。二歳期の終わりになってくると、相手の立場になっての片言交じりの話し合いが表われてくる。読んでいるわたしまで親心を引き出されてしまう。そうしてこの坊やのことばの成長ぶりが楽しくてたまらない。道元が「典座教訓」の中で言っている「三心」――すなわち喜心・老心・大心――を引き出されている。喜んで聞き、親心で聞き、相手の心になって聞くという三心である。

政治や事業や教育のような現実問題になると、与党と野党、経営者と労働者、教授と学生が、それぞれの現実をよく見極めて腹を割って話し合いをすれば、どっちのためにもこれだけは協力・共同するほかはないというものが見出される。ところが今の社会ではこの現実の研究を尽くした上に腹を割った話し合いをしないで、与党と野党は相争い、教授と学生は暴言暴力をふるって、果てはリンチまで行なう場合さえある。実業における経営者と労働者との争議も容易に協力や共同を見出そうとしない。これでは一般国民の福祉など期待できそうもない。

わたしはこういう成人の社会など改めようとするよりも、ここに実態を記録されているような、幼児の素直さを伸ばす方がむしろほんとうの福祉への近道であると思う。その意味でこの「幼児期の言語生活の実態」を各家庭に、各学校に少なくも一部ずつ備えて、心ある父母の、また先生および経営者の「三心」を目ざめさせて欲しい。野地先生の好著「幼児期の言語生活の実態」を推薦する。

（法政大学名誉教授・元国立国語研究所長）

資料8『幼児期の言語生活の実態』（全四巻）

目　次

目　次

目次

目次

Ⅲ　芦田恵之助・大村はま両先生との出会い

資料9　芦田恵之助の綴り方の授業——長野市城山小学校における——

一

芦田恵之助（明治六年〈一八七三〉—昭和二六年〈一九五一〉）は、昭和二五年一月下旬、東京の保谷草庵を出て、郷里丹波国氷上郡竹田村樽井の法楽寺の一室に移り住んだ。「恵雨自伝」執筆のためであった。法楽寺は、芦田恵之助の生家小笠原家の菩提寺であった。そこに自適しつつ、芦田恵之助は、昭和二五年三月四・五・六の三日間、大阪府下滝井小学校において、引退教壇を行じ、二年生に「四季」、五年生に「雪まろげ」の授業を行なった。大正一四年（一九二五）九月以来の教壇行脚を公式には終了する記念の授業であった。

しかし、芦田恵之助は、引退教壇の授業を滝井小学校で行なってからも、実地授業をしてほしいとの要請を受けて、地方へ旅をし、授業をすることはつづけていた。完全な引退をして、指導授業から離れてしまっていたというのではなかった。

昭和二五年一一月二八、二九、三〇日の三日間、芦田恵之助は、長野市城山小学校において、作文・読方の授業を行なった。その研修計画は、つぎのように組まれていた。

第1日　11月28日（火曜日）
教壇　第4時限（午前11時25分～12時15分）

作文批正（6年4組男女組）作品（あらかじめ、城山小から芦田先生に送付）
第5時限（午後1時5分〜1時55分）
読方（文部省国語教科書「木もと竹うら」）
講壇　国語教育について芦田先生の講演（引続いて）
座談会　芦田先生を囲んで職員全部参加（午後2時半から4時半まで）
第2日　11月29日（水曜日）
講話　全校児童に対する芦田先生の講堂のお話
教壇　第4時限（時刻は前日に同じ）
作文記述
第5時限（時刻は前日に同じ）
読方（「木もと竹うら」の二時間目）
講壇　PTAに対する講演（午後2時半から3時半まで）
座談会　講演終了後、若干の休憩を置いて第二回の全校職員との座談会、約二時間の予定
第3日　11月30日（木曜日）
教壇　第4時限（時刻は前二日に同じ）
読方「木もと竹うら」の三時間目。前二日の読方の学習を作文から見て
第5時限（時刻は前日に同じ）
作文批正（第二日に記述したものについて）
児童の授業が終わって直後、午後二時から約一時間。三日間を通じて芦田先生のご指導を頂いた六年四組全員が

その教室で担任坂本登教諭の司会、芦田先生にも列席を願って。
座談会　第三回目。芦田先生の本日のご授業を中心として全校職員参加。午後3時半から5時半ごろまで。

（(1)一二ページ）

この三日間にわたる城山小学校での授業記録等は、青山廣志氏によって記録され、のち、「芦田恵之助先生七十八歳の教壇記録」として、昭和三八年（一九六三）一一月、いずみ会から刊行された。この「教壇記録」の成立・内容については、記録者・編者である青山廣志氏がつぎのように述べている。

「これは七十八歳の十一月末、長野市城山小学校でご授業をなさった三日間の教壇事象の実際と、芦田先生を中心としたその周辺の言語活動の克明な記録であります。」(1)—自序vi

「十一月二十八日からの城山校の国語教育研究会の催しでは、先生には1つのお考えがあって、綴方と読方とを一体化して同一の学級において扱われました。

第一日の午前には、かねて先生が『恵雨自伝』執筆のためこもられた郷里丹波竹田の法楽寺へ六年四組全児童の綴方作品が届けてあり、それを材料として綴方はどう書くべきかという授業。続いて読方「木もと竹うら」の第一次を取り扱われました。

第二日目は、同じ教室で綴方の記述。次で「木もと竹うら」の第二次指導。

第三日目は進行を逆にして午前が読方の第三次指導。午後は前日書かせた綴方の批正です。

そこで、この本は、授業の進行経過を詳細に、併せて教室の雰囲気——といっても、それは芦田先生と子供たちの言語表現と、両者のまなざし、笑顔、笑い声などから感得したものですが——にも注意して記録した六時間の教壇事象を中軸とします。

二回二時間の芦田先生の講演、三回約七時間にわたった先生を囲んでの授業を中心とする座談会、全校児童を下学年と上学年とにわけての講堂のおはなし、ご指導をいただいた子供たちの一時間の感想発表といういわば学校側公式の行事記録を副とします。

もし「蔭の記録」とでも名づけていいとするならば、この期間芦田先生がお泊りになった善光寺門前の渕の坊、あるいは学校の控室、宿直室のこたつなどで前校長長島亀之助さん、今の校長西山千明さん、首席の金井さん、その他幾人かの同校職員の方々と先生との間に交わされた自由な談話をこまめに書いてそれを第三次的記録としました。

私はここ十数年来、芦田先生の教壇を拝見するうちに、いつしか教壇事象を記録するにとどまらず、人たちの話しかけに応じた先生の短いおことばに興味をもち、必ずその問答を書きとめることを心がけるようになりました。それは直接先生の教壇を理会する助けとなったばかりでなく、先生の人と教育を知る上に大変役に立ったと思っております。

長野の三日間でははじめからその心がまえで臨みましたから、これは分量的にも前二者のそれぞれにやや近いほどのものとなったかと思います。

そこで、少し誇張して申しますれば、この三日間――正確には昭和二十五年十一月二十七日夜八時、この日東京廻りで先着された先生のお宿へ伺った時から、同月三十日午後八時、先生とお別れするまで――私が聴こうと注意し、耳に聞こえたものをすべてその場で瞬間に速記の符号でとらえました。すなわち、芦田先生と、教育の「問題」をもって先生をとりまいた城山校の職員、児童ならびに若干の関係者のことばを先生を敬愛する一人の弟子が「芦田先生の教育と人生観」を理会しようとする一点にしぼり、時の経過に従ってこまかに書きなし織りまぜた記録であるということになるわけです。」(1―序ⅵ～ⅷ)

これらの記述によって、青山廣志氏のまとめられた「芦田恵之助先生七十八歳の教壇記録」は、三日間に行なわれた綴方・読方六時間の教壇（授業）記録のほか、講演・座談会・講話・感想発表（児童）などの行事記録、「蔭の記録」（芦田先生と他の人々との自由談話記録）から成る、まれな記録集成であることがわかる。専門速記者であり、かつ芦田恵之助先生に傾倒していた青山廣志氏ならではの独自の記録である。

二

芦田恵之助の綴方の授業は、三日間、つぎのような教案で行なわれた。

第1日　昭和25年11月28日　綴方批正（教案）

一　序　言

○十九日の夜速達

○むさぼるように一回読む

○どれほどの時間をかけたか

二　美　点

一　文字

二　句読

三　段

三　長　文　文がおっくうになる

短　文　多く

明日の仕事　一時間でしあがる

四　初　雪　　　　十人
　寒さ
　美しさ
陸上競技記録会　　六人
おみやげ　　　　　二人
悲しい思い出　　　二人
上田行｝　　　　　二人
屋代行｝
愛の文　　　　　　八人
色々な文　　　　　六人
秋の遠足｝　　　　十二人
飯盒炊事｝
えびす講

五　よ　む

この教案のうち、色々な文は後に色々なを消して生活文と訂正された。　　（1）二三五〜二三六ページ）

芦田恵之助は、城山小学校六年四組の五一名の子どもたちの綴方を事前に送ってもらい、それをむさぼるように読んで、題材別に五一編を九つに類別し、これらの中から、一八名の綴方をとり上げてことばを加え、さらに、四人の子ども（1　「高とび」　丸山幸子／2　「飯盒炊事」　伊藤忠之／3　「おみやげ」　高橋静江／4　「自転車」　中村英雄）にそれぞれ綴方を読ませた。

この綴方批正の授業は、青山廣志氏によって、二八ページにわたって、くわしく記録されている。

第2日目　昭和25年11月29日　綴方記述（教案）

一　題をどうさがしたか
　七八つを　十いわせる
二　一線で工夫したか
三　大体仕上げるつもりで記述
四　推　敲　なおす
　清　書

（1）一六二ページ

この記述の授業において、芦田恵之助は、文題の発表をさせている。子どもたちの書こうと思う題材を、指名して言わせるのである。この時間は、「だるまさん」（高橋とし子）→「めんどり」（中島かほる）→「ちょっとわからない」（題がないこと）（山口広子）→「ダイスターマン」（真名田宏）→「バイオリンの夢」（岩田義一）→「飛行機」（児玉勝利）→「大安売」（岩下長八）のように文題を発表している。

この時間の子どもたちの記述の経過は、青山廣志氏によって、たとえば、つぎのようにくわしく記録されていった。

○

一分（この時間は先生が記述に放たれた後の経過を示すために十一時四十二分を起点として）私の机の前の山本幸子さんはノートを取り出して一線を引いた。先生がやってみたら面白いとおっしゃった一線を実際にやろうとするのである。鉛筆を持ったまま空をみつめることしばし。

○

「バイオリンの夢」を書こうといった岩田義一君三分目には書き出したが、私の席からは文字は見えない。ここで席を離れる。

○

山本幸子さんと同席の風間政吉君、短い――掌の中にはいるような鉛筆をもって「花火」と題をつけて名前を書いた。私はこの少年の姿の上にふとむかしの自分の姿を見出したように思った。私は後にポケットに入れていたかなり長い鉛筆一本を風間君に呈してひそかに親愛の情を現わした。風間君は文字を探そうとするのか、学習の参考書を取り出してページをめくった。

○

十一時四十六分、芦田先生は板書の題をゆっくり読み返された。この時間、つまり四分目、「大安売」を書くといった岩下長八君は「いよいよえびすさんもちかくなったので……」と書き出した。

○

五分、児玉勝利君の「飛行機」「この頃飛行機がはやりはじめた。僕は人のとばしているのを見て、とてもうまくとぶな――母にお金をもらい、」まで進んだ。

○

六分、村井敬子さんは「花火」と題をつけ、四行目で行を改めた。一行二十二字詰、字画が極めて正しい。こういう原稿は読むのが楽だ。「十九、二十日にわたり、長野名物のえびす講でした。ことに二十日は、大スターマインはじめ、三百発あまりの花火が打ち上げられ、長野の天地をふるわせた。」なるほど、さっき先生にわからなかったのは花火の種類であったのか。村井敬子さんは「花火」を後に「スターマイン」と改題して提出した。(⑴一七六～一七七ページ)

こうした、児童たちの記述過程を精細に叙した記録は、七ページにも及んでいる。学級全体の児童一人ひとりの記述状況を、およそ一分きざみに記述していくという仕事は、練達の青山廣志氏にして初めて試みることができたものといえよう。

記述時間は三三分間、青山廣志氏によって、児童の座席ごとに文題と行数とを書き入れた、「作品の一覧表」が作成され、掲げられている。(⑴一八三ページ)

第3日　昭和25年11月30日　綴方批正（教案）

一　文のよしあし

　　長文　○　△

　　短文　○　△

短

　　自分のかんがえ

　そのままにあらわしたもの

推《なお》敲《す》　自分の考　よくあらわれた

二　自分の文

　　自分でなおす

三　おととい読んでもらった四人

○　消防展　伊藤　忠之
　熊　状態　高橋　静江
音楽会　丸山　幸子
塩尻へ　中村　英雄
音楽会　青沼佐知子
○　木琴のばち　木下　暁子
かくれんぼ　小池　靖二
スターマイン　岩田　義一
○　バイオリンの夢　木島　房子
可愛いいゆうちゃん　善財　晃
○　すずめの子供　児玉　勝利
○　飛行機　浦野　正子
弟のやけど　高橋とし子
だるまさん　中岡征四郎
○　ダニュー川のさざなみ　小林　知寛
スターマイン　真名田　宏
うちどめ二尺玉　石崎　昇

○　時計　笠原　茂信
○　菊の花　佐藤　実男
ヒヨコ　高橋　晃
映画　栗山みち子
父の帰る日
さがった松信さんからもらったお手紙
小ねこ
寒い冬　岸　みね子
楽しんでいた本
お父さま　長谷川孝子
汽車　新井　英治
めんどり　西沢　敏之

（(1)二四〇～二四一ページ）

この綴方の処理の授業は、すべて六二分間に行なわれたが、それは、以下のような活動と所要時間であった。

（1）机間に入っての指導　11分25秒
（2）表記のあやまりの指導　6分
（3）自分の文を自分で直す　7分20秒
（4）二五人個々について　16分

（5）七人に読ませる　21分15秒

この処理の授業の記録は、二四ページに及んでいる。前掲（5）七人に読ませているのは、教案中○印を付してある八名中、「消防展」（伊藤忠之）を除く七名である。

三

長野市城山小学校において六年生を対象に行なわれた芦田恵之助の綴方の授業は、批正→記述→批正（処理）と三回にわたっているが、いずれも芦田恵之助の創始した、随意選題の綴方授業の典型を示している。子どもたちの書いた文章の実態にもとづいて、それぞれの授業が構築されている。随意選題の方式による綴方の授業は、芦田恵之助が半世紀かけて、みずから育ててきたものであるが、城山小学校における綴方の授業は、批正・記述の指導いずれも、その到達水準を示すものとなっている。

三日間の綴方・読方の授業構想を、芦田恵之助は、つぎのように立てていた。

「五年生でも六年生でも学校の都合のよい教室の綴方を一束丹波の法楽寺へ送って下さい。わたしはそれをよく読みます。

第一日目にはその綴方の処理を取り扱う。そして処理の間に、綴方というものはどういうものかということを子供たちににぎらせる。

第二日目には書かせる。つまり第一日では処理しながら、次の日に子供たちが書こうとする心をたがやし、そして二日目は教室で書かせる。その晩から翌朝にかけてその作文をよく読む。

第三日目には、それの処理をする。そうすると三日間綴方の授業がつづく。

そこで、毎日二時間目には読方をつける。それはむやみに長篇の教材ではなしに、綴方を書くのに手本になるようなものを選んで取り扱ってみたい。

読方では、第一日と第二日には解釈に力を入れる。第三日には読本の文を表現の面から見るという取り扱いをする。三時間で読方を綴方のほうへ展開する仕事ができる。それから綴ったものを読む場合の仕事とを一つにして六時間同一の教室で取り扱ってみたい。」(1)七ページ)

こうして、読方を綴方のほうへ展開するという試みがなされているのである。国語読本の教材文を表現の面から見るという取り扱いがなされている。読み書き関連指導の試みがなされているのは、当時として注目させられる。

読方の授業においては、その指導過程、たとえば、第二日目の読方の場合には、

1、自由読み　2、話し合い　3、かく　4、よむ　のように組み立てられ、自由読みの意義が認められ、それが位置づけられるに至っている。そこには芦田教式の戦後の展開が見られるのである。

芦田恵之助は、城山小学校の先生方との座談会において、つぎのように述べている。

「わたしは、四十九の年に朝鮮総督府の編修官として赴任いたしましたが、仲間の送別会で、僕と同じ四十九の者と比べたら、子供の作文を喜んで読んだことにおいて、その量は日本一だろうといったことがあります。」(1)三二七ページ)

「つまり子供は書く、教師は真剣に読む、それがお互いに修行でしょうね。そこになんともいえんお互いに響き合うものがあるんですね。」(1)三二八ページ)

ここには、芦田恵之助の綴方の授業に対する基本的な姿勢をうかがうことができる。

さて、三日間にわたる芦田恵之助の綴方・読方の授業の精密そのものの記録をはじめとして、芦田恵之助の講演・講話・座談会での発言はもとより、三日間の芦田恵之助の一切の言動が速記によってとらえられ、記録化された。これらの記録の類は、青山廣志氏のまとめられた数多くの授業記録の中でも出色のものであり、国語教育誌学

の極北をなすものといってよい。垣内松三教授による国語教育誌学の提唱は、昭和八年一一月のことであったが、それから三〇年を経て、その最もすぐれた仕事が結実して公刊されたのである。国語科教授研究史上、「芦田恵之助先生七十八歳の教壇記録」は、余人の追随を容易にはゆるさぬほどの独自の位置を占めるものとなっている。

〈引用文献〉

(1)　青山廣志編「芦田恵之助先生七十八歳の教壇記録」いずみ会　昭和38年11月26日　三三九ページ

Ⅳ　島崎藤村、金原省吾両氏に学ぶ

資料10　語句・語彙指導の課題と方法──語句・語彙学習史の事例を中心に──

1　はじめに

語句・語彙の習得は、ことばを学習していく活動と生活の中で、かなめをなしている。ひとりひとりの語句・語彙の習得がどのようになされ、幼児期・学童期・少年期・青年期・成人期と、どのように展開していくのか。語句・語彙の学習史には、個人差があって、とらえがたいむずかしさがつきまとっているが、それだけに語句・語彙学習史を記述したり、その中に分け入ったりしてみたいという気持は、わたくしのばあいつよい。

わたくしは四国の山村小部落の農家に育って、語句・語彙の習得に環境的に恵まれているとはいえない方だった。小学校・中学校（旧制）・高等師範学校・大学（旧制）と、六・五・四・三（計、一八年間）、学校教育を受けながら、それぞれの段階で、語句・語彙の学習にとり組んだが、理解語彙の習得にも表現語彙の使用にも、みずから進んで積極的に努力を重ねたとはいえないままに過ごした。それだけ、語彙のまずしさがいつも不安で、ことば数の多彩な、用語のたくみな人の話などを聴くと、自分はそもそも選ぶべきことば数を持ち合わせていないのではないかという気持にさえなったりした。

みずからのきわめてまずしい語句・語彙学習の跡をたどりながら、語句・語彙指導のありかたを課題を中心に求めていくことにしたい。

2　語句学習（小学校）の場（拠点）

小学校高学年、たとえば、六年生で学んだ教材に、「瀬戸内海」（「尋常小学国語読本」巻十一、第八課）という、つぎのような文章（文語文）があった。

本土の西、近く九州と相接せんとする処、下関海峡あり。四国の西には佐田岬長く突出で、九州にせまりて豊予海峡をなす。淡路島の東端、本土と相望む処、紀淡海峡となり、四国に近き処、鳴門海峡となる。此の四海峡に包まれたる細長き内海を瀬戸内海といふ。

瀬戸内海には、到る処に岬あり、湾あり、大小無数の島々各所に散在す。船の其の間を行く時、島かと見れば岬なり。岬かと見れば島なり。一島未だ去らざるに、一島更にあらはれ、水路きはまるが如くにして、また忽ち開く。かくして島転じ、海廻りて、其の尽くる所を知らず。

春は島山かすみに包まれて眠るが如く、夏は山海皆緑にして目覚むるばかり鮮かなり。両岸及び島島、見渡す限り田園よく開けて、毛氈を敷けるが如く、白壁の民家其の間に点在す。

海の静かなることは鏡の如く、朝日夕日を負ひて、島がくれ行く白帆の影ものどかなり。月影のさゞなみにくだけ、漁火の波間に出没する夜景もまた一段の趣あり。

瀬戸内海の沿岸には大阪・神戸・尾道・宇品・高松・多度津・高浜等良港多く、汽船絶えず通航して、遠く近く黒煙の青空にたなびくを見る。

内海の沿岸及び島々には名勝の地少からず。厳島は古より日本三景の一に数へられて殊に名高く、屋島・壇浦は源平の昔語に人の感興を動かすこと甚だ切なり。我が国に遊べる西洋人は此の瀬戸内海の風景を賞して、世界における海上の一大公園なりといへり。

（同上読本、三三一～三三五ページ）

右の教材の予習・復習に、わたくしは、当時、「大全科参考書」（尋常第六学年前期用）（昭和6年2月10日、二〇版、大阪市、田中宋栄堂本店刊）を用いた。この「大全科参考書」には、語句の読み方、解釈について、つぎのように記されていた。

32（引用者注、ページ数を示す。）本土《ほんど》（ここでは本州の事）相接《あひせつ》せんとする処《ところ》（両方からつながりあはうとする所。互にひつゝきあはうとする所）下関海峡《しものせきかいけふ》（下関と門司との間のせまい海路）海峡《かいけふ》（陸と陸との間のせまい海路）突出《つきい》で。せまりて（そばにおしよせて）豊予海峡《ほうよかいけふ》（豊後と伊予との間にある海峡）東端《とうたん》（東のはし）相望《あひのぞ》む処《ところ》（どちらからも向ひあつてゐる所）紀淡海峡《きたんかいけふ》（紀伊と淡路との間の海峡）鳴門海峡《なるとかいけふ》（阿波と淡路との間の海峡）内海《ないかい》（陸地につゝまれた海）到《いた》る処《ところ》に（どこへいつても）岬《みさき》（陸地が細長く突出てゐる所、半島より小さいもの）湾《わん》（陸地に入りこんだ海）無数《むすう》（たくさん）各所《かくしょ》（あちらこちら）散在《さんざい》（ちらばつてある）33島《しま》かと見《み》れば岬《みさき》なり（島かと思ふと岬である）一島《たう》未《いま》だ去らざるに（一つの島がまだ目の前にあるのに）一島《たう》更《さら》にあらはれ（他の一つの島がまた新にあらはれ）水路《すゐろ》きはまるが如《ごと》くにして、また忽《たちま》ち開《ひら》く（舟路がおしつまってなくなるのかと思へば又急に広くなる。即ち、舟の進んでゆく道がなくなるかと思ふと又すぐに行けるやうになる）島転《しまてん》じ海廻《うみめぐ》りて（島や海がぐる〳〵まはつて見えたりかくれたりして）尽《つ》くる所《ところ》を知《し》らず（どこまで行ったらしまひになるのかわからない）島山《しまやま》（島や山といふ意味でこゝでは島全体）山海皆緑《さんかいみなみどり》（山も海も皆みどりいろ）目覚《めさ》むるばかり（目がさめるほど）鮮《あざや》か（はつきりして美しい）両岸《りやうがん》（両方の海岸）見渡《みわた》す限《かぎ》り（目に見えるかぎりどこまでも）田園《でんゑん》よく開《ひら》けて（田や畑がよくつくられてゐて）毛氈《まうせん》（毛でおつたしきもの）34敷《し》けるが如く（しいたやうで）白壁《はくへき》の民家《みんか》（しろかべの家）点在《てんざい》（あちらこちらにある）鏡《かゞみ》。夕日《ゆふひ》に負《お》ひて（夕日にてらされて）島《しま》がくれ行《ゆ》く（島のかげにかくれてゆく）白帆《しらほ》の影《かげ》（白い帆かげ舟のすがた）のどか（きもちよくしづか）月影《つきかげ》のさざなみにくだけ（水にうつった月の光が波がうごくためにくだけたやうになつて）漁火《ぎよくわ》（さかなをとる船の火）波間《なみま》（なみのあひだ）出没《しゆつぼつ》（出たりはいつたり）夜景《やけい》（夜の景色）一段《だん》の趣《おもむき》（一そうの面白み）沿岸《えんがん》（岸にそうてゐる所）良港《りやうかう》（よいみなと）通航《つうかう》（ふねのとほること）黒煙《こくえん》（くろいけむり）名勝《めいしよう》（けしきのよい所）日本三《にっぽんさん》景《けい》（参考を見よ）殊《こと》に（とりわけて）源平《げんぺい》の昔語《むかしがたり》（源氏と平氏とが戦つた昔話）感興《かんきよう》を動かすこと甚《はなは》だ切《せつ》なり（人々の感じや面白みをおこさせることが大そう強い）35風《ふう》景《けい》（けしき）賞《しやう》して（ほめて）世界《せかい》における（世界中での）一大公園《だいこうゑん》。

（同上書、二一七～二一八ページ）

「大全科」（略称）には、前掲のように、語句の読みとわけ（意味）が丹念に添えられていた。当時、わたくしは、下調べの時に、辞書を引いて、一つ一つの語句の意味を確かめていくという習慣はなく、もっぱら「大全科」に拠って、予習をし、復習をしていった。

「大全科」には、各教科ごとに、こうした語句の扱いがしてあり、学習者としては、常にそこを語句・語彙学習の準備の場としていくことができた。わたくしは、小学校五年・六年の高学年の時期、四冊の国語読本の全教材の語句・語彙の学習を、「大全科」に密着して行った。「大全科」での語句の読みと意味とを与えられての学習は、受動的ではあるが、教材本文をくり返し読みつつ、各語句を文脈に即して確かめることはできた。

「大全科」の語句の欄における語句の扱いは、一般的には、ことばの言い換えを主にして、わけを示しているだけであり、文脈の中での語句の生きたはたらきを的確にとらえるということは、あまり望めなかった。それだけ、平板で、深く掘り下げた語句学習にはなりにくかった。

なお、前掲「大全科」の「瀬戸内海」の語句欄につづいては、つぎのような練習問題が五問掲げられていた。

一　次の文を読んで問に答へなさい。

海の静かなることは鏡の如く、朝日夕日を負ひて、島がくれ行く白帆の影ものどかなり。月影のさゞなみにくだけ、漁火の波間に出没する夜景もまた一段の趣あり。

(1)　この文はどこの景色を書いたのか。

(2) 「白帆の影ものどかなり」とあるが、朝か昼か日暮か。
(3) 「漁火の波間に出没する夜景」とあるのは、月夜の景色か、やみ夜の景色か。
(4) 「島がくれ行く」とは、どういふことか。

二 「瀬戸内海」の文章を読んで、其の景色を言ひあらはすに最もふさはしい言葉や語句があつたら書きぬきなさい。

三 意味のわかる文にしなさい。

日を負ひて　　海の静かなることは
のどかなり　　白帆の影も
鏡の如く　　島がくれ行く

四 次の語に読仮名《よみがな》をつけなさい。

沿線　沿道　余興　勝敗　趣意
採点　転落　無尽　接近　漁獲
絶壁　鏡台

五 適当な文字を入れなさい。

厳島は古より日本〇〇の一に数へられて殊に〇〇く、屋島・壇浦は〇〇の昔語に人の〇〇を動かすこと〇だ切なり。

（同上書、二八ページ）

これら五つの練習問題は、すべて語句の学習にかかわりがあり、それぞれにくふうもみられる。しかし、小学生のわたくしは、自発的にこうした問題にとり組んで、語句の学習を深めるように努めたという記憶は、ほとんどない。

教材「瀬戸内海」をわたくしが学んだのは、昭和七年（一九三二）であるが、素朴な語句学習を、やや受動的に、しかもかなり綿密に、国語教科書所収の全教材について、「大全科」を拠点にしながら進めていったことになる。国語教材に登場する、めぼしい語句群についての、読みとわけの学習については、「大全科」の語句解説欄に拠りつつ、遺漏なきを期したが、文脈に沿いつつ、主要語句の的確周到な理解を、読みの深まりとともになしえたかというと、それははなはだおぼつかない。多分に受動的な姿勢であり、ひととおりの換言主義的な語義の習得に力を入れていたにとどまる。

小学校高学年時代における、わたくし自身の国語教科書を媒材とした語句学習のあらましは、右にみてきたとおりである。習得のための熱意と努力とは、人後に落ちないものだったにせよ、語句・語彙学習のための、もう一つの沃野である、読書生活の方は、生活環境の面からも、子どものための読物（単行本・雑誌など）にあまり恵まれず、読書へのひもじさ（飢え）がつづいた。家庭における月刊雑誌（当時は、講談社刊行の雑誌類が中心をなしていた）などの継続購読も思うにまかせず、単行本の購入に至っては、いっそう困難であった。

存分に読書にうちこんで、思いきり語句・語彙の力を伸ばすことは、わたくしのばあいできなかった。読書への飢餓感がずっとつづき、そのひもじさを満たしうるかのように、「大全科」の学習にうちこんでいかざるをえなかった。

わたくしのばあい、語句・語彙学習の拠点は、「大全科」であり、そこを拠点としての語句学習への全力投球であったが、学童期の子どもたちに、どのような語句学習の場（拠点）を用意していくかは、指導上の大きな課題の一つである。

3　語句学習（旧制中学校）の実際

昭和八年（一九三三）四月、わたくしは旧制大洲中学校に入学した。ここで五ヵ年間、正読本としては、八波則吉氏の編まれた「現代国語読本」全一〇巻を学んだ。内容は雑纂方式で構成され、単元ごとの教材編成ではなかった。ほかに、一、二年では、副読本として、斎藤清衛教授の編まれた、「第二読本」（昭和2年11月10日訂正再版、星野書店刊）を学んだ。

たとえば、八波則吉編「現代国語読本」巻一（昭和7年1月16日訂正六版、東京開成館刊）第一二課には、夏目漱石の「吾輩は猫である」から、冒頭部分がつぎのように教材として採録されていた。

吾輩は猫である。名前はまだない。何処で生れたか、頓と見当が付かぬ。何でも薄暗いじめ〳〵した処で、にやあにやあと泣いてゐたことだけは記憶して居る。吾輩は此処で始めて人間といふものを見た。而も後で聞くと、それは書生といふ、人間で一番獰悪《だうあく》な種族であつたさうだ。此の書生といふのは、時々我々を捕へて煮て食ふといふ話である。併し、其の当時は何といふ考もなかつたから、別段恐しいとも思はなかつた。唯彼の掌の載せられて、すうと持上げられた時、何だかふは〳〵した感じがあつたばかりである。掌の上で少し落着いて書生の顔を見たのが、所謂人間といふものの見初めであらう。此の時妙なものだと思つた感じが今でも残つて居る。第一、毛を以て装飾されるべき筈の顔が、つる〳〵してまるで薬罐《やくわん》だ。其の後猫にも大分逢つたが、こんな片輪には一度も出会《でつくは》したことがない。其の上、顔の真中が余りに突起して居る。そして、其の穴の中から時々ぷう〳〵と烟を吹く。どうも咽《むせ》つぽくて、実に弱つた。是が人間の呑む煙草といふものであることは、漸く此の頃知つた。

此の書生の掌の中で、暫くは好い心持で坐つてゐたが、暫くすると非常な速さで運転し始めた。書生が動くのか、自分だけが動くのか分らないが、無暗に眼が廻る、胸が悪くなる。到底助からないと思つて居ると、どさりと音がして、眼から火が出た。それまでは記憶して居るが、後は何の事やらいくら考へ出そうとしても分らない。

　ふと気が付いて見ると、書生はゐない。沢山居つた兄弟が一疋も見えぬ。肝腎の母親さへ姿を隠して了つた。其の上、今までの処とは違つて、無暗に明るい、眼を明いて居られぬくらゐだ。はてな、何でも様子が可笑しいと、のそ〳〵と這出して見ると、非常に痛い。吾輩は藁の上から急に笹原の中へ棄てられたのである。

　漸くの思《ママ》で笹原を這出すと、向うに大きな池がある。吾輩は池のまへに坐つて、どうしたら好からうと考へて見た。別に是といふ分別も出ない。暫くして、泣いたら書生が又迎ひに来てくれるかと考へ付いた。にやあ〳〵と試にやつて見たが、誰も来ない。其の内に、池の上をさら〳〵と風が渡つて、日が暮れかゝる。腹が非常に減つて来た。泣きたくても声が出ない。仕方がない、何でもよいから食物のある処まで歩かうと決心をして、そろり〳〵と池を左に廻り始めた。どうも非常に苦しい。そこを我慢して、無理やりに這つて行くと、漸くのことで、何となく人間臭い処へ出た。此処へ這入つたらどうにかなると思つて、竹垣の崩れた穴から、とある邸内にもぐり込んだ。縁は不思議なもので、若し此の竹垣が崩れてゐなかつたなら、吾輩は遂に路傍に餓死したかも知れんのである。「一樹の蔭」とは能く言つたものだ。此の垣根の穴は、今日に至るまで、吾輩が隣家の三毛君を訪問する時の通路になつて居る。

　さて、邸へは忍び込んだものの、是から先どうして好いか分らない。其の内に暗くなる、腹は減る、寒さは寒し、雨が降つて来るといふ始末で、もう一刻も猶豫が出来なくなつた。仕方がないから、兎に角明るくて暖かさうな方へ〳〵と歩いて行く。今から考へると、其の時は既に家の内に這入つてゐたのだ。此処で、吾輩はかの書生以外の人間を再び見る機会に遭遇したのである。第一に逢つたのがおさんである。是は前の書生よりも一層乱暴な方で、吾輩を、見るや否や、いきなり頸筋を攫んで、表へ抛《ほふ》り出した。いや是は駄目だと思つたから、目をつぶつて運を天に任せてゐた。しかし、ひもじいのと寒いのとにはどうしても我慢が出来ん。吾輩は再びおさんの隙を見て、台所へ這上がつた。すると、間もなく又投出された。吾輩は投出されては這上り、這上つては投出され、何でも同じことを四五遍繰返したのを記憶して居る。其の時、おさんと云ふものはつく〴〵厭になつた。此の間、おさんの秋刀魚《さんま》を偸んで此の返報をしてやつてから、やつと胸の痞《つかへ》が下りた。吾輩が最後に撮み出されようとした時に、此の家の主人が「騒々しい、何だ。」と言ひながら出て来た。おさんは吾輩をぶらさげて、主人の方へ向けて、「此の宿無しの小猫が、いくら出しても〳〵お台所へ上つて来て困ります。」といふ。主人は鼻の下の黒い毛を捻りながら、吾輩の顔を暫く眺めてゐたが、頓て「そんなら内へ置いてやれ。」と言つたまゝ、奥へ這入つて了つた。主人は余り口を利かぬ人と見えた。おさんは口惜しさうに吾輩を台所へ抛り出した。斯くして吾輩は遂にこの家を自分の住家と極めることにしたのである。

（同上読本、五三～六〇ページ）

この教材中、「獰悪《だうあく》な」「薬罐《やくわん》」「出会《でつくは》した」「秋刀魚《さんま》」「痞《つかへ》」「撮《つま》み」などには、すでに読みがながふってあった。こうした学習者への手当がなされてはいたが、中学一年生の学習には、かなり程度の高い語句が続出している。小学校時代の「尋常小学国語読本」（いわゆる白表紙本、大正七年から昭和八年いわゆる「サクラ読本」が出現するまで用いられたもの）の教材に用いられた語句に比べると、相当高度なものが使用されるようになって、むずかしさを加えていった。

旧制中学校においても、わたくしは、小学校のばあいの「大全科」と同じように、「現代国語読本」のために作成された、東京辞書出版社刊行の学習参考書に拠って、語句の読みとわけの学習をつづけた。正読本に関するかぎり、中学校での語句学習の態度と方法は、小学校の時とほぼ同じであって、その延長上にあったといってよい。

一方、副読本としての「第二読本」（前出）巻一にも、夏目漱石の「猫」から、蟷螂狩の一節が教材として採録されていた。題名は「吾輩の運動」となっていた。

吾輩は近頃運動を始めた。猫の癖に運動なんて利《き》いた風だと、一概に冷罵し去る手合に一寸申し聞かすが、さういふ人間だつてつい近年までは運動の何ものたるを解せずに食つて寝るのを天職の様に心得て居たではないか。無事是貴人とか称へて懐手をして座蒲団から腐れかゝつた尻を離さざるを以て旦那の名誉と脂下《やにさ》がつて暮らしたのは覚えて居る筈だ。吾輩の新式運動のうちには中々趣味の深いのがある。第一に蟷螂狩について話さう。蟷螂狩は鼠狩ほどの大運動でない代りに、それ程の危険がない。夏の半ばから秋の始めへかけてやる遊戯としては最も上乗のものだ。其の方法といふと先づ庭へ出て、一匹の蟷螂をさがし出す。時候がいゝと一匹や二匹見附け出すのは雑作もない。さて見附け出した蟷螂君の傍へはつと風を切つて駈けて行く。すると、すはこそといふ身構へをして鎌首をふり上げる。蟷螂でも中々健《けな》気《げ》なもので、相手の力量を知らんうちは抵抗する積もりで居るから面白い。振上げた鎌首を右の前足で一寸参る。振上げた首は軟らかいからぐにやりと横へ曲がる。此の時の蟷螂の表情が頗る興味を添へる。「おや」といふ思ひ入れが充分ある。所を一足飛びに君の後ろへ廻つて、今度は背面から君の羽根を軽く引掻く。あの羽根は平生大事に畳んであるが、引掻く方が烈しいと、ぱつと乱れて中から吉野紙の様な薄色の下着があらはれる。君は夏でも御苦労千万に二枚重ねで乙《おつ》に極まつて居る。此の時君の長い首は必ず後ろに向き直る。ある時は向かつてくるが、大概の場合には首だけぬつと立てて居る。此方《こちら》から手出しをするのを待構へてゐるやうに見える。先方がいつまでもこの態度で居ては運動にならんから、あまり長くなると又ちよいと一本参る。これだけ参ると眼識のある蟷螂なら必ず逃出す。それを我武者《がむしゃ》らに向かつてくるのは余程無教育な野蛮的蟷螂である。もう相手が此の野蛮な振舞をやると、向かつて来た所を覘ひすまして、いやといふ程張附《はりつ》けてやる。大概はに二三尺飛ばされる者である。然し敵が大人《おとな》しく背面に前進すると、こつちは気の毒だから庭の立木を二三度飛鳥の如く廻つてくる。蟷螂君はまだ五六寸しか逃延びてをらん。もう吾輩の力量を知つたから手向かひする勇気はない。只右往左往へ逃惑ふのみである。然し吾輩も右往左往へ追つかけるから、君はしまひには苦しがつて羽根を振るつて一大活躍を試みる事がある。元来蟷螂の羽根は彼の首と調和して、頗る細長く出来上がつたものだが、聞いて見ると全く装飾用ださうで、多くの日本人の英語・仏語・独逸語の如く毫も実用にならん。だから無用の長物を利用して一大活躍を試みた所が吾輩に対して余り効能のありよう訳《わけ》がない。名前は活躍だが事実は地面の上を引きずつて歩くといふに過ぎん。かうなると少々気の毒な感はあるが運動の為だから仕方がない。御免蒙つて忽ち前面へ駈抜ける。君は惰性で急廻転が出来ないからやはりやむを得ず前進してくる。其の鼻をなぐりつける。此の時蟷螂君は必ず羽根を拡げたまま仆れる。其の上をうんと前足で抑へて少しく休息する。それから又放す、放して置いて又抑へる。七擒七縦、孔明の軍略で攻めつける。約三十分此の順序を繰返して、身動きも出来なくなつた所を見澄まして一寸口へ銜へて振つて見る。それから又吐き出す。今度は地面の上へ寝たぎり動かないから、此方の手で突つついて、其の勢で飛上がる所を抑へつける。これもいやになつてから、最後の手段としてむしや〳〵食つてしまふ。序だから蟷螂を食つた事のない人に話して置くが、蟷螂はあまり旨い物ではない。さうして滋養分も存外少ない様である。

（同上「第二読本」、七七～八一ページ）

前掲の文章のうち、初めの三文のつぎに、原文（「猫」）では、かなりの分量の叙述があるが、教材化に当たっては保留されている。全体が一つの段落をなしており、表記面についても教材化に際して、かなり手が加えられていた。

この「第二読本」には、いわゆる学習参考書（生徒用自習書）は作成されていなかった。それだけ、正読本のばあいとはちがって、語句の学習について、拠点とするところがなく、心細いおもいをせずにはいられなかった。「第二読本」担当の先生の語句の説明には、緊張して耳を傾けた。補助読本として、どしどし読み進めることを指導方針として、みずから説明を加えながら、文章（教材）を解釈し、鑑賞される先生は、語句の辞書による確かめを生徒の方に義務づけることはされなかった。

前掲「吾輩の運動」のばあいも、「冷罵」「手合」「思ひ入れ」「乙《おつ》に極まつて居る」「眼識」「毫も」など、この教材を通して、初めて出会ったり、印象に刻まれたりした語句が多い。

中学校ではまた、右にみてきた、「正読本」・「第二読本」のほかに、漢文の教科書「新制漢文」巻一（北村沢吉編、昭和6年12月13日訂正再版　宝文館刊）を、二年生の折に学んだ。巻一には、たとえば、「徂徠ノ苦学」と題して、つぎのような文章が「先哲叢書」から教材として採録されていた。

徂徠《ソライ》年幼《ナリシトキ》、従《ヒテ》レ父在《リ》二上総《ニ》一。日与《ニ》二田父野老一偶処《シ》、無《シ》二一師友一。篋中唯《ダ》有《ルノミ》二大学諺解一本一。徂徠獲《テ》レ此《ヲ》研究《シ》、用《フル》レ力《ヲ》之久《シキ》、遂《ニ》得《タリトシテ》下不《ラ》レ藉《ラ》二講説《ヲ》一遍通《ズルヲ》中群書《ニ》上云《フ》。」初《メ》徂徠卜《ス》二居《ヲ》于芝街《ニ》一。時《ニ》赤貧如《シ》レ洗《フガ》。増上寺前《ニ》有《リ》下売《ル》二豆腐《ヲ》一者上。憐《ミ》二徂徠《ノ》貧而《ニシテ》有《ルヲ》レ志、日《ニ》饋《ル》二豆滓《ヲ》一。後至《リ》レ食《ムニ》レ禄《ヲ》、月《ニ》贈《リ》二米三斗《ヲ》一、以報《イタリ》レ之《ニ》」徂徠看《ル》レ書《ヲ》、向《ヘバ》レ暮《ニ》則《チ》出《デテ》就《ク》二簷際《ニ》一。簷際亦《モ》不《レバ》レ可《カラ》レ辨《ズ》レ字《ヲ》、則《チ》入《リテ》対《ス》二斎中《ノ》燈火《ニ》一。故《ニ》自《リ》レ旦及《ブマデ》二深夜《ニ》一、手《ニ》無《シ》二釈《ク》レ巻《ヲ》之時一。其《ノ》平生惜《ム》二分陰《ヲ》一者《コト》、率《ネ》此類《ノ》也。

（同上書、三六〜三七ページ）

「新制漢文」には、学習参考書「新制漢文通解」（昭和7年2月28日、東京辞書出版社刊）が刊行されており、それを利用することが出来た。

「新制漢文通解」は、本文の読み方、通解のほか、語釈が取り上げられていた。前掲「徂徠苦学」に関しては、つぎのように語釈がなされていた。


〔田父野老《デンプヤラウ》〕農民のこと。父も老も老人の意。

〔偶処《グウショ》〕相対してゐること。偶は並ぶこと。配偶（ハイグウ）は夫婦になる相手。偶数は割り切れる数。

〔篋中《ケフチュウ》〕本箱の中。

〔諺解《ゲンカイ》〕口語（俗語）訳といふ意。

〔藉《カル》〕音「シヤ」。借。かりる、たよりにする。

〔卜《ボク》〕住居をさだめる。卜はウラナフ。大昔、居を定めるに必ずうらなつたから生じた語。

〔芝街《シバマチ》〕今の芝区。

〔赤貧如レ洗《セキヒンアラフガゴトシ》〕たいそう貧乏であつたことは、丁度物を洗ひきよめたやうだといふ。赤は空の意、何一つなきこと、赤貧はすかんぴん。から貧乏。

〔饋《オクル》〕食物を人におくること。

〔食レ禄《ロクヲハム》〕扶持米をもらつて生活する。

〔簷際《エンサイ》〕のきば。のきぎは。簷＝擔、のき。ひさし。

〔辨レ字《ジヲベンズ》〕文字をはつきりと見わけること。

〔斎中《サイチユウ》〕書斎の中。

〔旦《タン》〕早朝。

〔深夜〕夜ふけ。

〔釈レ巻《クワンヲオク》〕書物をその手からはなす。釈はおく。すてるの義。

〔分陰《フンイン》〕わづかの時間。陰は光陰、日かげ。日かげが一分程動く間の時間。寸陰といふより更に短い。

〔率《オオムネ》〕たいがい。おほよそ。

〔此類也《コノルイナリ》〕このやうなぐあひであつた。


（同上書、一〇一〜一〇三ページ）

この「語釈」欄は、漢文学習における語句習得の足場になった。

さて「新制漢文通解」の「序言」には、編者の意図・考え方が、つぎのようにしるされていた。

いずれの学科を修めるにも、勤めねばならぬことは、第一に予習である。わけて国語漢文科にあつては、読本の予習が肝要である。予習を怠つて、たゞ教師の説明にのみ依頼して居ては、到底十分の了解を得られるものではない。さりながら、今の生徒の学ぶべき学科は余りに過多である。毎日諸学科の予習や復習に追はれて寸隙もない生徒に、雑多な和漢の辞典を繙かせて読本の予習を強ひるのは、無理な事である。一字を検し、一語を索めるにも少からぬ時間を費し、時には遂にその文字や語句を探し得ずして終ることもあらう。かやうな困苦を嘗めさせてまでも、なほ読本の予習をなさしめようとするのは、不可能の事ではあるまいか。

本辞書は、かゝる過重の負担に苦《ママ》んで居る生徒の為に、使用の簡易にして而も実効の大なる予習用の好伴侶たらしめようとして、特に編纂したものである。生徒が若しこれによつて読本の予習を勤めたならば、徒労も少《ママ》く、且、正確な読方や解釈を容易に知ることが出来て、学修上極めて便益が多いことであらうと思ふ。但し、本辞書はもともと予習の為に用ひるものであるから、決して教場へ携帯してはならぬ。又この辞書から、読方や解釈を読本に転写してはならぬ。復習の場合にも成るべくこれを用ひぬやうにするがよい。なほこの辞書によれば、何事も十分に了解されるものと信じて、教師の説明を粗略に聴くやうなことがあらうものなら、それこそ大間違である。教師の説明は、勿論微に入り細を極め、文脈を検し、修辞を論じて、縦横に講述されるものであるから、心を空しうして之を謹聴せねばならぬ。真の読書力や解釈力は、教師の指導を俟つて始めて完きを得るものであることを忘れてはならぬ。この心掛を以て忠実に予習に勤め、この辞書を善用して学修上の実効を挙げるやうにせられたい。これが、編者の切に諸君に望むところである。

（同上書、「序言」一～二ページ）

この「序言」は、当時（昭和九年〈一九三四〉）、一人の中学生として、これを読み、共感をおぼえる点が多く、とくに教室での学習態度について、説いてある部分は、なるほどと同感するところが多かった。

旧制中学校における、国語および漢文の語句・語彙の提出は、それぞれ教科書ごとに相当の質量にのぼっており、それらを学習者として消化していくのは、やはりたえざる努力を要することであった。

4　ことば（語句）の新生

旧制中学校一年生の折、わたくしは、副読本「第二読本」（前出）巻一所収の最初の教材「言葉の愛」（島崎藤村）を学んだ。それは、つぎのような文章であった。

「父さん。」

と太郎が側へ来て、外国ではどんな言葉を話すかと尋ねるものですから、父さんは、そりや、仏蘭西《フランス》では仏蘭西語さ、英吉利《イギリス》へ行けば英語を話すのさ、と言つて聞かせました。

「子供でも。」

と、また太郎が尋ねかへしました。そこで、

「太郎よ。仏蘭西では、お肴屋さんでも、八百屋さんでも、皆仏蘭西語です。鉛筆一本買ひに行くにも、日本の言葉では通じません。『今日は』なんて言つたつて誰も解《わか》るものはありません。

遠い国へ行くと、不思議に自分の国の言葉が恋しくなります。かうしてお前達に話すやうな国の言葉が、思ふさま使つて見たくなります。国の言葉で書いた本が読みたくなります。父さんは外国に暮らして見て、つく〴〵日本の言葉の有難味を知りました。

お前達は幼なごゝろにも、言葉を愛することを知つて、そして勉強したら、どんなに仕合はせだらう。」

と父さんは、ねんごろに太郎の問に答へてやりました。

（同上読本、一〜二ページ）

この教材を学習しながら、当時のわたくしは、「遠い国へ行くと、不思議に自分の国の言葉が恋しくなります。」ということを理解しえなかったのは、無論のこととして、「お前達は幼なごゝろにも、言葉を愛することを知つて、そして勉強したら、どんなに仕合はせだらう。」ということを、実感をこめて理解することはできなかった。島崎藤村の言う、「言葉を愛すること」には、まだめざめていない状態であった。

――中学三年生になって、それは昭和一〇年（一九三五）のことであるが、わたくしは「個性」ということばにひかれるようになった。いつしらず、わが胸底に「個性」という語が息づくようになってきたのである。それは「個性」ということばを、みずからいつくしみ、はぐくんでいくような内的体験であった。今からふりかえると、この「個性」ということばは、内面的なものに心を魅きつけられるようになっていた時期の記念になっているという気もする。

こういう、語句の〝新生〟とでもいうべき経験（ことば自覚）を経て、島崎藤村のいう「言葉を愛すること」が可能になってくるのではないか。「個性」ということばの〝新生〟を経験して、はじめて、わたくしは、『春』という言葉一つでも活きかへつて来た時の私のよろこびは、どんなだつたらう。」（「春を待ちつつ」）という藤村の心情にすこしでもついていくことができるようになった。

同じく、中学校三年生のころ、わたくしは、芥川龍之介の「侏儒の言葉」（岩波文庫、昭和8年2月25日第二刷、岩波書店刊）を読む機会をえた。龍之介の「言葉」に、中学生のわたくしは衝撃を受けずにはいられなかった。

> 人生は一箱のマッチに似てゐる。重大に扱ふのは莫迦々々しい。重大に扱はなければ危険である。（「侏儒の言葉」、二七ぺ）
>
> 人生は落丁の多い書物に似てゐる。一部を成すとは称し難い。しかし兎に角一部を成してゐる。（同上書、二八ぺー

ジ）

文　章
文章の中にある言葉は辞書の中にある時よりも美しさを加へてゐなければならぬ。（同上書、一〇〇ページ）

自発的にみずから選んで、「侏儒の言葉」を読んだということもあって、前掲の三つの例をはじめとして、多くのことば（語句）・文・文章を手ごたえを感じつつ学ぶことができた。みずから求めて読む文章からは、つまり、自主的な読書体験からは、わが胸に宿ることばを多く見つけることができたようだ。

個々の学習者に、ことば（語句）の〝新生〟を、どのようにさせていくか、また、自発的な語句獲得の機会と場を、どのようにとらえさせるかが、語句・語彙指導上の大事な課題となる。

5　語句の習得

読書体験といえば、昭和一一年（一九三六）、旧制中学四年生になって学習した、「現代国語読本」（八波則吉編、昭和7年1月16日訂正六版、東京開成館刊）巻七所収の「読書の意義」（第二一課、阿部次郎氏）は、忘れがたい文章の一つである。

世の中には、極めて平凡で陳腐な問題で、而も時々振り返つて之を考へ直して置かなければならない性質のものがある。読書の意義といふやうなことも、世人の多数にとつては、恐らくこの類の問題の一つであらう。読書は誰でもすることであるが、大多数の人はその意義と利弊とを考へてゐない。しかし文化の進歩に伴つて、読書欲が急速に増加するにつれ、又読書の態度が真剣の度を加へるにつれて、この問題をはつきり考へて置く必要は益〻加はつて来る。

読書は体験を予想する。自ら真剣に生活し、真剣に思索してゐる人にとつてのみ読書は効果がある。読書は吾々の思索と体験とを補ふことは出来るが、これに代ることは出来ない。読書の意義を考へる時、吾々は第一にこのことを記憶して置かなければならない。

若し人が一冊の書でも之を本たうに理解しようと思ふならば、唯之に噛り附いたり、之と睨めつくらをしたりしてゐるべきではない。仮令その人が之を読み返し又読み返して、一生その書を手から離さないにしても、若しその書の根本問題を自己の問題とすることを知らず、その書の背景になつてゐる人生の体験を自ら体験することを知らず、又著者の思索の努力を自己の中に繰り返すことを知らないならば、唯小僧がお経を誦む時のやうに、その書を暗誦するのみで、その人の生活は、これによつて豊富にも力強くも高くもならないであらう。寧ろ無用の記憶はその頭脳を硬くして、読書は平生の愚を一層愚にするに過ぎないであらう。読書の意義を考へる者は、先づその価値の限界を考へなければならない。吾々にとつて最上の意義を持つてゐるのは生活であつて、決して読書ではない。此の間の関係を顚倒して、読書に無条件の価値を置くのは、寧ろ読書からその正当な価値を奪ふ所以に過ぎないのである。（以下四段落省略）

たゞ読書の意義は吾々の体験を基礎としてのみ成り立つものであるとすれば、どんな良書も此方の体験が足りないかぎり、十分に理解することが出来ないことは止むを得ない。特に偉人がその一生の体験と思索とを籠めたやうな大作になると、それは吾々の体験と思索とが大きくなればなるほど、何処までも益〻大きく見えるであらう。幾度読み返しても、常に新しい味を吾々に味はせるであらう。この意味に於て、吾々が本たうに良書を理解しようと思ふならば、吾々は先づ自分自身の生活を大きくしなければならない。吾々が全力をつくして考へたり、味つたりしても、とても理解し得ないやうな書に遭遇したならば、吾々は暫くその書を離れて直接の人生に帰つて行くが善い。さうして其処で得たものを携へて、適当の時期を見計つて再び書物に帰るが善い。その時吾々が直接の人生から携へて来たものは、その書物を理解するために大いに裨益することがあるであらう。自己の成熟を待たずに、むやみに之にかじり附くのは極めて愚策である。自然科学の知識の根源が「自然」に在るやうに、人間智の根源は、凡べて直接の人生にあることを忘れてはならない。
書を読むとは心を読むのである。自己の心を読むことを知らないものが、どうして他人の心を読むことが出来よう。
(人格主義)　(同上読本、一一一〜一二〇ページ)

右の教材「読書の意義」は、阿部次郎氏著の「人格主義」(大正11年6月15日、岩波書店刊)所収の論文「読書の意義とその利弊」(大正10年3月12日執筆)から採られていた。わたくしは、後年、昭和一六年(一九四一)、広島高師の三年生の折、広島市内の古書肆で、この「人格主義」をもとめ、これを通読することができた。古書店の書棚の一隅にあった「人格主義」を購入するきっかけは、旧制中学校時代、「現代国語読本」所収の教材「読書の意義」を学習し、その末尾に出典「人格主義」が示されていたことによる。

教材「読書の意義」(前掲)についてみれば、わたくしには、「読書は体験を予想する。」という一文が、とりわけ印象に残っている。こういう言いまわしにも慣れてはいないし、論説文の表わしかたを読んでたどっていくことは容易ではなかったが、国語科の時間、白田時太先生の文章中の抽象的な語句の説明を必死で書き取り、聴き逃しのないように心をくばったものである。白田時太先生は、教材「読書の意義」を読み進めながら、文章中に用いられている、「思索」「文化」「体験」「自然現象」などの語句の説明をされた。旧制中学校の四年生・五年生(現在の新制高校の一年生・二年生に当たる。)のころは、論説文における、抽象的観念的な語句を、どのようにしてみずから理解し、また、みずから使いこなしていくようにするかが課題になった。これらの語句は、論説文の論述(文脈)とともに生きていて、それに即して理解を深めていかなければならなかった。

こうした語句の獲得は、思考・思弁・思索の鍛錬と表裏一体をなしており、単なることばの言い替えは、もう通用しなくなっていた。

昭和一一年（一九三六）一一月一一日、旧制中学四年生の折、校内模擬試験が実施された。国語科の第三問題には、つぎのような語句が五つ出された。

1 揺籃の地＝幼年時代を過した土地。故郷。
2 揣摩臆測＝あれやこれやと想像を逞しうすること。
3 象牙の塔＝立派な象牙で作ったような塔。立派な御殿。
4 不可抗力＝弱いこと、絶対のもの。抗为すべからざるもの。（先生、力と朱書。）
5 玉石混淆＝宝石も石も入り交じってゐること。すぐれた人も凡人も見分けがつかずに一緒にする。

これは各項四点ずつ、計二〇点であったが、わたくしは、3、4、で失敗し、一三点をもらった。「象牙の塔」には、当時まったく歯が立たなかったわけであるが、答案を返してくださる時の白田時太先生の説明で、それからは肝に銘じて今日に至っている。

旧制中学校五年生の第二学期、期末考査の現代文の答案を採点された、白田時太先生は、冬休みに入ろうとする、ある日、わたくしに来るように言われ、職員室にうかがうと、先生は、わたくしに、「知識の問題―カント認識論の解釈―」（村岡省吾郎著、大正10年8月1日六版、岩波書店刊）・「哲学通論」（田辺元著、昭和9年1月20日第二刷、岩波書店刊）の二冊をくださった。「ぼくは、もういらなくなったから、君、これを読んでごらん。『現代文』の君の答案を読んでいるうち、冬休みにでも、こうした本を読んで考えるようにしたらと思ってね。」というおことばだった。

これは白田時太先生のわたくしどもへの心のこもった読書指導であると同時に、個別的にしていただいた語句指導でもあった。村岡省吾郎氏の「知識の問題」の方は、なんとか読み通すことができたが、田辺元博士の「哲学通論」（岩波全書）の方は、昭和一三年（一九三八）三月一四日に第一回めの通読をしたものの、むろんそのむずかしさは一中学生の理解を絶するものであった。

思考力と抽象的な語句の習得の問題を、どのように考え、どのように指導していくか。このことは、中学校においても、高等学校においても、語句・語彙指導上の大きい課題の一つである。そこでは、指導者の役割もまた、いっそう重いものを持つようになる。

6　古文単語の学習の試み

昭和一三年（一九三八）三月、旧制大洲中学校を卒業した後、四月から九月まで、郷里の大洲税務署に一時勤めながら、わたくしは広島高等師範学校文科第一部（国語漢文科）への受験準備に入っていった。当時は入学試験が一二月下旬に行われていたから、約九カ月の準備期間を経ただけで、受験しなければならなかった。

語句の学習についていえば、わたくしのばあい、古文単語の方は、信定建一著「入試合格標準語彙国文単語の綜合整理」（昭和10年12月25日初版、昭和13年4月1日四十一版、欧文《ママ》社刊）に拠ることにした。

わたくしは、この「国文単語の綜合整理」に拠って、古文単語の暗記学習を進めていくのに、メモ用の小型手帳を一〇数冊、町中の書店でもとめ、その手帳の各用紙の表に単語を三つ、その裏面にそれぞれの単語の意味を書きこんで、それらを順次おぼえていくようにしたのである。

たとえば、つぎのようにメモ帳に書きこんだものを、税務署への通勤の途上をはじめ、随時寸暇を惜しんで、くりかえし読んで、そのマスターに努めた。その単語数は、約一、一〇〇語にのぼった。

（表）

こうず　夜は大殿ごもらぬ日数経てさすがにいたう困じ給ひけり（増鏡）
こゝら　何事も一様にはあらぬものなればこゝらの中に一つ二つの異なるためしもなどかなからむ（石上私淑言）
こゝろ　道を思はでいたづらにわれを尊まむはわが心にあらざるぞかし（玉勝間）

（裏）

こうず（動詞）（困）困る。悩む。疲れる。苦しむ。
こゝら（副詞）（幾許）数多。沢山。多く。
こゝろ（名詞）（心）(1)魂。精神。本心。(2)同情。思ひやり。(3)意味。(4)思慮。予期。(5)情趣。風情。気品。(6)風流の心。情趣を解する心。(7)こころばせ。おもひ。(8)趣向。工夫。(9)気持。心地。

わたくしのばあい、古語の学習を、古文要語集にしたがって、それをメモ帳の表裏両面に書き写し、ほぼ全面的に頭に入れるように努めたことは、古文の解釈にあたって、一種の自信をもって取り組むことができるようになる大きい因由となった。ただ、それだけでは、概略の表面的なひと通りの理解におわりやすく、文脈に即して、ことば（古語）の真のはたらきと味わいとをとらえていくといった、深められた、的確な解釈へは、なかなか達しえなかった。やはり、機械的暗記に傾いていたことは否めないのである。

わたくしの語句・語彙学習史のうち、受験準備期に試みた、古文単語（約一、一〇〇語）の暗記のことは、語句学習における完走しえた体験である。それだけ、古文単語への視野を確保することはできたが、古文解釈そのものから習得した古文語句のばあいとはちがって、やはり古語そのものを生きた姿のまま学んでいくのとはちがっていた。こうした全面的な暗記の試みは、その後時間の経過とともに記憶から遠のき、剥落してしまったように思われる。それは機械的暗記の持つ宿命ともいえるものかもしれない。結果としては、やはりむなしい風をまともに受けずにはいられなかったのである。

さて、古文単語の学習の試みと並んで、同じ「国文単語の綜合整理」(信定建一著、前出)の「現代文要語篇」から、現代文要語を例のようにメモ帳に数語ずつ抜き出し、その暗記をと志したが、この方は、古文単語のばあいのようには完走することができず、五十音順で、か行の「け」のところでとまってしまった。

別に、漢文要語についても、漢文重要語法についても、メモ帳に書き抜いて、暗記学習に備えようとしたが、いずれも途中までで保留してしまった。

(表)

愛　着(アイヂヤク)
愛　欲(ア　イ　ヨ　ク)
赤毛布(アカゲット)
赤行嚢(アカカウナウ)
赤　字(ア　カ　ジ)

(裏)

愛　着　かはゆくて、思ひきりにくいこと。一途に愛情に執着すること。愛執に同じ。
愛　欲　愛着の欲望。熱烈な愛。
赤毛布　都会見物の田舎者。不慣な洋行者。
赤行嚢　書留・価格表記等の貴重な郵便物を入れて一局から他局へ送る嚢。
赤　字　政府などで歳出が歳入よりも超過したこと。又銀行会社などで支出が収入よりも超過して欽損したこと(不足額は赤書するから)

（表）

衣食足知㆓栄辱㆒　（漢書）
漱㆑石　枕㆑流　（晋書）
生㆓憂患㆒死㆓安楽㆒　（孟子）

（裏）

衣食足知栄辱（漢書）
　人は衣食の心配がなくなって、始めて心が高尚になり、栄を栄とし辱を辱として身を修め道を行ふことが出来るやうになる。
漱石枕流（晋書）
　負け惜しみの強きに喩へる。
生憂患死安楽（孟子）
　人は憂患を経てほんたうの生活が出来、安楽に耽つて死滅に導かれる。

右のように、「現代文要語」も「漢文要語」も、ともに主要語の習得をめざしたが、古文単語のようには成果を挙げることができなかった。

受験準備期には、具体的な目標が見えているだけ、語句学習を自発的に進めていこうとする意欲も生まれ、そのための方策もくふうされた。古文・現代文・漢文とも、それぞれ語句を習得していこうとする構えはできたとしても、真に身につく語句の学習を手がたく有効に進める域には達しえなかったのである。

それにしても、旧制中学校に学んだ五年間に、国語・漢文ともに、古文も現代文もともに、さらに積極的な語句の学習を、なぜくふうしなかったのかと、悔まれる。

7　本格的な語句学習へ

昭和一四年（一九三九）四月、広島高師文科第一部（国語漢文科）に入学してからは、国文学・漢文学両面の講読が始まり、いよいよ本格的に鍛えられることになった。読むことの生活も、一段と緊張したものになっていった。

昭和一五年（一九四〇）三月二八日、わたくしは、九鬼周造博士の「偶然性の問題」（昭和10年12月15日、岩波書店刊）を愛媛県西宇和郡町見村大字九丁にあったH家（たまたま、ここで家庭教師をしていたのである。）で読了している。この時、つぎのような読後感を書きつけている。

「昨年〈注、昭和一四年〉三月、やはりここにいて、或夜九鬼先生の『偶然と驚き』と題される御講演をラヂオを通じて耳にしたのが、私の『偶然性』に対する関心を抱く最初の動機であつた。そして、この快著を広陵の積善館の書棚の一隅に見出した喜びは又云ひしれぬものをもつてゐた。かくて早くも一歳は夢の如くにして去り、こゝに漸く読了しえた事は大いなる喜びと共に暗示される多くのものを齎《もたら》してくれた。

至らぬ者故、全般にかけて理解することは、私にとつてはまださきの事の如く思はれる。併し乍ら難かしきまゝに私には啓示される所が多かつたと思ふ。特に、『偶然と芸術』の節は、私の心ひそかに究明しようと志してゐる所でもあり、多くの益をえた。」

こうした所感を読みかえしてもわかるように、当時、「偶然性の問題」を理解することはわたくしには到底できないことであった。ただ、読み進んでいくうち、「目撃する」という語に出会い、どういうものか、その使われざまが不思議と印象に残った。

九鬼周造博士の「偶然性の問題」の中では、「目撃」という語が、たとえば、つぎのように用いられていた。

○偶然性とは存在にあつて非存在との不離の内的関係が目撃されてゐるときに成立するものである。（同上書、一ページ）
○それは兎も角も注目に価する関係である。その関係を積極的に目撃するところに積極的偶然が存在するのである。（同上書、一六ページ）
○無目的としての偶然とは単に目的性を否定する場合であり、反目的としての偶然とは実現さるべき目的を肯定すると共に、その目的の非実現を特殊の事例に於て目撃する場合である。（同上書、八三ページ）
○目的々積極的偶然は二つ或は二つ以上の事象間に目的以外の関係の存在することを積極的に目撃する場合である。例へば樹木を植ゑるために穴を掘ってゐると地中から宝が出て来たといふやうな場合である。（同上書、八八～八九ページ）
○要するに仮設的積極的偶然の一般性格として、また広くは一般に偶然そのものの性格として独立なる二元の邂逅といふ意味構造が目撃されるのである。（同上書、一五〇ページ）
○偶然性の構造もこの三つの見地から綜合的に目撃して初めて完全に把握されるのである。（同上書、二四二ページ）

「目撃する」という語が、このように用いられることについて、わたくしは読み進みながら、めずらしさ・目新しさを感じ、心魅かれるものがあった。本書によって、「目撃」「目撃する」という語は、印象深い語として、わたくしの胸底に、一つの座を占めることとなった。この種の語句を、「印象語彙」と名づければ、読み手は、しばしばみずからの読書生活を通じて、こうした印象語彙をえていくように思われる。

——徳田秋声の作品を読んでいくと、「するうち……」という語が、少なからず現われてくるのか印象深かった。

「印象語彙」のことは、それこそ偶然のなせるわざのようであるが、よく考えれば、そこに読み手として、特定のことばに出会うことに必然的なものを感じる。

高師三年生の折、それは昭和一六年（一九四二）のことであったが、わたくしは、朝日新聞社から刊行された、「国語文化講座」全六巻を予約購読した。一巻ずつ配本のつど読んでいったのである。

六巻それぞれに持味があって、収穫も少なからずあったが、わたくしが別して心うたれたのは、「国語概論篇」

（第二巻）所収の島崎藤村の書きつけた、「国語問題覚書」であった。その「覚書」の中で、藤村は、つぎのように述べていた。

「文字は作られるものであつても、言葉は成るものである。初心者たりとも一度この点を会得するなら、言葉そのもの、秘密に汲んでも汲んでも尽きないやうな源泉のあることを味ひ知るに至るであらう。平素わたしたちは言葉を粗末にし、兎角理論に拘泥し、言葉を使ふことのみを知つて、言葉を養ふことをしない。心ある人達を見るにこの言葉を養ふ。もし乱雑な言葉の世界を整理しようとのみして、言葉を養はなかつたら、どうならう。蔓草ははびこり易く、好い言葉ほど荒蕪に帰り易いことを想ひ見ねばなるまい。」（同上書、三九九ページ）

「ふと、わたしは平素不用意の間に使用してゐる言葉のいろ〳〵あるのに気づき、これを書いて見たらと思はれるやうな言葉を実際に持ちながら、どうして筆には上つて来ないのかと、自分ながら左様思つて心ひそかに驚くことがある。それにつけても養ひたいものは、言葉に対する平素の良い習慣だ。例へば、それほど必要のない場合にまで高調子の形容詞などを用ふることは避けたい。成るべく的確に物を言ひあらはしたい。適当で好いものは、反つて日常生活の間に養はれるやうな小さな言葉の中にも多く隠れてゐる。」（同上書、四〇二ページ）

これらのうち、わたくしが、当時深く考えさせられたのは、前掲の文章のうち、「心ある人達を見るにこの言葉を養ふ。」という一文であった。「言葉を養ふ」という、このずっしりとした、まともな考え方に、みずからの浅く浮いた、ことばへの考え方をきびしく戒められた。

「言葉を養ふ」とは、どうすることか。そのこと自体、やさしい問題ではないが、語句・語彙の習得の問題も、ここから出発しなければならない。

「平素わたしたちは言葉を粗末にし、兎角理論に拘泥し、言葉を使ふことのみを知つて、言葉を養ふことをしない。心ある人達を見るにこの言葉を養ふ。」「それにつけても養ひたいものは、言葉に対する平素の良い習慣だ。」――学生時代を通じて、最もつよく心にひびいてきたのは、島崎藤村のこれらのことばであった。
ついでながら、島崎藤村は、(昭和一〇年代の半ば)「国語問題覚書」を、つぎのように結んでいる。
「何と言つても国語の問題が言語の教育にまで進んで来たことは歓ばしい現象で、今後の発展がその自覚の上に立つであらうことは争はれない。このことはまだ漸く端緒に就いたばかりであるが、しかし多くのものの眼を開かせた。従来言語の上の教育と言へば、たゞ〳〵読むことと書くことにのみ狭く局限せられ口に発し耳に聴く言葉はほと〳〵なほざりにせられて来たのに、この見地はその誤りを正し、話し方の必要を教へ、わたしたちがこれまで言はうとしても言ひ得なかつた国民性の欠点を指摘して見せ、もつと広々とした世界の方角に向ふことを教へて呉れた。これを言葉の新教育と考へないわけには行かない。そしてこの機運を導くに与かつて力のあつた諸氏が率先唱導せられたかず〳〵の言説に対してわたしたちは深く感謝しなければならない。もとより言語の上のことは普通教育を土台とするは言ふ迄もないが、従来のやうに少年期にあるもののためのみを目標としないで、もつと深く青年期にあるもののためにも腰を入れた善と美と全体との教育であるこそ願はしい。実際、今の時はこの国の言葉を整備して立派な良い言葉に伸ばして行くといふことが大切だ。それには不断の注意を怠りさへしなければ、前記のごとく日常生活の間にも種々な好い言葉が隠れてゐるやうに、極く些細なところからでも言語の教育は始められようかと思はれる。」(同上書、四〇九~四一〇ページ)
一九四〇年代にさしかかっていた、わが国の国語教育界に対して、「言語の教育」のことが的確に見すえられている。島崎藤村の「言語の教育」観がこのように提示されているのは、さすがにの感を深くさせる。藤村のばあい、それはどこまでも、「言葉を養ふ」ことを本体とする、「言語の教育」であった。

8　語句学習への開眼

昭和一七年（一九四二）一〇月、わたくしは広島文理科大学に入学し、太平洋戦争下、国語学国文学専攻の生活をつづけることになった。

翌一八年（一九四三）一〇月から、土井忠生教授の「源氏物語」の「演習」が始まった。「源氏物語」の解題などの後、一二月四日から、「源氏物語」の「若菜上」の本文冒頭から、解釈作業が進められた。「若菜上」の冒頭の文は、

朱雀院の帝、ありし行幸《みゆき》の後、その頃ほひより、例ならず悩み渡らせ給ふ。

というのであった。

この一文について、土井忠生先生は、つぎのように説き進められた。

ここは、文としては、事柄はきわめて簡単で、別段文の解釈について、ふつう考えられている点で、むずかしいところはないはずである。「朱雀院がその後ずっとご病気で、苦しみつづけていらっしゃる。」というので、意味の方からいうと、ごく簡単であるが、なかなかそれだけでは、解釈にならない。まだ大事なところが残っている。

一体、「源氏」の巻々の最初のところは、みな苦心して書かれている。簡単なようで、実はかなり複雑であり、大切である。巻の初めの文章は、相当に凝っており、練っており、そう簡単に書き流されたものではない。読む方も、そのつもりで注意して読まないと、紫式部が書いた真意を汲みとることはできない。

それならば、冒頭の文章を理解する手がかりを、どこに求めるか。そこをまず考えてみなければならぬ。簡単なようで、相当複雑な内容を持っている。そういうことを、どこを手がかりとして考えていくか。まあ、その問題を見つける一つの方法としては、普通一般の文章・常態の文章とちがった書きぶりのところ、普通とはちがったところが一つの手

がかりになりやすい。

そういう方から、ここの文を見ると、どういうところが指摘されるか。みんなで考えて指摘してみてください。いろいろ思いついた程度のことでもいいから、話し合って、そこから発展させる。大事な文であることは、初めから指摘している。どこに大事なものが含まれているかを見つけようとする。

井上正敏君（引用者、出席番号順に、まず学友の井上正敏君が先生から指名されたのである。）――「その頃ほひより」、これについて、なんか大切なものを感ずる。

「その頃ほひより」というのが、なぜ間にはいっているか。この短い文において、「ありし行幸の後」と一度言っておいて、さらにまた、「その頃ほひより」と書かれている。この文の中では、これが非常に目立っている。全体の意味だけから言うと、「ありし行幸の後、例ならず悩み渡らせ給ふ。」でいいところを、とくに「その頃ほひより」と入って、似たような語句を二つ並べているのが、この文の問題の最も中心になるところである。

そうすれば、このことばが果たしてどういうはたらきを持っているか、表現として、どういう価値を持っているか、それが考えられてくる。「その」が実際にどういうものであったか、それが考えられてくる。「その」が、実際にどういうものであったか、どういうことであるかを、われわれは承知してかからねばならぬ。そうすると、「その」は、「ありし行幸」ということに関連している。「ありし行幸」ということを、はっきりと頭に描くようにしてかからないといけないわけである。その「ありし行幸」は、古注以来、六条院へみゆきになったとある。「『藤の裏葉』に見ゆ。」とあるから、それによって承知しなければならない。相当に「行幸《みゆき》」ということが、大事な事柄として取り扱われているから、ことばだけでなくて、その事柄を頭に描いておくことが、文章を理解するのに大切な要素となる。

それは、「若菜上」のすぐ前のところに、「神無月の二十日余りの程に、六条院に行幸あり。紅葉の盛りにて、興あるべき度の行幸なるに、……なほ然るべきにこそと見えたる御中らひなめり。」（岩波文庫、島津久基校訂「源氏物語」三、一四三～一四五ページ）とあるのを指している。そういう、はなやかな、にぎやかな、――今ならば園遊会のあった巻のすぐ後の文句である。前のあのはなやかな巻をうけた、この巻の冒頭が、こうなっているとすれば、「例ならず」という語とこれに関したことが、つぎに出てくるのだから、つぎを読んでみる必要がある。もう少し内容的に、「若菜上」の巻の内容に、どのような事柄が扱われているかということを、のみこんでおく必要がある。

（「若菜上」の巻、最初の部分、「朱雀院の帝、～御処分どもありける。」までを読む。）

事柄から言えば、前とすっかり変わっている。すっかりちがっている。そういう、よほどちがった場面を結びつける。前を承けて、このちがった場面を起こし、結びつける文句が、この冒頭の文句である。そういうことが手がかりであって、前後を見てみると、いかにも前後の相違しているのに、だれしも気づく。

こうして、内容のほうでは、大体理解ができた。そこで、またさらに、ことばに帰って、それをことばで確かめてみる。ことばそのものをよく考えて、はっきりさせて、そのことばと事柄と関係というものを、はっきりとつかまねばならぬ。事柄を知ったのは、ことばをはっきりさせる背景をなすのである。また、ことばそのものを見究めて、そこから事柄の方へはいっていくことが大切である。

一つの時期を指摘するのに、「ありし行幸の後」、また「その頃ほひより」と二つ並べてある。二つ並べてあるが、全然同じことではない。まず今度は、一つ一つのことばの中見をはっきりさせてかかる必要がある。「ありし行幸の後」というのは、「先般の行幸の後」というのである。神無月の二十日あまりに行なわれた行幸である。そして、ここは大体その年の暮近くなる。冬の初めに行幸がある。そして、その後のことで、その年の暮のことが、これから後、相当長く書いてある。日数から申して、どれだけ経っているかは、はっきりとは言えない。しかし、そこに相当の日数は経ったものと思う。「悩み渡らせ給ふ」――「渡る」ということばがあるのであるから、ずうっとお苦しみになっているというので、何月もというのではないけれども、相当の日数を予想する。それが、二か月、三か月、四か月と続いているというわけではない。直後ではないが、そう遠く離れている「行幸」ではない。その「行幸」は、そう遠い前のことではない。その「行幸」について、それを持ち出すのに、「ありし」と言っている。「ありし」というのは、よく使うことばであるが、意味の上からは別段問題はない。ことばとしては、「あった」というのであるが、ただ「この前に行われた」という意味なのだが、それを、ただ指すだけならば、ほかの指示の方法もあるわけである。そう隔ってもないし、すぐ前にもくわしく書かれてきている「行幸」でもあるのだから、「ありし」でなくても、簡単なことばで、持ってくることができるはずなのに、形から言って、「ありし」と、過去のことを指し示すことばづかいがしてある。そこがやはり注意すべき点になる。

「ありし」ということばが使われているばあいは、必ずしも「そうあった」という内容まで指すとはかぎらないで、「以前にあった」事柄を持ち出してくる、「あの」とか、「その」とか、「例の」とかという意味で使うこともある。「狭衣」あたりには、よく使われている。しかし、ここに使われている「ありし」は、「源氏」あたりでは、そこまで形式化して指示するより、もうすこし「ありし」ということば本来の内容を相当持ったことばづかいとして、使われている点が相当に多い。そうすると、あったということは、過去のこととして、現在とは切り離す言い方で、したがって、それは現在と過去とを比較して、必ずしも同一でない。過去の状態とその後の現在の状態とには、自らちがったものがあるということは、そこに予想されていいわけなのである。それは、やはりこのばあいも、考えていいことのように思われる。(以上、「源氏物語」の「演習」の筆録ノートから)

むろん、これは土井忠生先生の説述の一端であって、この後もこうしたくわしい考究・講述がつづけられたのである。

わたくしは、このような「源氏物語」の「演習」を通して、このばあいは古語(とりわけ平安朝語)であるが、ことばをどのようにとらえていくのかということを、その根底から教えられた。わたくしどもは「源氏物語」の本文演習に入っての第一回めの時間に、一文・一語に迫っていく、迫り方、解釈のしかたについて、今までの大ざっぱな、きめの粗いやり方を、痛切に反省させられ、古文・古語・古典を解釈していく、考え方について、数々の開眼をさせられた。この時間のことは、わけて印象深く、感銘深く、ずっと今日まで生きつづけている。

思えば、昭和一三年(一九三八)四月から一二月まで、広島高師受験の準備にあたって、信定建一氏著「入試合格標準語彙」

国文単語の綜合整理」（欧文社《ママ》刊）に拠って、約一、一〇〇にのぼる古文単語を一語一語おぼえていこうと努めた、その古語へのとり組みの、なんと浅く軽かったことか。それから五年後、昭和一八年（一九四三）秋から「源氏物語」の「演習」を受けるようになって、初めて語句・語彙学習のあり方に目を開かれるようになった。それは語句の学習を、精確に徹底して行じていくことであった。

土井忠生先生は、古文・古語を解釈していく上の心がまえについて、つぎのようにさとされた。

「ある文句、短い文句を頭の中において、常住坐臥、それを思い出して、かみしめ、考えていると、そこになんらか、だんだんとわかってくるようになる。ちょっと簡単に見るというのでなく、いつもそれに食いさがっていくということを、常に努めてやるように。」（昭和一八年〈一九四三〉一二月四日、「演習」のしめくくりのことば）

この時間のおしまいに、解釈の対象を、いつも念頭において、寝てもさめても、それをあたため、思いつめるように、たえず努力することに、解釈深化が期待できると、おさとしいただいたことは、わたくしの胸底に最も鮮明に生きつづけ、その後ずっと、「解釈」（とくに語句をしっかりとおさえた）の仕事のとき、かけがえのない精神的拠りどころとなっている。

寝てもさめても、常住坐臥、ことば・語句をあたためつづけていくこと、いつもことば・語句をかみしめ、それにずっと食いさがっていくこと――この土井忠生先生からのお教えは、わたくしの語句・語彙学習の心がまえの背骨となった。

語句・語彙学習の典型的体験を、どこで学習者にさせるのか、そのことはまた、どのようにして可能であるか。語句・語彙指導上の課題の一つは、そこに求められよう。

深く掘り下げた語句のとらえかた、周到で精確な語句へのとり組み、それらを指導者自身実践していくことを通じて、学習者たちは、その実地の呼吸・方法を会得していくように思われる。

9　ことば自覚の問題

また、昭和一八年（一九四三）、同じく大学二年生のころ、わたくしは、藤原与一先生から、「あいにく」ということばを、できるだけ使わないように気をつけていると、話されるのを聴いて、先生のことば自覚のきびしさに心をうたれたことがある。わたくしは、どういうことばを、みずから用いないようにするなどという、ことばのきびしい使いかたには、その時まであまり接していなかった。それだけ、先生のお話は、強くひびいた。

幼年期、父親から、近所に不幸があった時など、「死」ということばを避けるように、声をひそめて言われたことがある。後で考えれば、忌みことばを、わたくしの父は考えていたわけである。父親に、そのように言われて、子ども心に、わたくしは、厳粛なものを感じた。

使用語彙・表現語彙の問題は、当然、たえず話し手・書き手としての言語主体のことば自覚の問題と深くかかわっている。

みずから用いることば・語句について慎重な態度を持するのは、人間関係を整えていくのに、とりわけ大事なことであるが、成人してからも、平然と相手の気持を傷つけてしまうことばづかいに終始する例も少なくない。みずから用いる語句がどれほど相手に不快な感じを与え、その心を傷つけているかに、ほとんど思い至らないのである。

人間関係を保持し、さらに深めていくのに、とりかえしのつかぬようなことばづかい、語句使用を、どのようにして避けさせるのか。語句選び・語句使用に失敗させないように指導していくには、どのようにすればいいのか。ここにも、重要な課題が見いだされる。

10　語彙の改善の方法

さて、戦後、昭和二七年（一九五二）になって、精華学園話し方実験教室ではR・C・リーガー著「あなたも上手に話せる」（昭和27年2月10日、法政大学出版局刊）を訳出し、刊行した。この「あなたも上手に話せる」という書物は、当時の話すことの教育に大きい刺激と啓発とをもたらした、価値の高い、記念すべき文献であったが、わけて、その第八章「語彙の改善」は、示唆に富むものであった。

そこでは、たとえば、つぎのように説かれていた。

「英語では、六十万以上の言葉が使われていますが、私たちの大部分は、日々の通信や会話で四千以上は使っていません。私たちは、二種類の語彙をもっています。すなわち、（1）日常生活で、普通に使っている語彙、（2）自分では使わないが、読んだり、聞いたりすれば理解することのできる語彙の二種類です。大概の男女は、使用語彙に比べてはるかに多い理解語彙をもっています。普通の高等学校卒業生は、約八千語の理解語彙と共に、三千から四千の使用語彙をもっているはずです。大学卒業生は、普通に使われる言葉を、少なくとも《ママ》二万位知っている上に、七千から一万語を自由に使うことができるはずです。この程度の語彙が使われゝば、十分といってよいでしょう。ところが残念なことに、自分のもっている語彙を使いこなす人はほとんどいません。テストをして見ると、普通の会社員は二千九百の使用語彙を持ち、大学二年生は、三千八百語、成年者の中で優れた人は、一万三千語を使えることがわかります。私たちの大部分は、総計二千語の語彙で『どうにかやって』います。」（同上書、一一三～一一四ページ）

なお、この記述に関しては、つぎのような訳出者の注が加えられていた。

「日本語の場合には国語研究所が福島県白河市の農民、商家の主婦について二十四時間調査をしたところ、一日の使用語の種類は、農民が二、三二四語、主婦が二、一三八語でした。一日に百回以上使われた言葉は、農民では『あれ』『これ』『ある』『それ』『そお』『この』『……なる』、主婦では『はい』『これ』『いい』『なに』『……ない』『そお』『ある』『でございます』『ありがたい』『それ』でした。また同研究所が、精華学園の生徒十五名に対して、竹原スタンダード和英辞典のほぼ四万語について、理解の有無を調査した結果、理解語の平均は、ほぼ三万語でした。（同上書、一一四ページ）

さらに、この「あなたも上手に話せる」では、「大切なことは、語彙がどの位豊富かということではなくて、どうやったら、語彙を適切に、また、自由に活用することができるかということです。」（同上書、一一五ページ）とも述べられ、ことばを使う上で、気をつけていくべき事項を、つぎのように挙げていた。

1　独創的な句を使うこと／2　聞き手を動かす言葉を使うこと／3　俗語、常用語句、一時的な特殊の団体などの流行語を使わないこと／4　素人に話すとき、文語や専門述語を止めること／5　行動に訴える言葉を使うこと／6　自分の意味を正確に表現する言葉を使うこと／7　自分のものとなった言葉を使うこと／8　宣伝家の語彙を避けること／9　聞いていて気持のよい言葉を使うこと／10　笑いを含む言葉を使うこと

以上、一〇項目、各項目には、それぞれ簡潔に説明が添えられていた。これらのほかにも、〇最小限、三万語を含む、よい簡易辞典を手許に置いておくこと／〇新しい言葉はそれをはじめて見た日に、話や原稿の中で少なくとも七回は使って見なければならないこと／〇少なくとも、日に新しい五つの言葉を覚えること（同上書、一一七ページ）などが説かれていた。

これらの注意事項の中でも、「一日五語」、つまり、「上手な話し手は、日に五つの新しい言葉を学ぶことによって語彙を改善してゆきます。」（同上書、一一九ページ）というのに、わたくしは、はっとさせられた。わたくしは、

みずからの語彙形成史において、このような積極的な語彙改善・語彙拡大の態度や方策をとったことは、それまでにただの一度もなかったのである。

こうした積極的な語彙改善への留意事項に、多くの啓発を受けながら、わたくしは、語句・語彙の獲得と拡大と改善と活用とは、結局みずからの努力にまつほかはないことを確かめえた。

この大きな課題、すなわち、語句・語彙の獲得・拡大・改善・活用への学習者の努力を、どのようにして積み重ねるようにさせるかは、容易なことではないが、指導者として、たえず求め、かつくふうをしていかなければならない。

11 「希望」(漢語)と「のぞみ」(和語)

わたくしは、昭和一〇年(一九三五)、旧制中学校三年生のころ、「個性」ということばが新しくわが胸底に宿るようになったことを、すでに記述したが、それから四〇年を経過して、今度は、「希望」ということばに出会った。「希望」ということばは、たとえば、野上弥生子さんの「幸福について」という文章の中では、つぎのように現われてきた。

「もちろん起伏の多い人生の行路においては、その希望(引用者注、パンドラの箱の隅っこにたった一つだけ残った、生きていく力としての希望)も消え果て、力も勇気もつき、どこへ、なにを目標に生きるか、暗夜を彷徨するにも似た頼りない、苦痛と悲しみに突きおとされることもしばしばです。あなた(引用者注、野上弥生子さんが語りかけている、若き姉妹たちを指す。)だって、なにかの廻ぐりあわせでは、似たような憂目に逢わないとも限りません。そんなことが夢にもあってはならないが、念のために一つよいお護符《まもり》をさしあげましょうか。絶望でさえ希望だ。――これはカーライルの言葉で、私自らのお護符でもあります。」（野上弥生子著「若き姉妹よいかに生くべきか」、昭和28年5月23日、岩波書店刊、二七ページ）

「絶望でさえ希望だ。」――カーライルのことばを、野上弥生子さんはおまもりにしているという。

「希望」ということばについては、O・F・ボルノウ博士が、その著「希望の哲学」（小島威彦氏訳、昭和35年11月25日、新紀元社刊）において、周到無比の考察を加えられた。

ボルノウ博士は、単数の希望と複数の希望とを区別し、さらに希望と期待とを区別し、希望の性格を、時間的な関係として、つまり未来に対する、ある特定の態度として明らかにしている。

ボルノウ博士は、希望について、つぎのように述べている。

「希望は、生存する信頼の表現であり、かく支えられているということに対する感謝の気持ちと、密接に結びついている。この信頼と感謝と希望との三つの感情、この三つの徳、これらはまことにわかちがたい統一をなしていて、同時にまた、時間の三つの関連、すなわち、現在、過去、未来の三つに対応しているのである。

こうしてみると、希望ということは、単に特殊な事柄のうちの、一つというようなものではなくて、むしろ、人間の生存の中心点に位するものだ、ということになる。希望の反対は、どうにもならぬ味気ない心の倦怠であるが、こういうだまりこくった、遅鈍な味気なさの方が、どんな強烈な絶望よりも、はるかに悪いものだ。なぜなら、暗欝な倦怠は、人生そのものの放棄であり、もはや反抗もしないで、投げ出してしまうことだからである。

しかし、これとは反対に、希望は、人生を人生として、すなわち未来をめざす行為と努力として、はじめて可能にさせる。だから希望は、心の究極の拠りどころである。」（同上書、二七〜二八ページ）

「希望は心配よりも、むしろ一層根源的なものであって、希望の地平線に立ってはじめて、心配もまた、正当に把握されうるのである。」（同上書、三二ページ）

「希望がなければ、どんな決意も、空虚につまずかざるをえないが、希望があれば、決意はその希望のなかに、支えとなる根拠を見出すのである。」（同上書、三四ページ）

「希望というものは、どんなに強く張りつめた意志をもってしても、無理に造りだされるものではない。むしろ、希望は人間を越えたところから、やって来るのである。」（同上書、三五ページ）

ボルノウ博士のこうした「希望」ということばの掘り下げかたをみると、その精緻なとらえかたに感嘆させられてしまう。

それにつけて、わたくしどもの胸底には、漢語「希望」と和語「のぞみ」とのどちらが宿って、根をおろし、芽を出し、葉をしげらせ、花を咲かせ、実を結ぶのであろうか。ボルノウ博士のように、「希望」（HOFFNUNG）という語を見すえて、その人間学的意味を問うことは、和語と漢語とを適当に使いわけ、それだけ不徹底にもなり、中途半端にもなっているわたくしどもには、かなりにむずかしいようにも思われる。

和語・漢語の習得の問題は、わが国の語句・語彙学習の根底に横たわっている大きい課題の一つである。島崎藤村の言う「言葉を養ふ」という観点から考えても、和語・漢語の習得の問題は、その二重的な性格を、両者の相補性の問題とともに考えていかなければならない。

ボルノウ博士のような語の分析と深い省察と掘り下げができるようになるのは、わたくしどもの究極のねがいとするところであるが、その道程は遠くはるかにつづいていて、それを確実に踏みしめて目標点に達することは容易ではない。

12　語句・語彙指導の課題

以上、わたくし自身の小・中・高（師）・大・成人期における、ほぼ五二年に及ぶ、語句・語彙学習史を事例本位にたどったが、そこに見いだされるのは、平浅でまずしい学習が多く、かえりみて赤面せずにはいられない。しかし、その半面、学童期・少年期・青年期・成人期を通じて、語句・語彙の学習が休みなしにずっとつづいてきたことに、当然のことながら、驚かずにはいられない。思えば、ことば（語句・語彙）の海にあって、ことば（語句・語彙）の習得のことが、休みなしに営まれてきたのである。

語句・語彙指導の課題としては、

1　学習者にどのような語句学習の場（拠点）を用意していくか
2　学習者にことば（語句）の〝新生〟をどのようにさせていくか
3　学習者に自発的な語句獲得の機会と場とをどのようにとらえさせるか
4　学習者の思考力を伸ばし、抽象的な語句の習得をどのようにさせるか
5　学習者における印象語彙をどのように扱っていくか
6　学習者に「言葉を養ふ《ママ》」（藤村）ことを本体とする語句の学習をどのように進めさせるか
7　学習者に語句・語彙学習の典型的体験をどこでどのようにさせていくか
8　学習者に語句選び、語句使用に失敗させないようにするにはどうすればいいか
9　学習者に語句・語彙の獲得・拡大・改善・活用への努力をどのようにさせていくか
10　学習者・指導者ともに、和語・漢語の習得についてどのようにとり組んでいくか

これらを見いだした。いずれも大きく重い課題ばかりであるが、先達のすぐれた実践にも学び、みずからもくふうして、適切な方法の発見をさらに心がけていくようにしたい。

第五巻　あとがき

本巻（第五巻）に収録した論考一六編の執筆時期は、昭和三〇年代（一九六〇年代）後半、二編、昭和四〇年代（一九六〇年～一九七〇年代）、六編、昭和五〇年代（一九七〇年代後半～一九八〇年代前半）、五編、平成年代（一九九〇年代前半）、三編となっている。およそ三三年間にまとめたものであるが、いま、一冊に収録するに当たって、一編一編の論考に改めていとしさの情をおぼえる。

本巻（第五巻）に収めた論考の成稿、発表誌等は、左のとおりである。

Ⅰ、国語教育における思考力—国語教育の遺産—　昭和42年9月20日稿、「教育学全集　5　言語と思考」（昭和43年3月10日、小学館刊）所収。

Ⅱ、1　明治後期の中等国語教育の実情—明治30年代から末年まで—　昭和43年4月9日稿、「わが国の義務教育における教育方法の歴史的研究」（伊瀬仙太郎編）所収。

Ⅱ、2　中等国語教材論の一源流—上田万年編「国文学」（巻之一）の場合—　昭和50年10月19日稿、日本文学協会「日本文学」（12月号）に収載。

Ⅱ、3　明治期における文学史教育　昭和42年9月20日稿、広島大学教育学部「研究紀要」（16）に収載。

Ⅲ、1　大正後期における「現代文」教授　昭和43年9月9日稿、広島大学教育学部「研究紀要」（17）に収載。

Ⅲ、2　大正期における近代詩教授　昭和44年9月23日稿、広島大学教育学部「研究紀要」（18）に収載。

Ⅲ、3　大正後期の中等国語教育―第五回中等教育研究会（広島高師附中）を中心に―　昭和56年4月27日稿、広島大学附属中・高等学校「国語科研究紀要」（12）に収載。

Ⅳ、国語科授業成立の過程と淵源―「平家の都落」を中心に―　昭和44年11月12日稿、大下学園国語科教育研究会

資料11　後の世にこの悲しみを残す外に

―

金原省吾氏（明治二一年（一八八八）〜昭和三三年（一九五八））の歌集「山草集」は、氏の没後、昭和三四年（一九五九）八月二日に古今書院から刊行された。古今書院は、生前、専門分野の主著（たとえば「東洋画概論」（大正13）、「絵画に於ける線の研究」（昭和2）、「日本農民史」（昭和5）、「東洋美学」（昭和7）など）を刊行した出版社で、金原省吾氏にとっては、ゆかり深く、戦前すでに随想集（「春炉」（昭和13）、「夏居」（昭和16））も、ここから出されていた。

歌集「山草集」には、戦後昭和二二年（一九四七）から二七年（一九五二）までに詠まれた歌、六五五首が収められている。すなわち、金原省吾氏、五八歳から六三歳に至る六年間に詠まれた歌が採られているのである。

金原省吾氏は、明治四三年（一九一〇）三月、長野県師範学校を卒業して、しばらく長野県下の小学校に勤めた。後、大正七年（一九一八）七月、早稲田大学文学部哲学科を卒業し、つづいて、二カ年間、早稲田大学研究科にあって、東洋美学及び東洋美術史を専攻した。昭和四年（一九二九）一〇月からは、帝国美術学校教授として勤め、戦後は、武蔵野美術学校教授、つづいて新潟大学教授を歴任した。氏には、絵画史、美術史、東洋美学に関する専門的な業績のほか、国語についても深い関心が示され、数々の述作がある。たとえば「構想の研究」（昭和8、古今書院刊）、「解釈の研究」（昭和10、啓文社刊）、「言語美学」（昭和11、古今書院刊）、「国語形成学序説」（昭和

11、晃文社刊）、「綴方表現学」（昭和14、晃文社刊）、「言語の成立」（昭和17、古今書院刊）、「国語の風格」（昭和18、三省堂刊）などは、私が学生だったころ、入手して読んだ書物であった。

金原省吾氏が短歌と出会ったのは、かなり早い時期からではなかったかと思われる。島木赤彦と職場を共にした時期もあって、作歌への関心は強かった。

二

歌集「山草集」には、金原省吾氏が四男門也さんを南方の戦地に出征させた父親として、その帰還を待ちわびて作られた連作が収められている。昭和二三年（一九四八）四月一四日、「大雲寺にありて　吾子遠く往きて未だ還らず」という詞書の下に詠まれている。

国いでて四年春日の花を見ずま昼しづけく花散りそめし
生きてあらば見るべきものを故さとの日本の春に四度さく桜
今年また蛙の声をきくなべに口にはいはね猶思ふなり
みんなみの嶋のはたてに吾が子ひとり生きてあるべし心通ひて
蛙のこゑ夜空にきけば遙かなる南の嶋に生けりとぞ思へ
蛙の声四方に聞こえて昼深し光の中にちる桜あり

（同上歌集、二一六～二一七ぺ）

復員して帰って来るのを、まだかまだかと待ちつづけている父親の心情がうかがわれる。

やがて四男門也さんは、昭和二〇年（一九四五）三月一〇日、ルソン島マニラにおいて戦死していたことが判明し、悲嘆の情にうち沈んでしまわれる。

昭和二四年（一九四九）二月八日には「門也の戒名定まりたれば旅の机の上に紅梅の一枝をかざりて自らあはれむ」という詞書の下に、四首が詠まれている。

紅梅の一枝させり紅の花の心をあはれと思へや
戦死せりとさだまれる子の戒名に紅梅の枝をさせるあはれさ
旅の宿の机の上をかたづけて手は合せねど花さす吾は
旅にして紅梅の枝を壺にさし吾が立つ迄には花さかざらむ

（同上歌集、六六ペ）

願いつづけ、待ちつづけた、わが子門也の帰還はかなわず、戒名のみがわが子を偲ぶよすがとなってしまった。旅の宿の机上に紅梅をかざって、戒名と化したわが子への悲しみを寄せようとする。

三

さらに、二年後、父親金原省吾氏は、昭和二六年（一九五一）一二月三〇日、日支事変の戦争画をみて、わが子門也さんへの想いを新たにする。

かくの如戦ひて門也も死にけむしかばねも今は朽ちはてにけむ
戦に勝ちてしあらば今日の日に誰か戦をあざわらふものぞ
死を以って戦ひたれど及ばざりしこの戦をただに慨かむ
今にしてこの戦に胸せまる吾の心を愚なりといはむ
戦におとせし命あはれなり若かき命の惜まるるものを
後の世にこの悲しみを残す外に残すものもなしわが生涯は

吾が子らが生きてしあらば今日の日に家居豊たけくありなむものを
子の命国にささげて悔ゆるなし吾が生涯はかくて終りき
年送るここの窓辺に吾立ちて遠くはるけく子を思ふなり
人に言《こと》に吾は言はねど忘れたることなし子等のはかなき命
今にしてなほ眼にあるは幼くて小学校に通ひし姿
この世にし子と生て来てあはれなり父にしかられて汝は育ちし

（同上歌集、一四八〜一五一ぺ）

これら一二首には、父親としてわが子を想う真情が吐露されており、私の場合は、レイテ島に弟をうしなったという悲しみであるが、肉親をなくした者として、一首一首にこめられているものにうたれずにはいられない。

前掲歌のうち、

人に言《こと》に吾は言はねど忘れたることなし子等のはかなき命

とある一首に「子等」とあるのは、四男門也さんのほか、六男二女のうち、長男・次男のお二人も満洲で戦死し、三人も戦争でなくされているのをさしている。

昭和二四年（一九四九）六月一一日には、

茂りあふ青葉の上の雨の音吾が想ふことは死にし子のこと
三人の子の骨既に腐ちにけむ何処の土にくちにつらんか
思ひても術なし子等は満洲にマニラに死せり残れるは吾

（同上歌集、一二〇〜一二一ぺ）

と詠まれている。

昭和二七年（一九五二）、京都嵐山に遊んだ金原省吾氏は、そこで

生涯を学問にくらし悔ゆるなし嵐山にまた妻と遊ばむ

と歌っている。学問一筋に生き抜いた生涯に悔いはなかったが、戦争でわが子三人をうしなった悲しみに至っては、前掲のように、

後の世にこの悲しみを残す外に残すものもなしわが生涯は

と歌わずにはいられなかった。

V 国語教育個体史の構想と記述

資料12　国語教育個体史の試み　その一

第一巻　まえがき

近代日本の国語教育は、既に一二五年もの歴史をもっている。個々の実践主体は、この歴史をふまえて、日々の実践にいそしんでいる。その実践を自らの歴史としてどのようにとらえ、歴史の上にどう定着させ、国語教育の実践・研究の主体性をどのように確立するかは、国語教育の歴史的研究として、最も重要な問題の一つである。

本巻（第一巻　国語教育個体史研究　原理編）の主題は、この問題を個々の実践主体の問題として、国語教育個体史の立場においてとらえ、その基本問題と、その把握・研究の方法とを考究するところにある。

本巻（第一巻）の構成は、五部（Ⅰ～Ⅴ）から成り、主題展開のための構想は、次のようになっている。

第Ⅰ部では、国語教育個体史の基本問題を取り上げた。国語教育の基本構造をその時間性において考察し、国語教育実践の基本問題として、国語教育価値観と実践主体の向上の問題とを考究し、実践展開上の基礎問題として、国語教育個体史の問題を提示した。次に、国語教育個体史の基本問題を分析し、個体史の一部門である国語教育者成長史においては、国語教育者への成長過程にあって、各実践主体がどのような基本的諸課程をふむべきかを考えた。ついで、一般国語教育史の基本問題を取り上げ、個体史との関連の問題に及んだ。

第Ⅱ部では、国語教育個体史を実践主体が自ら把握し記述していく場合の方法の問題を取り上げた。個体史の各部門である、国語教育実践史・国語学習個体史・国語教育生活史・国語教育者成長史のそれぞれの把握記述の方法について述べた。個体史把握の基本的方法である記録法の問題を考察し、記述形態その他の諸問題に及んだ。

第Ⅲ部では、国語教育個体史の具体事例を示した。まず個体史の具体例としては、略体史四例（高校教諭二例、中小教諭各一例）を紹介し、実践史の具体例としては、私自らの記述した、実践史の中から一記述単位を掲げた。また、学習個体史の具体例としては、新制高校三年間の国語学習個体史の例を示し、生活史の具体例としては、実践史の例として示した実践例（中学二年生の教室で取り扱った「舟路」の授業）の営まれた、一九四六年（昭和二一）九月の私の生活記録を取り上げ、成長史の具体例としては、新制大学教育学部四年課程における後半二年（学部在籍）間の成長史の例を掲げた。いずれも精細な記述には至っていないが、単直に具体例として提示し、第Ⅰ部・第Ⅱ部において述べたことを補い、かつ明らかにしようとした。

第Ⅳ部では、各実践主体によって把握され記述された、国語教育個体史を研究していく方法の問題を取り上げた。個体史の分析的把握・比較的把握・発展的把握・定位的把握を、方法的発展として位置づけ、それぞれについて具体例を示しながら考察した。この方法の問題は、個体史の各部門について、さらに精密に考えていかなくてはならない。

第Ⅴ部では、国語学習個体史の具体事例六編を取り上げた。

明治期国語学習史については、寺田寅彦を選んで考察を進め、大正期国語学習史については、鵜沢覚氏の場合について、綴方学習個体史として記述を試みた。

昭和期（戦前）国語学習史については、昭和初期（昭和八年〈一九三三〉～昭和一三年〈一九三八〉）、私が旧制愛媛県立大洲中学校において、白田時太先生・仲田庸幸先生から学んだ、国語学習活動の軌跡を記述した。

第Ⅴ部　５　国語学習個体史　には、私が新任国語科教師として勤めた、愛媛県立松山城北高等女学校併設中学校で実践した、国語教室に学んだ生徒（学習者）たちの〝国語教室〟についての感想一二例を収めた。これらの学習者の〝感想〟は、本「著作選集」第二、三、四巻　国語教育個体史　実践編Ⅰ、Ⅱ、Ⅲと、深くかかわっている。

第Ⅴ部　6　国語科教師への成長課程—新制大学四年課程学生Aの場合—では、新制大学における学生Aの国語科教師への成長過程について、教職教養「国語科教育法」を中心に考察を試みた。

自らの実践営為を国語教育個体史として、どのようにとらえていくか、自らの実践営為をどのように深めていくか、この重い課題に取り組んできたが、〝個体史〟を足場とし拠点として、さらに自らの実践・研究を一層確かなものにしていきたい。私が用い始めた、国語教育個体史という用語は、輿水実先生をはじめとして、認められ、市民権を得てきたが、その内実を豊かにし、確かなものにしていく仕事が、さらに多くの実践・研究者によって遂行されることを願わずにはいられない。

目　次

V◇国語学習個体史の具体事例

資料13　国語教育個体史の試み　その二

第二巻　まえがき

私は昭和二一年（一九四六）九月、新任教諭として、愛媛県立松山城北高等女学校に赴任し、満一年七カ月勤務した後、同校を離任して、昭和二三年（一九四八）三月末、母校広島高等師範学校へ転任することになった。新任当初、すなわち昭和二一年度第二学期から、私は二年生四学級（松・竹・梅・桜）と専攻科一学級の国語科を担当した。つづいて、次の年度（昭和二二年度）になっても、持ち上がった三年生五学級（松・竹・梅・桜・菊、菊組がふえたのである。）の国語科を担当した。本選集第二巻・第三巻・第四巻には、愛媛県立松山城北高等女学校において、二年生・三年生（持ち上がり）の生徒たち二四八名を対象に行なった、国語科教育の実践を中心に記述した、国語科教育実践史を、国語教育個体史　実践編Ⅰ、Ⅱ、Ⅲ　計三巻として収録することとした。

愛媛県立松山城北高等女学校併設中学校（戦後、新制中学校〈一〜三年〉が発足したので、制度の上では旧制高等女学校に併設された、新制中学校として取り扱われたのである。）における在任期間を、

Ⅰ　城北高女時代　その１（昭和二一年度）一九四六年九月〜一九四七年三月

Ⅱ　城北高女時代　その２（昭和二二年度）一九四七年四月〜一九四八年三月

右のように年度によって二分し、それぞれの期間内の実践事実を、実践（授業）次序にしたがって記述していくようにした。実践史記述の単位は、原則として、一つの主題を中心とする実践営為の完結（まとまり）に求めるよう

にして、それを教材題名その他によって表わすようにした。実践編Ⅰ、Ⅱ、Ⅲには、左のように収録することとした。

第二巻　実践編Ⅰ　Ⅰ　城北高女時代　その1

1　赴任まで（昭和21年9月）〜35　巣立つ人々に捧ぐ——朗読——（昭和22年3月）

第三巻　実践編Ⅱ　Ⅱ　城北高女時代　その2

1　俎の持つ美しさ（昭和22年4月）〜27　和漢朗詠（昭和22年12月）

第四巻　実践編Ⅲ　Ⅱ　城北高女時代　その2

28　青春の課題（昭和23年1月）〜42　離任して（昭和23年3月）

各記述単位（各巻所収項目）の構成は、原則として、1　教材提示、2　教材研究の採録、3　学習者のノート・各種記録の採録、4　実践経過概要の記述、5　自己反省・自己批判、6　参考資料の提示、7　関連事項の補記など、こうした各項目を立てて記述していくこととした。

これらのうち、3　学習者のノート・各種記録の採録　は、原則として便宜任意に参考事例として提示するようにした。また、4　実践経過概要の記述　は、私自身の怠慢と不注意のために、自らの授業実践に関する記録欠如が多く、主として自己の生活日記の記事に頼るほかはなかった。そのため、実践史記述に最も重要である条件が欠け、実践史というより、実践資料史に近い結果ともなっている。なお、5　自己反省・自己批判　は、その折々の問題について、簡単に触れるにとどめてある。

また、所収各項目間の相互関連は、全体の記述体制が、おおむね実践次序に従っているから、一応一定の時間配列に従っていて、それによって相互脈絡と記述項目間の居間の様相とは、一通り理解されうると思うが、たとえば、A・B両項目間の必然的展開についての説明や解説は、特別には行なっていない。これは、この実践史の実践全体が、主として予め与えられた教科書の教材配列によって進められているということから、実践主体によって自主的に有機的に計画され、組織され、かつ実践された実践体系でなかったことにもとづいているかと思う。

なお、本巻の表記は、原則として現代かなづかいに拠ることとした。しかし、各種資料の記述については、概ねその固有の表記にしたがうことにした。ただし、私の教材研究のみは、その採録にあたって、現代かなづかいに改めた。

所収各項目の記述年月日は、その項の末尾に付記することとした。第二巻（本巻）所収、1 赴任まで は、昭和27年7月25日に記述し、第四巻所収、42 離任して は、昭和28年9月13日に記述している。巻末に収載した「年表」は、昭和28年11月26日に記し終えている。愛媛県立松山城北高等女学校（併設中学校）での国語科教育の実践史の記述には、昭和27年7月23日から昭和28年11月26日まで、およそ一年五カ月をかけたことになる。

目次

第三巻　まえがき

本巻（第三巻）には、前巻（第二巻）につづいて、愛媛県立松山城北高等女学校（併設中学校）三年生（五学級、二四八名）を対象に、昭和二二年度（一九四七）第一学期・第二学期に行なった国語科授業を収録した。第一学期は、1 俎の持つ美しさ から、10 学習班の構想 まで、11 夏期課題 を経て、第二学期は、12 たよりのありかた――書簡に関する教育―― から、27 和漢朗詠 までである。

昭和二二年（一九四七）四月、当時はまだ、生徒たちに使用させる、国語教科書（国定、暫定本）が間に合わず、渡すことができなかった。そのため、暫定本「中等国語　三㈮」（昭和21年3月30日発行）に収録されていた、教材「奥の細道」（松尾芭蕉）を取り上げることにしたのである。教材としては、「門出」「白河」「松島」「平泉」「立石寺」「最上川」「象潟」など、主要場面が採録されていたので、それらを扱うことにした。「おくのほそみち」の授業は、昭和二二年（一九四七）四月一八日（金）から五月二九日（木）までかかった。第一学期の前半（四月〜五月）は、「ほそみち」の授業に当てることになった。

4　中間考査　を経ても、なお国語の教科書が届かないため、6　文法学習　その3　を始めた。これは、二年生の第三学期に初めて扱った、17　文法学習　その1、19　文法学習　その2（17、19、いずれも第二巻に収録）につづく、口語文法指導であった。口語文法の学習指導は、口語形容詞、口語助動詞、口語助詞について、昭和二二年（一九四七）六月一二日（木）から七月八日（火）まで行なった。やがて、8　期末考査　であった。

第二学期からは、やっと送られてきた、国語教科書「中等国語　三⑴」（昭和22年3月18日発行）に拠って、授業を進めることにした。

本巻に収録した、13　山のあなた／14　新聞の話／15　キューリー夫人／16　花より雨に／17　天の香具山／19　小人国／21　身振り語と言語　は、教科書教材を取り上げての授業の報告である。

ついで、「中等国語　三⑷」〈漢文篇〉（昭和22年7月4日、中等学校教科書株式会社発行）によって、漢詩、和漢朗詠などを扱った。それらは、24　漢詩　その一／25　漢詩　その二／27　和漢朗詠　として収録した。

第二学期の授業に取り上げた教材は、教科書の配列順に従っていないものがある。それらは、季節感を考え、また私自身の教材研究の都合にもよるものであった。

本巻（第三巻）には、2　話しことばを求めて─独話の教育─／5　雨ニモ負ケズ─自習報告─／7　表現作業―豪雨の表現―／9　作文／10　学習班の構想／11　夏期課題／12　たよりのありかた―書簡に関する教育―／18　学級短歌会／20　春夫の詩／23　真光寺短歌会／26　合同作文など、表現に関する指導（話しことば〈独話〉、作文、書簡文、短歌会など）を報告することにした。

5　雨ニモ負ケズ―自習報告―　は、昭和二二年（一九四七）六月七日から九日まで、広島高等師範学校附属小学校で開かれた新教育研究会出席のため出張することになり、留守中の自習教材として、宮澤賢治の「雨ニモ負ケズ」の詩を読んで聞かせ、書き取らせて、それを自習し、各クラスとも、まとめて報告させることとした。宮澤賢治の作品（詩）を国語科教材として国語教室に取り入れたのは、かなり早い方ではなかったかと思われる。

12　たよりのありかた―書簡に関する教育―　は、夏休みあけ、第二学期の初めに、事前に準備し、行なったものである。時期を考えた授業としては、7　表現作業―豪雨の表現―　がある。目の前にはげしく降りつぐ雨を、どのように表現したらいいか。私はその場で思いついて、五学級の教室を直接まわって指示したのであった。それは大村はま先生が述べられた、「実の場」に立つ学習に通ずるものがあるかと思われる。

10　学習班の構想　は、当時既に言われ始めていた、中学校における新しい学習指導のありかたを求めて、自分ひとりであれこれと考え、手探りでとらえようとした試みの一つである。

城北高女（併設中学校）を卒業していった生徒の一人が、電話で、「おくのほそみち」の冒頭部分を、「今も覚えております。」と朗々と暗誦してくれたことがあった。それはその生徒ひとりに限らない。五学級二四八名、今もなお、いい生徒たちに恵まれていたという思いに満たされる。

目　次

第四巻　まえがき

本巻（第四巻）には、第三巻　実践編Ⅱ　につづいて、昭和二三年（一九四八）一月から三月末まで、昭和二二年度（一九四七）第三学期における、愛媛県立松山城北高等女学校併設中学校三年生（五学級二四八名）を対象にして実践した、国語科授業記録を収録した。すなわち、第三学期初めの序講（28　青春の課題）につづいて、教科書教材（29　制作の方法／30　長歌―萬葉長歌と良寛長歌―／31　羽衣）の実践記録を収めた。卒業学年（三年生）は、他の学年より早く、昭和二三年（一九四八）二月下旬には、第三学期の期末考査が行なわれた。32　期末考査につづいて、期末考査後の三月における国語科授業記録、33　山村暮鳥／35　茶話あれこれ／36　自己嫌悪についてを収めた。これらの間に、昭和二三年（一九四八）三月五日（金）六日（土）に催された。城北高女芸能祭のことを、34　芸能祭　として収めた。

つづいて、毎週水曜日の午後に設けられていた、「自由研究」（私は、国文班を担当していた。）の実施状況のあらましを、37　自由研究　として収めた。

つづいては、私が担当していた、特別教育活動（クラブ活動）創作班の指導経過を、38　クラブ活動―創作―として収録した。前年度（昭和二一年〈一九四六〉）担当し、今年度（昭和二二年〈一九四七〉）は、須山宏先生が担当された、詩歌班（短歌班・俳句班合併）の批評会に参加したので、その詩歌班の作品（詠草）も掲げることにした。

ついで、39　考査成績　を収め、40　卒業式／41　離任の辞／42　離任して　を、つづいて、43　学習者（生徒たち）の感想　を掲げ、巻末に、年表―N個体史国語教育実践年表　を収載した。

43　学習者（生徒たち）の感想　は、愛媛県立松山城北高等女学校（併設中学校）時代の国語教育個体史（実践編）の記述を思い立って、その仕事（作業）を進めるようになってから、私は、かつての生徒たちに、併設中学校二年生第二学期（昭和二二年〈一九四七〉九月）から、三年生第三学期（昭和二三年〈一九四八〉三月）まで、一年七カ月の国語教室（国語科授業）について、感想を自由に述べてほしいと頼んだ。昭和二七年（一九五二）一一月中旬から昭和二八年（一九五三）一〇月中旬にかけて、二五名の卒業生から感想が送られてきた。そのうち、一三例（三年松組二名、竹組三名、梅組四名、桜組二名、菊組二名）を本書に収録し、残り一二例については、本著作選集第一巻第Ⅴ部　５　国語学習個体史——学習者の感想を中心に——　に収めることとした。

なお、本巻（第四巻）には、左のように二つの附録を収載することとした。

附録一　広島高師附属中学校の国語教育

１　広島高師附属中学校の国語教育——大正期を中心に——

２　広島高師附属中学校の国語教育——昭和初期を中心に——

３　広島高師附属中学校の国語教育——入学考査問題の検討——

附録二　昭和期国語学習の考察

高等女学校国語学習事例の考察

私は昭和一七年（一九四二）六月中旬から七月初めにかけて、広島高等師範学校附属中学校で、教育実習を受けた。また、昭和四九年（一九七四）四月から昭和五三年（一九七八）三月まで、附属中学校長（併任）を務めた。その間、昭和二〇年代には、非常勤講師として国語科授業を担当したこともある。こうした縁に結ばれたこともあって、私は、広島高師附属中学校の国語教育について考察を重ねていくことになった。当時は男子生徒のみの中学校であった。

つぎに、附録二　昭和期国語学習の考察（高等女学校国語学習事例の考察）は、大村はま先生が勤められた、長野県立諏訪高等女学校における国語科教育を小坂安都子さんの国語学習帖（学習記録）を中心に考察した報告である。

愛媛県立松山城北高等女学校（併設中学校）における私の国語科授業は、太平洋戦争が敗北に帰して終結した、占領下、行なわれたものであったが、大村はま先生の国語科授業は、戦前におけるわが国の中等国語科教育の最も興隆していた時期に営まれたものであった。小坂安都子さんの国語学習帖（学習記録）にみられる。当時の国語学習の実態は、まさに当時の到達水準を示すものとなっていた。

城北高女併設中学校において、授業を始める挨拶の初めに、私は、「さあ、日本一の国語教室にしましょう。」と言うことにしていた。当時、東京都の新制中学校に、大村はま先生がいらっしゃるのも知らぬまま、一途にそのように念じていたのであった。一人の青年教師として、私は念じつづけていたのであった。

目　次

資料14　「国語教育実習個体史」

Ⅲ　国語教育経験課程の事例

一〇　教育実習に備えて

そもそも、わたくしが「教育実習」に関心を抱くようになったのは、高師三年生（昭和一六年四月〜）の折であった。一年上級の松岡覚氏に、山根安太郎先生の「国語教授法」のことや「教育実習」の話を聞いてからであった。――それは同時に、国語教育への関心でもあった。

人前に立って、ものを言うことの至極苦手だったわたくしは、小学生・中学生たちに国語を教えるには、どうすればいいかについて、全く自信がなかった。不安だった。すこしでも、見通しをつけなければならないと考えた。こうして、わたくしは、高師三年生のころから、すこしずつ、その方面の書物を読むようになった。昭和一六年（一九四一）四月から、附属中学校の実習に出る直前、つまり昭和一七年（一九四二）六月中旬までに、わたくしの通読した国語教育、国語学関係の文献は、つぎのようなものであった。

昭和一六年（一九四一）四月〜

○昭和16・4・14――「高等国文法」・「国語尊重の根本義」（山田孝雄著）
○昭和16・4・27――「国語教育の新領域」（西尾実著）
○昭和16・4・30――「支那語教授の理論と実際」（倉石武四郎著）
○昭和16・5・5――「国民学校の教育」
○昭和16・5・19――「日本文法論」（山田孝雄著）
○昭和16・5・31――「日本文法講義」（山田孝雄著）

○昭和16・6・17――「全日本アクセントの諸相」（平山輝男著）

○昭和16・6・23――「国語学史」（時枝誠記著）

○昭和16・7・11――「言語美学」（金原省吾著）

○昭和16・7・12――「国語の将来」（柳田国男著）・「東洋言語学の建設」（中島利一郎著）

○昭和16・7・13――「標準語と国語教育」（国語教育学会編）

○昭和16・7・14――「国語史序説」（安藤正次著）・「仮名遣の歴史」（山田孝雄著）

○昭和16・7・16――「国語文法論」・「方言学」（東条操著）

○昭和16・7・17――「話言葉の研究と実際」（神保格著）

○昭和16・7・18――「漢文特殊語法の研究」

○昭和16・7・19――「言語の構造」（泉井久之助著）

○昭和16・7・20――「国語史新語篇」（柳田国男著）

○昭和16・7・21――「国語学概説」（安藤正次著）

○昭和16・7・23――「国語教授の批判と内省」（垣内松三著）

○昭和16・7・24――「形象原理に立つ綴方教育」（古見一夫著）・「国語教育」（岩波講座）

○昭和16・7・25――「国語教育」（岩波講座）

○昭和16・7・26――「国語教育」（岩波講座）

○昭和16・7・27――「国語教育」（岩波講座）

○昭和16・7・28――「国語教育」（岩波講座）

○昭和16・7・29――「国語教育」（岩波講座）

○昭和16・7・30――「国語教育」（岩波講座）[9]　この日記に、山田孝雄氏の「国語と教育」にうたれたと記している。

○昭和16・7・31――「国語教育」（岩波講座）[10]

○昭和16・8・4――「国語教育」（岩波講座）[11]

○昭和16・8・5――「国語教育」（岩波講座）[12]

○昭和16・8・9――「読方教授体系」（古田拡稿）

○昭和16・8・10――「教室論」（古田拡稿）

○昭和16・8・13――「国語教育の新領域」（西尾実著）〈再読〉

○昭和16・8・14――「国語教室の問題」（西尾実著）

○昭和16・8・16――「国語国文の教育」（西尾実著）

○昭和16・8・28――「漢文大系」（四書）

○昭和16・9・27――「国語文化講座」（朝日新聞社）（第一巻）

○昭和16・9・30――「国語文化講座」（国語芸術篇）

○昭和16・10・1――「言語観史論」（石黒魯平著）

○昭和16・10・3――「言語活動と生活」（バイイ著、小林英夫訳）

○昭和16・10・12――「国語文化講座」（国語教育篇）

○昭和16・10・28――「人間と言葉」（稲富栄次郎著）

○昭和16・11・5――「国語学史」（時枝誠記著）

△昭和16・11・9――「文法教育について」――この日、附中教諭　広幸亮三先生のご講演を聞く。

○昭和16・11・18――「国語史概説」（吉沢義則著）
○昭和16・11・21――「偶然性の問題」（九鬼周造著）
○昭和16・11・26――「文学概論」・「言語形象学」（飛田隆著）
○昭和16・11・27――「東洋美学」（金原省吾著）
○昭和16・11・30――「文芸論」（九鬼周造著）
○昭和16・12・3――「実践日本音声学」（佐久間鼎著）
○昭和16・12・29――「国語形成学序説」（金原省吾著）
○昭和16・12・30――「読本の朗読法」（神保格著）

昭和一七年（一九四二）一月〜
○昭和17・1・1――「国語文化講座」（国語概論篇）
○昭和17・1・2――「国語解釈学概説」（垣内松三著）・「国語表現学概説」（垣内松三著）
○昭和17・1・13――「国語文化講座」（国語生活篇）
○昭和17・1・16――「形成的自覚」（木村素衛著）
○昭和17・1・20――「風土」（和辻哲郎著）
○昭和17・1・25――「国語の力」（垣内松三著）
○昭和17・2・7――「国語学原論」（時枝誠記著）
○昭和17・2・8――「国語文化講座」（国語進出篇）
○昭和17・2・11――「形象と理会」（垣内松三著）

○昭和17・2・15――「方言学概論」・「音」（小幡重一著）
○昭和17・2・28――「国語音声学講座」
○昭和17・3・1――「国民学校アクセント教本」（三宅武郎・輿水実著）
○昭和17・3・15――「支那文学史綱要」
○昭和17・4・1――「君たちはどう生きるか」
○昭和17・4・10――「文学序説」（土居光知著）
○昭和17・4・13――「国語教育易行道」（芦田恵之助著）
○昭和17・4・15――「国語教育科学概説」（垣内松三著）
○昭和17・4・16――「形象の読方教育」（佐藤徳市著）
○昭和17・4・25――「国語指導論」（垣内松三著）
○昭和17・4・26――「国語教材論」（垣内松三著）
○昭和17・5・3――「読み方教授」（芦田恵之助著）
○昭和17・5・4――「恵雨読方教壇」（芦田恵之助著）
○昭和17・5・5――「綴方への道」（石森延男著）
○昭和17・5・11――「綴り方教授」（芦田恵之助著）
○昭和17・5・15――「言語美と国語の教育」（山田正紀著）
○昭和17・6・24――「国語学習論」（垣内松三著）
○昭和17・6・2――「田舎教師の記」（仲田庸幸著）
○昭和17・6・6――「言霊のまなび」（池田勉著）

○昭和17・6・9――「国語綴方教授の本質及実際」（佐藤熊次郎・田上新吉著）
○昭和17・6・13――「構想の研究」（金原省吾著）

以上の通読リストを見てもわかるように、国語教育関係の文献を、無我夢中で読んでいるのである。それは、乱読に近い。――しかし、当時は、その内容をほんとうに理解することはむずかしかった。国語教育の実践経験を、いまだ持たぬ身のかなしさで、国語教育実践への視野を確保し、その実質を理解していくことは容易ではなかった。

右の書物には、山根安太郎先生の「国語教授法」を受講し、そこで紹介されたものも含まれている。できるだけ、読破しようと努めたのである。

ともあれ、わたくしは、一方で講義「国語教授法」を受講し、一方では、右のようにみずから関係文献を読むことに努めて、昭和一七年（一九四二）六月一八日からの附属中学での実習に参加したのであった。

著者　野　地　潤　家（のじ・じゅんや）

大正９（1920）年、愛媛県大洲市生まれ。
昭和20（1945）年、広島文理科大学文学科（国語学国文学専攻）卒業。
愛媛県立松山城北高女教諭、広島高等師範学校教授・広島大学助教授・教授（教育学部）・広島大学教育学部附属小学校長（併任）・同附属中高校長（併任）・同附属学校部長（併任）・同教育学部長・鳴門教育大学教授・同副学長・同学長を経る。

現在　広島大学名誉教授、鳴門教育大学名誉教授、教育学博士

専攻　国語教育学―国語教育原論・同各論・国語教育史・国語教育学史―

主著　『話しことばの教育』（昭27）、『教育話法の研究』（昭28）、『国語教育個体史研究』（３冊、昭29）、『国語教育』（昭31）、『国語教育学研究』（昭36）、『作文教育の探究』（昭47）、『国語教育原論』（昭48）、『幼児期の言語生活の実態Ⅱ』（昭48）、『読解指導論』（昭48）、『国語教育学史』（昭49）、『国語教育通史』（昭49）、『幼児期の言語生活の実態Ⅲ』（昭49）、『話しことば学習論』（昭49）、『作文指導論』（昭50）、『幼児期の言語生活の実態Ⅳ』（昭51）、『国語科授業論』（昭51）、「幼児期の言語生活の実態Ⅰ』（昭52）、『個性読みの探究』（昭53）、『わが心のうちなる歌碑』（昭55）、『話しことば教育史研究』（昭55）、『国語教育実習個体史』（昭56）、『国語教育の創造』（昭57）、『綴方教授の理論的基礎』（昭58）、「芦田恵之助研究』（３冊、昭58）、『国語教育の根源と課題』（昭59）、『国語教材の探究』（昭60）、「国語教育の探究』（昭60）、『大村はま国語教室の探究』（平５）、『古文指導の探究』（平８）、『国語科教育・授業の探究』（平８）、『教育話法入門』（平８）、『野地潤家著作選集』12冊、別冊１、平10）、『昭和前期中学校国語学習個体史―旧制大洲中学校（愛媛県）に学びて―』（平14）、『国語科授業の構築と考究』（平15）、『国語教育学研究―国語教育を求めて―』（平16）、『中等国語教育の展開―明治期・大正期・昭和期―』（平16）、『国語科授業原論』（平19）、『近代国語教育史研究』（平23）、『国語教育学史研究』（平23）、『国語教育研究への旅立ち』（平23）

編著　『作文・綴り方教育史資料（上・下）』（昭46）、『世界の作文教育』（昭49）、『国語教育史資料」第一巻理論・思潮・実践史（昭56）、『国語教育史資料』第６巻年表（昭56）

講演記録
国語科教育の創造を求めて
――国語教育の聖地、長野に学ぶ――

平成24年６月10日　発　行

著　者　野　地　潤　家
発行者　株式会社　溪水社
広島市中区小町1-4（〒730-0041）
電話（082）246－7909／FAX（082）246－7876
e-mail: info@keisui.co.jp
製　版　広島入力情報処理センター
印刷・製本　モリモト印刷株式会社

ISBN978-4-86327-185-2 C3081